"十三五"国家重点出版物出版规划项目

投入占用产出技术丛书

能源投入占用产出模型及应用

夏 炎 王会娟/著

科学出版社
北 京

内 容 简 介

在全球能源竞争与气候变化加剧的背景下，中国经济社会的发展正面临能源问题的严重挑战。本书在投入产出技术的分析框架下，提出了一系列能源投入占用产出模型，分析了国际、国内能源情况与二氧化碳减排策略，从能源结构调整、能源环境、贸易隐含碳、区域碳排放等维度对能源和气候变化的主要科学问题进行了系统深入的理论与实证研究，为研究能源、环境、经济三者之间的联动关系提供了新的视角。

本书既可以作为高等院校能源经济专业投入产出分析课程及相关专业的本科生、研究生的参考书，也适合与能源相关的政府部门、大型企业、投资机构、战略研究机构、科研院所研究人员和行业协会专家阅读。

图书在版编目（CIP）数据

能源投入占用产出模型及应用/夏炎，王会娟著. —北京：科学出版社，2017.9

（投入占用产出技术丛书）

“十三五”国家重点出版物出版规划项目

ISBN 978-7-03-053374-6

Ⅰ. ①能… Ⅱ. ①夏… ②王… Ⅲ. ①能源工业–投入产出分析–研究 Ⅳ. ①F407.2

中国版本图书馆 CIP 数据核字（2017）第 133048 号

责任编辑：徐　倩 / 责任校对：彭珍珍
责任印制：霍　兵 / 封面设计：无极书装

科学出版社 出版
北京东黄城根北街 16 号
邮政编码：100717
http：//www.sciencep.com

三河市骏杰印刷有限公司印刷
科学出版社发行　各地新华书店经销

*

2017 年 9 月第 一 版　开本：720 × 1000　1/16
2017 年 9 月第一次印刷　印张：10 1/4
字数：207 000

定价：70.00 元

（如有印装质量问题，我社负责调换）

丛书编委会

（按姓氏拼音排序）

总　　序

投入产出技术是数量经济学研究以及宏观经济管理中广泛使用的数量分析工具之一，以能够清晰地反映国民经济各部门间错综复杂的经济关联关系著称。近几年，在国际贸易、资源环境等热点问题的研究中投入产出技术得到越来越多学者的重视和使用。很多以投入产出模型为分析工具的文章发表在国际顶级期刊上。当前国际上很多知名的贸易增加值数据库（如经济合作与发展组织的 TiVA 数据库）背后的核心测算工具均为投入产出模型。由于在经济结构分析与产业关联关系研究方面的优势，投入产出技术在今后若干社会经济问题研究中仍将发挥不可替代的作用。

投入占用产出技术在传统的投入产出技术基础上进一步考虑了经济系统中生产部门对各种要素、资源存量的占用，是对投入产出技术的重要发展。投入占用产出技术由中国科学院数学与系统科学研究院陈锡康研究员于 20 世纪 80 年代提出。当时，陈锡康等受中央有关部门的委托进行全国粮食产量预测研究，为此编制了中国农业投入占用产出表。在编制过程中发现耕地和水资源在粮食生产中具有重要作用，但在传统投入产出技术中完全没有得到反映，进而发现固定资产、劳动力等在投入产出技术中也基本没有得到反映，由此提出了“投入占用产出技术”。

三十余年来投入占用产出技术得到了空前的发展，我国已有三十余位青年学者由于从事投入占用产出技术研究获得管理科学与工程博士学位。投入占用产出技术已成功地应用于全国主要农作物（粮食、棉花和油料）产量预测、对外贸易、水利、能源、就业、政策模拟、影响分析、收入分配等领域。相关研究成果发表论文一百余篇，多次获得国家领导人的重要批示，曾于 2006 年获首届管理学杰出贡献奖、2003 年获首届中国科学院杰出科技成就奖、2008 年获第十三届孙冶方经济科学论文奖、2009 年获大禹水利科学技术奖一等奖、2011 年获国家科技进步奖二等奖、1999 年获国际运筹学进展奖一等奖等诸多奖项。投入占用产出技术也曾获得国际上部分著名学者，如美国科学院院士 Walter Isard、诺贝尔奖金获得者 Wassily Leontief 教授、澳大利亚昆士兰大学教授 R. C. Jensen 和 A. G. Kewood 等的好评。其认为“投入占用产出分析令人极为感兴趣”和“远比标准的投入产出分析好”，是“非常有价值的发现”，是“先驱性研究”，“投入占用产出及完全消耗系数的计算方法是我们领域的一个非常重要的发明和创新”。

虽然投入占用产出技术已成为投入产出领域的一个重要研究方向，但是有关投入占用产出技术及其应用研究的书籍并不多见。中国科学院数学与系统科学研究院陈锡康研究员、杨翠红研究员等已于 2011 年出版《投入产出技术》教材，该书的系统性、权威性都得到了众多从事投入产出教学的学者的好评。在此基础上，我们一直在思索如何进一步地在高校、科研部门、政府部门、企业等拓展投入占用产出技术的研究与应用工作，满足社会各界对宏观经济数量模型的需求。在反复酝酿、不断尝试的基础上，我们决定，与投入产出学界的同仁共同编写、出版一套介绍投入占用产出技术及其应用的丛书。

这套丛书是我们对投入占用产出技术的总结和推广，希望它的出版有助于促进投入产出和投入占用产出技术的蓬勃发展。这套丛书力求体现以下特点。

第一，在丛书内容的编排上，主要介绍投入占用产出技术的理论与应用。选材既包括投入占用产出技术的理论研究，又包括近些年来投入占用产出技术在不同领域的应用介绍，主要包括农业、对外贸易、水资源、能源、就业、政策模拟分析、收入分配等方面。尽管内容包括了宏观经济的众多方面，但是并不求大、求全，而是力求精选。

第二，在每本书的内容和写作方面，注意广泛吸收国内外的优秀科研成果。丛书力求简明易懂、内容系统和实用，注重对宏观经济建模思想的阐述，并结合实证研究说明投入占用产出技术的特点及应用条件。

这套丛书是我国投入产出学界众多学者集体智慧的结晶。我们期望这套丛书的出版将对投入产出分析与投入占用产出技术学科的进一步发展及其在国民经济各领域的更为广泛的应用起到重要推动作用，并希望能够吸引更多学者加入投入产出分析的研究领域。

这套丛书由陈全润、蒋雪梅和王会娟进行组织和编辑工作，我们对他们的辛勤劳动表示衷心感谢！

前　　言

随着全球经济的发展，尤其是中国、印度等发展中国家，往往依赖于能源需求的快速增长，所带来的能源和环境问题日益严峻。作为一个煤炭占能源消费主导的最大能源消费国，中国经济的发展伴随着大量的能源消耗，一直以来也是国际上商讨气候变化、能源改革议题的焦点。在此背景下，能源及环境问题已经成为学术界关注的热门话题，尤其是围绕能源、环境和经济关系的相关研究。

本书对于能源、环境、经济问题的研究基于投入产出的方法，重点在于构建能源投入占用产出模型，并辅以实证研究结果。投入产出技术是一种非常实用的数量经济分析工具，由于投入产出表可以全面系统地反映国民经济各部门之间的关系，揭示生产过程中各部门之间相互依存和相互制约的经济技术联系，所以被世界各国学者广泛使用。随着社会的进步和经济的发展，投入产出技术也被应用在诸多热点问题的研究中，如对外贸易、能源供应、气候变化等。为了更好地推广投入产出技术，促进投入产出方法在能源领域的研究，我们特地编写了这本有关能源投入占用产出模型及应用的书籍。希望本书的出版能够填补我国投入产出技术相关书籍的缺口，同时为我国能源、环境、经济的相关研究注入新思路。

本书内容是我们长期研究工作的一个总结。全书由夏炎和王会娟负责总体框架设计、组织、审阅、定稿；姚晔和蒋茂荣进行编辑与统稿。具体编写分工如下：第一章由姚晔、夏炎负责编写；第二章、第三章由王会娟负责编写；第四章由夏炎、杨翠红、范英、姚晔负责编写；第五章由夏炎、杨翠红、陈锡康负责编写；第六章由夏炎、范英负责编写；第七章由蒋茂荣、夏炎、陈全润负责编写；第八章由张毅、夏炎、范英负责编写。

编写本书的所有人员都投入了大量的时间和精力，我们谨向所有为本书编写、出版给予帮助的同志表示衷心的感谢。在长时间从事能源、环境领域的相关理论和研究过程中，我们也得到了众多学者的帮助与指导，特别是范英教授。在此，我们对各位专家给予的指导和帮助表示最诚挚的谢意。同时，本书的研究工作得到了国家自然科学基金（编号：71573248）的支持，在此一并致谢！

限于我们的知识范围与学术水平，本书难免有不足和疏漏之处，恳请有关专家和广大读者批评指正！

夏 炎 王会娟

2017年4月

目　录

第一章

中国能源问题发展现状

改革开放以来，中国经济以令世人惊叹的速度快速增长，同时能源消耗同步增加，这种以牺牲资源、牺牲环境换来的经济繁荣，似乎已经成为中国乃至整个世界的普遍发展模式。因此，越来越多的国家和地区关注气候、环境、能源与经济的关系。中国作为一个煤炭占能源消费主导地位的大国，一直以来都是国际上商讨气候变化、能源改革议题的焦点所在。众所周知，能源问题牵扯到政治、经济、科技等多方面的问题，并且与人口、气候等因地制宜的条件息息相关，有很强的地域性。

纵观历史，与其他国家的工业化过程不同的是，2002 年之前的 20 多年间，中国的能源消耗强度（单位 GDP[①]能耗）总体呈下降趋势，能源消费弹性系数（能耗消费增长率和 GDP 增长率的比率）平均为 0.54，中国的能源效率是不断提高的。2002～2005 年中国的能源消耗强度出现了罕见的上升，能源消费弹性系数也达到 1.59，2006 年后继续呈下降趋势。《中国能源发展报告 2016》显示，2015 年，我国能源消费强度明显下降，全国万元 GDP 能耗下降 5.6%，这也与经济增长正在放缓且正经历结构转型的现状密不可分。目前，我国能源增速开始放缓，但是仍扮演着世界上最大能源消费国、生产国和净进口国的角色。

作为最大的能源消费国，中国经济的发展伴随着大量的能源消耗，2015 年中国能源消费总量为 34 亿吨标准煤，比 2000 年增加了近三倍，年均增长率达到 7.4%，其中煤炭占能源消费总量的比重为 64%，石油和天然气的占比分别为 18.1% 和 5.9%。近年来，煤炭消费比重略有下降，但鉴于中国富煤贫油少气的资源禀赋特点，煤炭仍将占据中国能源消费的主导地位。作为最大的能源生产国，中国开始加快新能源的发展。《BP 世界能源统计年鉴 2016》显示，2015 年中国可再生能

① GDP 为国内生产总值（gross domestic product）。

源增长 20.9%。仅十年间，中国可再生能源在全球总量中的份额便从 2005 年的 2%提升到了 2015 年的 17%。其中太阳能装机容量已超越德国与美国、成为世界上最大的太阳能发电国。1993 年中国由石油出口国转变为石油净进口国，2013 年中国又由煤炭出口国转变为煤炭净进口国。依据国家能源局最新的数据统计，2015 年煤炭净进口量达到 2.04 亿吨，原油进口量达到 3.36 亿吨，石油的对外依存度已超过 50%。据国际能源署（International Energy Agency，IEA）的预测，中国到 2030 年石油需求量的 82%将依赖于进口。

伴随着能源消费结构缓慢转型，我国能源问题在逐渐改善。但应看到，雾霾、温室效应、水污染、土壤污染等由能源使用造成的环境污染问题，也正在严重影响人民生活，我国作为发展中大国面临着巨大压力。维护能源资源的长期稳定与可持续利用，始终是中国政府的一项重要任务。自“十一五”规划中首次将“2010 年国内单位生产总值能耗较 2005 年降低 20%”的目标作为具有法定约束力的指标确立开始，节能减排就成为了各级政府的工作重点。

《能源发展“十二五”规划》明确提出了能源消费强度和消费总量的双控制目标，能源消费总量 40 亿吨标准煤，用电量 6.15 万亿千瓦时，单位 GDP 能耗比 2010 年下降 16%。2014 年发布的《能源发展战略行动计划（2014—2020 年）》进一步提出了到 2020 年，一次能源消费总量、生产总量以及非化石能源占比的目标。2015 年发布的《中美气候变化联合声明》《强化应对气候变化行动——中国国家自主贡献》提出了到 2030 年我国非化石能源消费占比以及单位 GDP CO_2 排放的目标，在应对气候变化方面，发挥了较大的推动作用，在国内外具有较大的影响力。2016 年 12 月发布的《能源发展“十三五”规划》，明确了未来几年内，单位 GDP 能耗比 2015 年下降 15%、非化石能源消费比重提高 15%以上、单位 GDP CO_2 排放比 2015 年降低 18%的约束性目标。综上所述，如何更有成效地降低能源消耗强度，实现长久的节能降耗，依旧是极为迫切的课题。

第一节　中国能源消耗特点

一、能源消费总量呈快速增长

纵观 1953 年以来中国经济总量和能源消耗总量（图 1.1），呈现出持续的快速增长趋势，根据历史时期不同大体可以分为四个阶段：①1953～1978 年缓慢发展阶段。这一阶段百废待兴，初试运行的计划经济和“三年困难时期”，使得这个阶段经济发展停滞不前，能源消耗量没有明显的增长趋势。期间由于经历“大炼钢铁”的经济方针，20 世纪 60 年代初能源消耗量曾有明显的增加。计划经济时期，所有生产资料和产品实行国家统购统销，供需严重不足。②1979～1991 年逐渐发展阶段。改革开放以后，实行市场经济体制，以经济建设为中心。该时期经济呈现了快速的增长，GDP 由 1979 年的 4062.6 亿元迅速增长到 1991 年的 21781.5 亿元，年均名义增长速度达到 112%，年均实际增长速度为 105%，能源消耗总量年均增长速度达到 98%。③1992～2002 年快速发展阶段。"南方谈话"之后，社会主义市场经济体制改革目标确立。这个阶段现代企业、分税、金融、加入世界贸易组织等一系列体制改革促进了经济的快速发展，带动能源消耗和经济增长同步发展。该阶段 GDP 年均实际增长速度达到 108%，能源消耗总量年均增长速度达到 103%。④2003 年至今持续发展阶段。随着经济的持续发展，能源消费也随之提高，尤其在 2003～2011 年，能源消费量上升明显。由于受到 2008 年经济的冲击以及经济发展新常态的影响，近年来，我国能源消费呈现稳步上升的持续发展态势，能源消费增速开始放缓。2015 年增速不到过去十年平均水平 5.3%的 1/3，并且是自 1998 年以来的最低值。

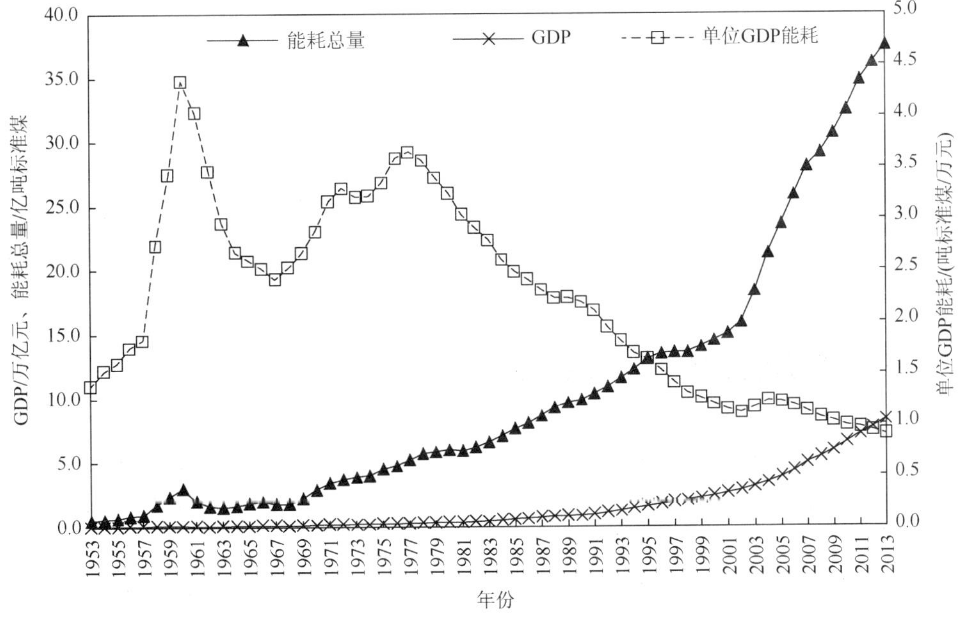

图 1.1　1953～2013 年中国 GDP、能耗总量和单位 GDP 能耗趋势发展

二、能源强度高、效率低

与世界平均水平相比，中国能源利用效率较低，但近年能源强度下降速度很快。如表 1.1 所示，2012 年中国的能源强度为世界平均水平的 1.46 倍，远高于发达国家水平，甚至高于同为发展中国家的印度。2000 年以来，整个世界经济体的

能源强度都呈现出下降趋势。2000～2012 年全球能源强度降低了 14.1%，其中英国降低了 28.4%，印度降低了 25.6%，中国降低了 22%。

表 1.1 世界主要国家能源强度 （单位：吨标准油/万美元）

国家和地区	2000 年	2005 年	2009 年	2010 年	2011 年	2012 年
世界	1.56	1.48	1.38	1.38	1.36	1.34
中国	**2.50**	**2.40**	**2.01**	**2.00**	**1.99**	**1.95**
印度	1.72	1.47	1.40	1.32	1.29	1.28
加拿大	2.19	2.08	1.86	1.81	1.77	1.73
巴西	0.94	0.93	0.90	0.91	0.93	0.91
美国	1.75	1.58	1.45	1.45	1.41	1.35
西班牙	0.99	0.97	0.83	0.83	0.82	0.84
荷兰	1.10	1.11	1.04	1.10	1.00	1.03
法国	1.19	1.18	1.08	1.09	1.03	1.03
德国	1.11	1.08	0.97	0.99	0.90	0.90
英国	1.16	1.01	0.88	0.89	0.81	0.83
意大利	0.84	0.85	0.79	0.80	0.79	0.77
日本	1.27	1.20	1.12	1.13	1.05	1.01

资料来源：世界银行世界发展指标（world development indicators，WDI）数据库，2011 年购买力平价（purchasing power parity，PPP）。

三、能源消费结构以煤炭为主

如表 1.2 所示，“重煤炭，轻油气”的能源消耗结构是中国能源问题的另一个特点。1953 年以来的能源消耗结构呈现三个主要特点：①煤炭消费比例大。虽然中国煤炭消费比例已经从 1953 年的 94%下降到 66%左右，但与世界其他国家相比，煤炭消费比例依然过大。除印度外，发达国家的煤炭消耗比例均在 30%以下，而煤炭是造成温室气体和环境污染的主要能源品种。②天然气消耗比例过低。1953 年的天然气消耗几乎是零，直到 1957 年才开始消耗天然气。经过缓慢的增长，到 2006 年消耗比例仅达到 3%。2014 年，中国天然气的消费能源占比达 5.7%，仍与发达国家有相当大的差距。③原油消耗结构没有显著的增加。1953～1978 年，中国原油消费呈现出较为明显的增加，由 1953 年占能源总消费量的 3.8%增加到 1978 年的 22.7%。但 1978 年以来，中国的原油消耗结构一直维持在 20%左右，2014 仅为 17.2%。

表 1.2　2011 年世界主要国家能源消耗结构　（单位：%）

国家	煤和煤制品	原油、天然气凝析液和给料	天然气	电力	石油产品	其他
中国	**33.70**	**0.10**	**4.37**	**20.32**	**24.35**	**17.16**
印度	17.40	0.00	5.35	13.51	28.72	35.02
德国	3.72	0.00	23.15	20.29	41.61	11.23
日本	8.41	0.13	11.24	25.69	53.21	1.32
美国	1.63	0.11	21.73	21.68	49.59	5.26
西班牙	1.39	0.01	16.47	23.30	52.29	6.54
英国	2.01	0.00	30.68	21.65	42.87	2.79
俄罗斯	3.42	0.02	30.08	13.67	25.33	27.48
巴西	3.81	0.00	5.85	18.03	45.99	26.32
加拿大	1.53	0.00	27.41	21.87	44.13	5.06
荷兰	1.36	7.63	34.38	15.50	36.22	4.91
法国	2.10	0.00	18.14	23.72	45.89	10.15

资料来源：《国际统计年鉴 2014》。

四、非化石能源发展速度快

无论是一次能源的生产还是消耗结构，以煤炭为主的能源消耗结构，使得非化石能源在一次能源消费中的比例非常低，1953 年仅为 1.8%，2014 年也仅达到 13.3%。2014 年中国煤炭消耗的比例达到 65.6%，相当于西班牙、英国、加拿大、美国、日本等油气的消耗比例。另外，荷兰和俄罗斯的油气比例更高，达到 80%以上。从非化石能源的比例来看，中国相当于世界平均水平的 1/2、法国和巴西的 1/8、加拿大的 1/5。整体看，法国和巴西不仅非化石能源消耗比例高，油气消耗比例也高，属于能源消耗结构较为科学的国家。仅有印度的煤炭消费结构与中国类似。

虽然非化石能源比例在一次能源消耗中较低，但发展速度很快。2005 年中国非化石能源消费总量约为 18341.31 万吨标准煤，2015 年约为 51600 万吨标准煤，十年间非化石能源消费总量年均增长率达 10.1%，远高于化石能源消费量年均增长率。“十二五”期间，中国非化石能源发电装机从 2.9 亿千瓦增加到 5.3 亿千瓦，年均增长 15.2%，占比从 27%提高到 35%；非化石能源发电量从 0.8 万亿千瓦时增加到 1.56 万亿千瓦时，年均增长 13.5%，占比从 19%提高到 27.8%。2015 年底中国水电装机 3.2 亿千瓦，核电装机 2608 万千瓦，风电装机 1.3 亿千瓦，并网太阳能发电 4200 多万千瓦，分别是 2010 年底的 1.4 倍、2.6 倍、4 倍和 168 倍。

五、能源效率区域性差异大

中国节能工作开展已久，从“十一五”开始，更是将节能目标作为衡量各个行业和地区经济工作成绩的评价标准。但实际上，中国是一个区域发展极不平衡的国家，不同地区的能源利用效率差异非常大（图 1.2）。2013 年宁夏的人均 GDP 仅为 1.76 万元，单位 GDP 能耗竟达到 1.89 吨标准煤/万元；而上海地区的人均 GDP 高达 9.01 万元，单位 GDP 能耗却仅为 0.54 吨标准煤/万元。综观全国各地区，地区 GDP 和能耗量占全国比例较低而单位增加值能耗又较高的地区不应制定过高的节能目标，如宁夏、贵州、云南、甘肃等。而经济和能耗比例较高，同时单位增加值能耗也较高的地区应制定更高的节能目标，如内蒙古、辽宁、河北、山西、河南、新疆、湖北、吉林等。

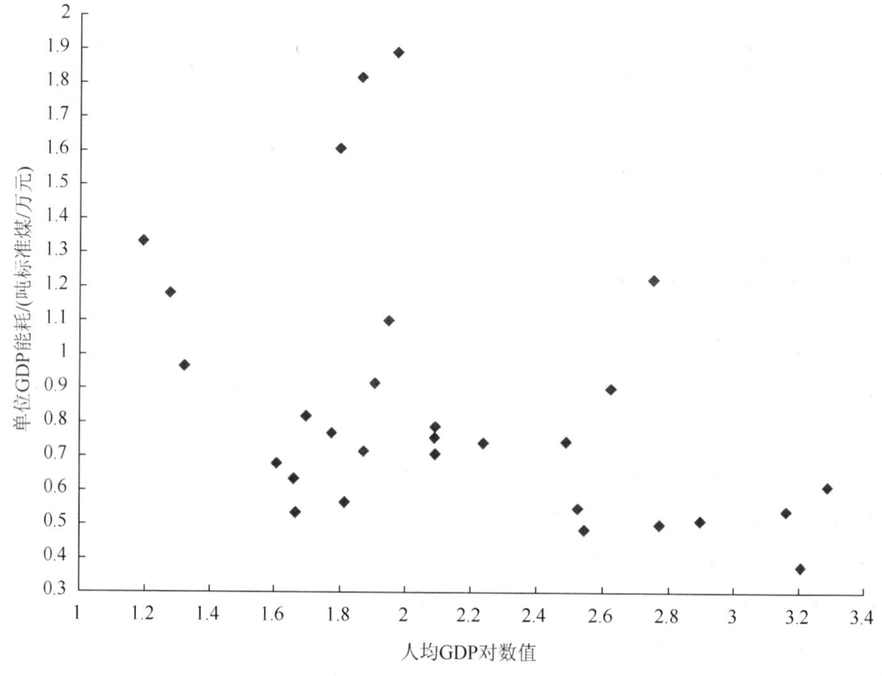

图 1.2　2013 年分地区单位 GDP 能耗与人均 GDP

资料来源：《中国统计年鉴 2014》（缺少西藏的单位 GDP 能耗数据，所以图中不包括西藏）

六、对进口能源依赖大

中国是主要的能源进口国。表 1.3 显示了主要能源品种进口量占同类能源消耗量的比例，中国原油、煤油和燃料油的进口比例非常大，尤其是燃料油的进口比例在 2009 年达到 85%。原油进口量由 2000 年的 7027 万吨增加到 2014 年的 30837 万吨。图 1.3 中钢材、肥料主要耗能产品的进口造成了能源间接进口。特别是肥料进口比例极高，近年平均进口量达到产量的 15%左右。虽然进口比例有所下降，但各主要耗能产品的进口量依旧逐年递增。

表 1.3　主要能源品种进口量占同类能源消耗量比例　（单位：%）

能源品种	2000 年	2005 年	2009 年	2010 年	2011 年	2012 年	2013 年	2014 年
原油	33	42	53	55	57	58	57	59
煤油	29	30	42	27	34	31	30	17
燃料油	38	61	85	61	73	72	59	41

资料来源：《中国能源统计年鉴 2015》。

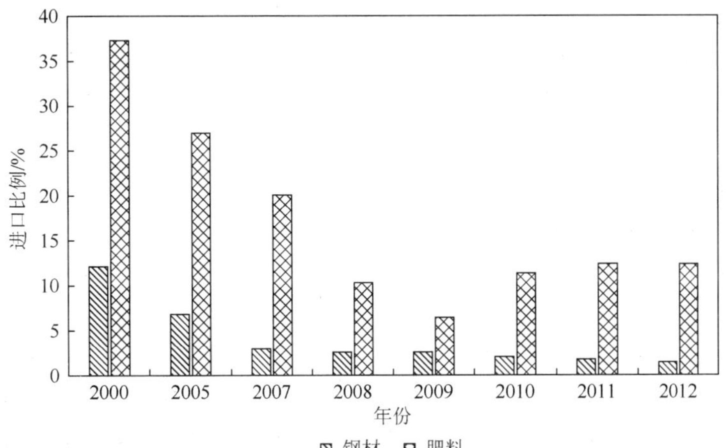

图 1.3　主要耗能（钢材、肥料）产品进口量占产量的比例

资料来源：《中国能源统计年鉴 2014》

第二节　能源问题的研究现状

目前，国内外针对能源问题的研究集中在以下四个方面：①能源强度的研究，主要分析国家（中国）维度能源强度下降及区域维度能源强度变化的原因；②能源消耗量的研究，主要分析能源消耗量变化的原因及其影响因素；③能源、经济与环境关系的研究，主要是模型及方法上的实践与应用；④其他方面的研究，如国际贸易对能源消耗及环境的影响、能源价格对能源-经济-环境系统的影响等。

一、能源强度的研究

目前，国际和国内学者广泛采用因素分解方法和计量经济学的方法来确定能源强度变化的影响。因素分解方法是把研究对象一个时期内的变化分解成若干个驱动因素，其可以用来研究事物变化的特征和作用机理。由于该方法适应性广、说服力强，在分析能源与经济和环境相互作用过程中普遍采用，概括起来大致可以分为两类：一类是以解聚为基础的指数分解分析（index decomposition analysis，IDA）方法；另一类是以投入产出为基础的结构分解分析（structural decomposition analysis，SDA）方法。

IDA 方法是基于指数理论发展起来的，这种方法通过将能源强度影响因素分解为几个因素的乘积，并选取不同方法确定权重进行分解，来确定各个因素的增量，常用的 IDA 方法通常为迪氏（Divisia）分解法。其中 Ang 等（1998）提出的对数平均分解（logarithmic mean Divisia index，LMDI）法应用最为广泛，这种方法采用一个对数平均公式，替代了简单数学平均权重方法，是一种较为完全的分解、不含残项的方法，同时该方法在整合方面具有一致性。Mulder 和 De Groot（2013）研究了荷兰 1987～2005 年 49 个部门能源强度的变化情况，发现各部门的能源强度变动较为不同，总体而言低于经济合作与发展组织（Organization for Economic Cooperation and Development，OECD）国家的平均水平。González 等（2013)用 LMDI 法分析了 1995～2010 年 20 个欧洲国家的真实能源强度的变化情况，Chontanawat 等（2014）分析了泰国制造业在 1991～2011 年能源强度的变化情况，Choi 和 Oh（2014）分析了 1981～2010 年韩国制造业的碳强度变化，结果都发现，结构效应是影响能源强度变化的主要因素。Mulder（2015）用 LMDI 方法分析了 19 个 OECD 国家国际专业化分工、部门结构以及制造业能源强度的变化情况。Andrés 和 Padilla（2015）分析了西班牙道路货物运送部门 1996～2012 年能源强度变化的影响因素，发现降低每吨货物运输的能源消耗是减少道路货物运送部门能源强度的有效途径。

SDA 方法是以投入产出表为基础的静态因素分解分析方法，其核心思想是将经济系统中某因变量（研究目标）的变动分解为有关自变量（影响因素或驱动因素）各种形式变动的和，以衡量各个自变量对因变量变动的贡献。SDA 模型最早由 Leontief 和 Ford 引入环境能源领域，用于计算美国能源消费和污染排放并提供能源控制政策。目前，已有许多学者利用 SDA 方法研究能源强度问题。Voigt 等（2014）利用 WIOD（world input-output database）分析了 40 个主要经济体能源强度变化的原因，发现相比于结构调整，技术进步是各国能源强度下降的主要原因。Xia 等（2012）基于 1987～2005 年中国能源投入产出表，并利用 SDA 方法将能源强度分解为五个决定因素，结果表明，1987～2002 年主要是能源输入结构导致了能源强度的下降，而最初投入结构与最终需求结构是 2002～2005 年能源强度增加的主要原因。Zeng 等（2014）把 1997～2007 年中国能源强度的变化分解为五个因素，认为部门能效提升是影响 2002～2007 年能源强度下降的主要原因。Zhang 等（2015）分析了 1997～2012 年北京能源强度持续下降的主要原因，得出能源投入结构和最终需求结构是主要驱动因素的结论。

计量经济学以回归分析方法为出发点，旨在归纳不同经济行为者是否具有相似的行为关联性，分析研究对象动态行为，在分析能源强度问题时也被学者广泛采用。Wu（2012）认为能源效率的提高是中国各区域能源强度减少的主要原因，经济结构的变化一定程度上也影响了能源强度的增减。Song 和 Zheng（2012）把分解分析方法和计量分析结合，研究了 1995～2009 年省级层面中国能源强度变化的驱动因素，也得出了同样的结论。Jiang 等（2014）利用 2003～2011 年中国 29 省的面板数据进行分析，认为技术的进步是能源强度下降的主要驱动因素。Adom（2015）研究了南非地区近 20 年来能源强度持续下降的影响因素，认为贸易结构的改变即扩大进口起到了主导作用。

二、能源消耗量的研究

在能源消耗量的研究方面，各国学者主要考察能源消耗量变化的原因及其影响因素。Sheinbaum 等（2011）考察了 1990～2006 年，阿根廷、巴西、哥伦比亚、墨西哥和委内瑞拉五国主要能源消费及与能源有关的 CO_2 排放量，并利用分解分析方法得出了各国能源强度的减小程度较为不同的结论。González 等（2014）利用 LMDI 法，对欧盟中 27 个成员国在 2001～2008 年能源消耗总量的变化原因进行了分析，认为结构变化是地中海国家，尤其是前共产主义国家能源消耗总量增加的原因。Lagunes-Diaz 等（2016）考察了墨西哥南下加利福尼亚州能源消费情况，发现空调等其他耗能电器的使用导致夏天的能源需求高出冬天约 50%，因而，相比于经济增长、可再生能源的使用等其他因素，气温是其能源消费变化的主要驱动因素。Li F 等（2014）分析了经济危机期间中国能源消费量的情况，发现虽然出口的减少会导致能源消费量的下降，但是由于制造业以及建筑行业国内需求的增长，中国在经济危机期间能源消费量持续增加。Zhang 和 Song（2015）利用 LMDI 法分析了中国 1991～2011 年最终能源消费变化的原因，认为经济增长是主导因素，城市化对于最终能源消费的影响较小。亢娅丽（2015）基于 LMDI 和 Granger 因果关系得出产业结构不合理是中国能源消费总量增加的重要原因。

由于中国幅员辽阔，各地区资源禀赋不同，所以各地区能源消费量也呈现出较大差异。近年来，中国学者对于能源消费量及其影响因素的研究，也逐渐从全国维度扩展到地区维度。Zhang 和 Lahr（2014）基于投入产出技术和 SDA 方法对中国各地区 1987～2007 年的能源消耗总量进行了因素分析，认为能源消耗总量主要是由最终需求的变动决定的，而不是由效率的提高决定的。张玉周（2015）基于中国 30 个省市区 1996～2013 年的面板数据，利用 GMM 法对中国人口年龄结构变动对能源消费的影响进行了实证分析，结果表明：在所有影响能源消费的因素中，前期能源消费的作用最大，少儿抚养比和总抚养比变动对能源消费的影响已超过经济增长，正逐步成为影响能源消费的主要因素。Liu 等（2014）利用迪氏对数指标分解法对 1996～2012 年中国 32 个特大城市的能耗变化进行了因素分解分析，综合考虑城市经济增长、人口规模扩大和空间扩张三方面因素，认为城市经济增长是能耗变化的主要驱动因素。Xie 等（2014）利用空间自相关分析和自回归模型研究了中国能源消费变化的空间差异性及其驱动因素，结果表明，中国 1990～2010 年的能源消费量的变动呈显著的空间自相关性，而经济的快速增长和较高的工业化率是中国能源消费量变化的主要原因。

最终能源消费量分为生产能源消费以及居民能源消费两部分。目前多数研究主要集中于对生产能源消费量的考察，随着研究的不断深入，对居民能源消费量及其影响因素的分析逐渐增多。Cellura 等（2012）利用 SDA 方法对印度居民的间接能源消费量以及排放量变动的驱动因素进行了分析，结果指出，最终消费的增加往往抹杀了能源、环境的效率提升和创新性生产技术的引入，即最终需求效应。Gram-Hanssen（2011；2014）利用质性研究的方法和实践理论进行分析，结果发现无意识习惯和技术结构是影响丹麦居民能源消耗的主要因素。Aune 等（2016）分析了 1991～1995 年和 2006～2009 年两个时段挪威居民能源消费的情况，结果表明气候变化在一定程度上影响了居民能源消费，但人们对政府政策的态度是影响居民能源消费的主导因素。还有学者从消费者行为方面考察其对于能源消费量的影响，并为政府节能减排政策的制定提供了新思路，如 Fink（2011）、Nguene 等（2011）、Romanach 等（2013）、Aldabas 等（2015）的研究。

三、能源、经济与环境关系的研究

国内外有大量的文献研究能源、经济与环境之间的关系，产生了许多模型和方法，并得到广泛应用。例如，以一般均衡理论为出发点建立的可计算一般均衡（computable general equilibrium，CGE）模型，以线性规划方法为基础的数据包络分析（data envelopment analysis，DEA），反映静态能源经济环境的长期能源替代规划（long-range energy alternative planning，LEAP）模型，利用计量经济学、学习曲线等理论产生的多种建模方式。

在 CGE 模型的相关研究中，各国学者通过建立反映能源-经济-环境的 CGE 模型研究三者的相互作用：AlShehab（2013）构建了伊朗动态 CGE 模型，用以分析燃料、原油以及劳动力市场政策的联动关系；Thepkhun 等（2013）基于亚太综合评估可计算一般均衡（Asia-Pacific integrated assessment-computable general equilibrium，AIM-CGE）模型构建了反映泰国能源部门温室气体减缓政策的模型，分析碳交易政策和碳捕获与封存（carbon capture and storage，CCS）技术的经济环境影响；Mahmood 和 Marpaung（2014）利用巴基斯坦 CGE 模型分析能源效率及碳价对经济和环境的影响；Fujimori 等（2014）利用 AIM-CGE 模型研究了 2015～2050 年在建筑业、交通业和工业部门减少能源服务需求措施的有效性；Zhang 等（2015）构建了反映中国 30 个省的多区域 CGE 模型，评估了“十二五”期间各省碳强度减排目标的能源、环境与经济影响；Qi 等（2014a）利用 CGE 模型考察了中国可再生能源电力目标对能源及碳排放的影响。

能源效率评价是能源与环境问题研究的一个重要课题，近年来，应用 DEA 方法评价宏观层面的能源效率已成为一种趋势：Shi 等（2010）基于固定总和的 DEA 模型，研究了考虑固定总和非能源投入的中国地区工业的能源效率；Zhou 等（2012）采用参数前沿面的方法评估了 OECD 国家经济层面的能源效率；Wang 等（2013）采用非径向的方向距离函数方法，研究了三种发展战略下中国的能源效率和生产效率；Lin 和 Wang（2014）采用随机前沿面方法，讨论了中国钢铁行业的能源效率；Li 和 Lin（2015）分析了中国 30 个地区在能源强度约束下的能源效率提升潜力；İskender 和 Sözen（2016）利用 DEA 和 Malmquist 指数，评估了土耳其能源强度全要素生产率的变化以及其在欧盟中的表现；Zha 等（2016）分析了碳排放估算的不确定性问题，提出了考虑不确定性碳排放的能源效率评价模型。LEAP 模型由于可以进行长期的能源预测，也被各国学者广泛使用：Huang 等（2011）构建了中国台湾 LEAP 模型，预测了中国台湾温室气体排放情况以及能源需求与供给模式，并为未来中国台湾能源环境政策的制定提供了理论支撑；Roinioti 等（2012）利用 LEAP 模型，研究了希腊能源系统未来的发展趋势，并考察了各种发展情境下的经济、环境与能源效率情况；Pagnarith 和 Limmeechokchai（2015）基于 LEAP 模型预测了大湄公河次区域国家（包括柬埔寨、老挝、泰国和越南）长期电力供应情况，并分析了可再生能源利用情景及二氧化碳减排情境下未来电力供应对装机量与碳减排的影响。

除上述方法外，还有学者利用计量经济学、学习曲线等理论构建能源-经济-环境分析系统，研究经济增长、能源使用、技术进步以及二氧化碳减排等问题。Kim 和 Baek（2013）采用计量经济学中自回归分布滞后（autoregressive distributed lag，ARDL）方法，分析了韩国原油进口需求的影响因素；陈真玲等（2013）构建了考虑不可再生能源和环境污染的内生经济增长模型，并运用计量经济学中多变量的协整检验，定量分析了经济增长、能源消费和二氧化碳排放三者之间的关系。随着科学技术的不断提升，各国学者开始引入学习曲线来刻画技术进步在能源-经济-环境系统中的作用：Tran（2012）利用学习曲线反映了节能技术扩散对英国能源及气候变化政策的影响程度；Zhang 等（2014）用美式期权及两因素学习曲线的方法构建了可再生能源政策评估模型，考察了在政府补贴政策下中国光伏装机容量的情况；Huenteler 等（2016）引入本地与全球学习曲线分析了六种可再生能源技术对 2021 年泰国可再生能源目标执行的潜在影响。

四、其他方面的研究

关于能源问题其他方面的研究，主要集中在国际贸易对能源消耗和环境的影响、能源价格对能源-经济-环境系统的影响以及投入产出技术在能源问题方面的应用这三个方面。

（一）国际贸易对能源消耗和环境的影响

这一部分的研究主要分析对外贸易对能源消耗和环境的影响，以及预测一些国家在对外贸易中的能源消耗和污染物排放，普遍认为对外贸易结构和生产技术效率对对外贸易产生的能源与污染物排放的影响较大，如 Battjes 等（1998）、Fieleke（1974）、Wyckoff 和 Roof（1994）、Machado 等（2001）、Rhee 和 Chung（2006）、Du 等（2011）、Goldar 等（2011）的文献。近年来，随着中国在国际贸易中的地位不断攀升，围绕中国能源消耗、二氧化碳排放与对外贸易之间影响关系的研究逐渐增多。Tang 等（2012）研究了石油进出口在国际贸易中的直接间接影响。Tang 等（2013）主要利用 2002 年、2005 年、2007 年的 25 个部门的投入产出表，计算了完全能源强度和出口隐含能源，结果表明加工贸易对能源强度和出口隐含能源的变化有很大影响。Su 等（2013）以中国为例，研究了国际贸易中与能源使用相关的隐含碳排放情况，发现区分加工出口和普通出口贸易后，计算的贸易隐含碳排放下降了 32%。Qi 等（2014b）利用多区域投入产出表研究了经济转型对中国净出口隐含碳的影响。

（二）能源价格对能源-经济-环境系统的影响

在能源价格的研究方面，学者主要围绕能源价格对能源效率、经济发展、环境治理的影响等问题展开了相关研究：Kilian 和 Vigfusson（2011）分析了非预期油价变动对美国 GDP 的影响；Maisonnave 等（2012）利用 CGE 模型分析了石油价格的升高对欧盟气候变化政策的影响；Solaymani 和 Kari（2013）用马来西亚多部门 CGE 模型研究了国际油价变动对交通部门的长短期影响；Kohler（2014）分析了南非不同电价与能源效率之间的关系；Jacobsen（2015）以美国各州年度电力价格和高能效产品“能源之星”的销售占比为例，研究了能源价格对高能效产品投资的影响程度；Berk 和 Yetkiner（2014）用 16 个国家 1978～2011 年的数据考察能源价格与经济发展之间的关系，长期观察发现，能源价格的提高会引起人均能源消费和人均 GDP 的下降；Hammoudeh 等（2014）研究了美国能源价格与碳价格之间的关系，发现不同能源品种的价格与碳价格呈现不同的影响效果。

（三）投入产出技术在能源问题方面的应用

众多学者根据各国编制的投入产出表，重点讨论投入产出技术在环境问题上的应用。Chen Z M 和 Chen G Q（2011）编制了反映 G7、金砖四国和其他国家的多区域能源投入产出表，研究了不同国家隐含碳排放的情况。Dias 等（2014）编制了葡萄牙阿威罗市的环境投入产出表，研究了温室气体排放和化石能源消费的环境影响。Neto 等（2014）利用巴西、中国、印度、德国、英国以及美国的能源投入产出表，评估了各国能源使用的需求侧影响。Chun 等（2014）编制了韩国能源投入产出表，重点考察了氢能源发展及氢能源技术投资的经济影响。Wang 等（2013）、Li Z 等（2014）、Zhang 等（2015）编制了中国的能源投入产出表，用以分析不同城市和区域的能源消费、二氧化碳排放的差异性及经济影响。

参考文献

陈真玲，王光辉，牛文元. 2013. 能源和环境约束下的经济增长模型与实证分析. 数学的实践与认识，43（18）：46-53.

亢娅丽. 2015. 影响我国能源消费总量增长的因素分析——基于 LMDI 和 Granger 因果关系. 中国能源，37（1）：14-20.

张玉周. 2015. 中国人口年龄结构变动对能源消费的影响研究——基于省际动态面板数据的 GMM 分析. 中国人口•资源与环境，25（11）：69-74.

Adom P K. 2015. Determinants of energy intensity in South Africa：Testing for structural effects in parameters. Energy，89：334-346.

Aldabas M，Gstrein M，Teufel S. 2015. Changing energy consumption behaviour：Individuals' responsibility and government role. Journal of Electronic Science and Technology，13（4）：343-348.

Alshehabi O H. 2013. Modelling energy and labour linkages：A CGE approach with an application to Iran. Economic Modelling，35：88-98.

Andrés L，Padilla E. 2015. Energy intensity in road freight transport of heavy goods vehicles in Spain. Energy Policy，85：309-321.

Ang B W，Zhang F Q，Choi K H. 1998. Factorizing changes in energy and environmental indicators through decomposition. Energy，23（6）：489-495.

Aune M，Godbolt Å L，Sørensen K H，et al. 2016. Concerned consumption. Global warming changing household domestication of energy. Energy Policy，98：290-297.

Battjes J J，Noorman K J，Biesiot W. 1998. Assessing the energy intensities of import. Energy Economics，20（1）：67-83.

Berk I，Yetkiner H. 2014. Energy prices and economic growth in the long run：Theory and evidence. Renewable and Sustainable Energy Reviews，36：228-235.

Cellura M，Longo S，Mistretta M. 2012. Application of the structural decomposition analysis to assess the indirect energy consumption and air emission changes related to Italian households consumption. Renewable and Sustainable Energy Reviews，16（2）：1135-1145.

Chen Z M，Chen G Q. 2011. Embodied carbon dioxide emission at supra-national scale：a coalition analysis for G7，BRIC，and the rest of the world. Energy Policy，39（5）：2899-2909.

Chevallier J. 2011a. A model of carbon price interactions with macroeconomic and energy dynamics. Energy Economics，33（6）：1295-1312.

Chevallier J. 2011b. Nonparametric modeling of carbon prices. Energy Economics，33（6）：1267-1282.

Choi K H，Ang B W. 2012. Attribution of changes in Divisia real energy intensity index-an extension to index decomposition analysis. Energy Economics，34（1）：171-176.

Choi K H，Oh W. 2014. Extended Divisia index decomposition of changes in energy intensity：A case of Korean manufacturing industry. Energy Policy，65：275-283.

Chontanawat J，Wiboonchutikula P，Buddhivanich A. 2014. Decomposition analysis of the change of energy intensity of manufacturing industries in Thailand. Energy，77：171-182.

Chun D，Woo C，Seo H，et al. 2014. The role of hydrogen energy development in the Korean economy：An input-output analysis. International Journal of Hydrogen Energy，39（15）：7627-7633.

Dias A C，Lemos D，Gabarrell X，et al. 2014. Environmentally extended input-output analysis on a city scale-application to Aveiro（Portugal）. Journal of Cleaner Production，75：118-129.

Du H B，Guo J，Mao G Z. 2011. CO_2 emissions embodied in China-US trade：Input-output analysis based on the emergy/dollar ratio. Energy Policy，39（10）：5980-5987.

Fieleke N S. 1974. The energy content of US exports and imports.//Board of Governors of the Federal Reserve System（U.S.）.

Fink H S. 2011. Promoting behavioral change towards lower energy consumption in the building sector. Innovation：The European Journal of Social Science Research，2011，24（1-2）：7-26.

Fujimori S，Kainuma M，Masui T，et al. 2014. The effectiveness of energy service demand reduction：A scenario analysis of global climate change mitigation. Energy policy，75：379-391.

Goldar A，Bhanot J，Shimpo K. 2011. Prioritizing towards a green export portfolio for India：An environmental input-output approach. Energy Policy，39（11）：7036-7048.

González P F，Landajo M，Presno M J. 2013. The Divisia real energy intensity indices：Evolution and attribution of percent changes in 20 European countries from 1995 to 2010. Energy，58：340-349.

González P F，Landajo M，Presno M J. 2014. Multilevel LMDI decomposition of changes in aggregate energy consumption. A cross country analysis in the EU-27. Energy Policy，68：576-584.

Gram-Hanssen K. 2011. Understanding change and continuity in residential energy consumption. Journal of Consumer Culture，11（1）：61-78.

Gram-Hanssen K. 2014. New needs for better understanding of household's energy consumption-behaviour，lifestyle or practices?. Architectural Engineering and Design Management，10（1-2）：91-107.

Hammoudeh S，Nguyen D K，Sousa R M. 2014. Energy prices and CO_2 emission allowance prices：A quantile regression approach. Energy Policy，70：201-206.

Huang Y，Bor Y J，Peng C Y. 2011. The long-term forecast of Taiwan's energy supply and demand：LEAP model application. Energy Policy，39（11）：6790-6803.

Huenteler J，Niebuhr C，Schmidt T S. 2016. The effect of local and global learning on the cost of renewable energy in developing countries. Journal of Cleaner Production，128：6-21.

İskender Ü，Sözen A. 2016. Total factor productivity change of Turkey's energy intensity. Energy Sources，Part B：

Economics，Planning，and Policy，11（2）：165-175.

Jacobsen G D. 2015. Do energy prices influence investment in energy efficiency? Evidence from energy star appliances. Journal of Environmental Economics and Management，74：94-106.

Jiang L，Folmer H，Ji M. 2014. The drivers of energy intensity in China：A spatial panel data approach. China Economic Review，31：351-360.

Kilian L，Vigfusson R J. 2011. Are the responses of the US economy asymmetric in energy price increases and decreases?. Quantitative Economics，2（3）：419-453.

Kim H S，Baek J. 2013. Assessing dynamics of crude oil import demand in Korea. Economic Modelling，35：260-263.

Kohler M. 2014. Differential electricity pricing and energy efficiency in South Africa. Energy，64：524-532.

Lagunes-Diaz E，Gonzalez-Avila M E，Diaz-Castro S，et al. 2016. Energy consumption drivers：Demand side management vs device penetration，which is stronger? Implications in climate change in arid Mexico. Fresenius Environmental Bulletin，25（8）：3023-3029.

Leontief W W，Ford D. 1971. Air Pollution and the Economic Structure：Empirical Results of Input-output Computations. Cambridge：Harvard University.

Li F，Song Z，Liu W. 2014. China's energy consumption under the global economic crisis：Decomposition and sectoral analysis. Energy Policy，64：193-202.

Li K，Lin B. 2015. The improvement gap in energy intensity：Analysis of China's thirty provincial regions using the improved DEA（data envelopment analysis）model. Energy，84：589-599.

Li Z，Pan L，Fu F，et al. 2014. China's regional disparities in energy consumption：An input-output analysis. Energy，78：426-438.

Liang L，Wu W，Lal R，et al. 2013. Structural change and carbon emission of rural household energy consumption in Huantai，northern China. Renewable and Sustainable Energy Reviews，28：767-776.

Lin B Q，Wang X L. 2014. Exploring energy efficiency in China' s iron and steel industry：A stochastic frontier approach. Energy Policy，72：87-96.

Lin B，Du K. 2014. Decomposing energy intensity change：A combination of index decomposition analysis and production-theoretical decomposition analysis. Applied Energy，129：158-165.

Liu Y，Teng F，Song JP，et al. 2014. Decomposition analysis of changes in metropolitan energy consumption in China based on the logarithmic mean Divisia index. Journal of Resources and Ecology，5（3）：228-236.

Machado G，Schaeffer R，Worrell E. 2001. Energy and carbon embodied in the international trade of Brazil：An input-output approach. Ecological Economics，39（3）：409-424.

Mahmood A，Marpaung C O P. 2014. Carbon pricing and energy efficiency improvement--why to miss the interaction for developing economies? An illustrative CGE based application to the Pakistan case. Energy Policy，67：87-103.

Maisonnave H，Pycroft J，Saveyn B，et al. 2012. Does climate policy make the EU economy more resilient to oil price rises? A CGE analysis. Energy Policy，47：172-179.

Mulder P. 2015. International specialization，sector structure and the evolution of manufacturing energy intensity in OECD countries. Energy Journal，36（3）：111-136.

Mulder P，De Groot H L F. 2013. Dutch sectoral energy intensity developments in international perspective，1987—2005. Energy Policy，52：501-512.

Neto A B F，Perobelli F S，Bastos S Q A. 2014. Comparing energy use structures：An input-output decomposition analysis of large economies. Energy Economics，43：102-113.

Nguene G，Fragnière E，Kanala R，et al. 2011. SOCIO-MARKAL：Integrating energy consumption behavioral changes in the technological optimization framework. Energy for Sustainable Development，15（1）：73-83.

Pagnarith K，Limmeechokchai B. 2015. Integrated resource planning for long-term electricity supply in selected GMS countries，part 2：Environmental and economic impacts. Energy Sources，Part B：Economics，Planning，and Policy，10（4）：340-347.

Qi T Y，Zhang X L，Karplus V J. 2014a. The energy and CO_2 emissions impact of renewable energy development in China. Energy Policy，68：60-69.

Qi T，Winchester N，Karplus V J，et al. 2014b. Will economic restructuring in China reduce trade-embodied CO_2 emissions?. Energy Economics，42：204-212.

Rhee H C，Chung H S. 2006. Change in CO_2 emission and its transmissions between Korea and Japan using international input-output analysis. Ecological Economics，58（4）：788-800.

Roinioti A，Koroneos C，Wangensteen I. 2012. Modeling the Greek energy system：Scenarios of clean energy use and their implications. Energy Policy，50：711-722.

Romanach L，Hall N，Cook S. 2013. Behaviour change and energy consumption：A case study on engaging and retaining participation of low-income individuals. Community Development Journal，49（4）：541-556.

Sheinbaum C，Ruíz B J，Ozawa L. 2011. Energy consumption and related CO_2 emissions in five Latin American countries：Changes from 1990 to 2006 and perspectives. Energy，36（6）：3629-3638.

Shi G M，Bi J，Wang J N. 2010. Chinese regional industrial energy efficiency evaluation based on a DEA model of fixing non-energy inputs. Energy Policy，38（10）：6172-6179.

Solaymani S，Kari F. 2013. Environmental and economic effects of high petroleum prices on transport sector. Energy，60：435-441.

Song F，Zheng X. 2012. What drives the change in China's energy intensity：Combining decomposition analysis and econometric analysis at the provincial level. Energy Policy，51：445-453.

Su B，Ang B W，Low M. 2013. Input-output analysis of CO_2 emissions embodied in trade and the driving forces：Processing and normal exports. Ecological Economics，88：119-125.

Tang B，Shi X，Shen C. 2013. Analysis on embodied energy of China's export trade and the energy consumption changes of key industries. International Journal of Energy Research，37（15）：2019-2028.

Tang X，Zhang B，Feng L，et al. 2012. Net oil exports embodied in China's international trade：An input-output analysis. Energy，48（1）：464-471.

Thepkhun P，Limmeechokchai B，Fujimori S，et al. 2013. Thailand's Low-Carbon Scenario 2050：The AIM/CGE analyses of CO_2 mitigation measures. Energy Policy，62：561-572.

Tran M. 2012. Technology-behavioural modelling of energy innovation diffusion in the UK. Applied Energy，95：1-11.

Voigt S，De Cian E，Schymura M，et al. 2014. Energy intensity developments in 40 major economies：Structural change or technology improvement?. Energy Economics，41：47-62.

Wang H，Zhou P，Zhou D Q. 2013. Scenario-based energy efficiency and productivity in China：A non-radial directional distance function analysis. Energy Economics，40：795-803.

Wang Y，Zhao H，Li L，et al. 2013. Carbon dioxide emission drivers for a typical metropolis using input-output structural decomposition analysis. Energy Policy，58：312-318.

Wu Y. 2012. Energy intensity and its determinants in China's regional economies. Energy Policy，41：703-711.

Wyckoff A W，Roop J M. 1994. The embodiment of carbon in imports of manufactured products：Implications for international agreements on greenhouse gas emissions. Energy Policy，22（3）：187-194.

Xia Y，Yang C，Chen X. 2012. Structural decomposition analysis on China's energy intensity change for 1987—2005. Journal of Systems Science and Complexity，25（1）：156-166.

Xie H，Liu G，Liu Q，et al. 2014. Analysis of spatial disparities and driving factors of energy consumption change in China based on spatial statistics. Sustainability，6（4）：2264-2280.

Zeng L，Xu M，Liang S，et al. 2014. Revisiting drivers of energy intensity in China during 1997—2007：A structural decomposition analysis. Energy Policy，67：640-647.

Zha Y，Zhao L，Bian Y. 2016. Measuring regional efficiency of energy and carbon dioxide emissions in China：A chance constrained DEA approach. Computers & Operations Research，66：351-361.

Zhang D，Rausch S，Karplus V J，et al. 2013. Quantifying regional economic impacts of CO_2 intensity targets in China. Energy Economics，40：687-701.

Zhang H，Lahr M L. 2014. China's energy consumption change from 1987 to 2007：A multi-regional structural decomposition analysis. Energy Policy，67：682-693.

Zhang J R，Li L，Yu L，et al. 2016. Comprehensive evaluation of energy intensity change for 1997-2012 based on input-output analysis：Evidence from Beijing. Procedia Computer Science，91：1057-1063.

Zhang M M，Zhou D Q，Zhou P. 2014. A real option model for renewable energy policy evaluation with application to solar PV power generation in China. Renewable and Sustainable Energy Reviews，40：944-955.

Zhang M，Song Y. 2015. Exploring influence factors governing the changes in China's final energy consumption under a new framework. Natural Hazards，78（1）：653-668.

Zhang Y，Zheng H，Yang Z，et al. 2015. Multi-regional input-output model and ecological network analysis for regional embodied energy accounting in China. Energy Policy，86：651-663.

Zhou P，Ang B W，Zhou D Q. 2012. Measuring economy-wide energy efficiency performance：A parametric frontier approach. Applied Energy，90（1）：196-200.

第二章

能源投入占用产出模型

在一般的投入产出分析框架中，能源需求量或能源强度的计算是以价值量表示的，但是在能源经济分析中，能源相关指标更多的是以实物量标注的，如万吨煤、万吨油、亿立方米天然气、亿千瓦时电力以及万吨标准煤等。能源投入产出模型作为能源经济分析的重要工具之一，最好能够引入能源实物量，以实物单位为标记在投入产出分析框架下进行能源经济分析。早在 20 世纪 70 年代，能源投入产出分析已经在众多领域得到应用，Cumberland（1966）及 Ayres 和 Alan（1969）扩展了 Leontief 逆矩阵以分析全国及区域间生产和消费的关系。Miller 和 Blair（1985）提出采用混合型投入产出表分析能源问题，并指出混合型投入产出表优于含能源实物流量的价值型投入产出表。国内方面则由中国科学院数学与系统科学研究院陈锡康率先提出实物型模型并进行了实证，陈锡康（1981）在实物型投入产出表的基础上阐述了能源投入产出表基本表式、直耗完耗系数、进出口完全能耗计算方法等。但是限于数据的可获得性，实物型表的应用并不广泛。

本章将着重介绍不同类型的能源投入产出模型及其之间的关联关系，前两节将分别介绍实物型能源投入产出模型、混合型能源投入产出模型以及含能源实物流量的价值型能源投入产出模型，第三节将介绍三种能源投入产出表式的分析与比较，第四节将介绍能源投入产出模型的扩展。

第一节　实物型能源投入产出模型

实物型能源投入产出表是在对普通实物型投入产出表的产品部门进行调整的基础上，根据研究的需要对能源产品和非能源产品合理分类形成的投入产出表。

本节将首先简要介绍实物型投入产出模型，引入实物型能源投入产出模型基本表式，其次阐述实物型能源投入产出模型及基本系数，最后给出实例分析。

一、基本表式

1. 实物型投入产出表①

实物型投入产出模型中各个部门的产出量与投入量基本上用实物型计量单位表示，直观地反映出了各种产品的流向。我国编制投入产出表的历史就是从实物型表开始的：第一个国民经济投入产出表（1973 年表）、第一个部门投入产出表（化工部门 1978 年表）、第一个企业投入产出表（天津化工厂投入产出表和鞍钢投入产出表）均为实物型投入产出表。我国投入产出表之所以从实物型表开始，主要是因为我国过去计划经济时期物资短缺，国家有关部门对国民经济主要产品，如钢、煤、粮等的实物平衡非常重视，以及各种实物单位的统计数据，如主要产品产量、主要产品实物消耗量和消耗定额等的资料比较多。

实物型投入产出表可以避免价格变动的影响，便于跨时间区域的比较，在部门生产规划以及特定问题，如研究资源消耗、污染、劳动力等要求用实物单位时，更加实用方便。但是实物型表式垂直方向不能直接相加，这就使得一些综合性比例不能通过表式反映，另外，由于实物型表式以实物产品进行分类，不可能囊括生产领域的所有产品，不能全面反映国民经济整体情况。

由于实物型投入产出表采用实物计量单位，其结构与价值型投入产出表有一定差异。实物型投入产出表中产品不再以部门划分，而是按照实物形态的产品种类划分，所以不能涵盖所有的生产领域。实物型投入产出表的基本表式见表 2.1。

表 2.1 实物型投入产出表基本表式

投入＼产出		中间需求					最终需求				总产出
		1,	2,	…	, n	其他	消费	资本形成	净出口	合计	
中间投入	1	$\tilde{z}_{11}$	$\tilde{z}_{12}$	…	$\tilde{z}_{1n}$	ε_1	$\tilde{f}_1$				$\tilde{x}_1$
	2	$\tilde{z}_{21}$	$\tilde{z}_{22}$	…	$\tilde{z}_{2n}$	ε_2	$\tilde{f}_2$				$\tilde{x}_2$
	⋮	⋮	⋮		⋮	⋮	⋮				⋮
	n	$\tilde{z}_{n1}$	$\tilde{z}_{n2}$	…	$\tilde{z}_{nn}$	ε_n	$\tilde{f}_n$				$\tilde{x}_n$
最初投入	固定资产折旧 从业人员报酬 生产税净额 营业盈余	v_1	v_2	…	v_n						

① 本部分内容主要参考了陈锡康、杨翠红等编著的《投入产出分析》第三章静态实物型投入产出模型及其他若干类模型和第十二章能源投入产出模型。

在表 2.1 中，$\tilde{z}_{ij}$ 表示第 j 种产品生产过程中对第 i 种产品的消耗；ε_i 表示除列出的 n 种产品之外的其他产品生产过程中对第 i 种产品的消耗；$\tilde{f}_i$ 表示第 i 种产品用作最终需求的量值；$\tilde{x}_i$ 表示第 i 种产品的总产出；v_j 表示第 j 种产品生产过程中的最初投入，即创造的增加值，上述的 i，j 均等于 $1,2,\cdots,n$。

在表 2.1 中，同行元素由于采用同样的计量单位，所以可以相加得到该产品的总产品量，即中间需求加上最终需求等于总产出。但是由于不同产品使用各自的标准计量单位，对于同列的元素，无论它们的计量单位是否相同，不同质的产品产量或者使用量均不能进行相加求和，故而实物型投入产出表的列向加和是没有意义的。相对于价值型投入产出模型来说，实物型投入产出模型只有行模型，没有列模型，这也是实物型与价值型投入产出模型的一个重要区别。

2. 实物型能源投入产出表

假设国民经济中有 n 个部门，其中有 k 个能源部门，$n-k$ 个非能源部门。实物型能源投入产出表的基本表式如表 2.2 所示。

表 2.2 实物型能源投入产出表基本表式

<table>
<tr><th colspan="2" rowspan="2">产出
投入</th><th colspan="3">中间需求</th><th>最终需求</th><th rowspan="2">总产出</th></tr>
<tr><th>能源产品
1，…，k</th><th>非能源产品
k+1，…，n</th><th>其他</th><th>消费 资本形成 净出口 合计</th></tr>
<tr><td rowspan="2">中间投入</td><td>能源产品 1 ⋮ k</td><td>$\tilde{z}_{ij}^{EE}$</td><td>$\tilde{z}_{ij}^{EN}$</td><td>ε_i^{E}</td><td>$\tilde{f}_i^{E}$</td><td>$\tilde{x}_i^{E}$</td></tr>
<tr><td>非能源产品 k+1 ⋮ n</td><td>$\tilde{z}_{ij}^{NE}$</td><td>$\tilde{z}_{ij}^{NN}$</td><td>ε_i^{N}</td><td>$\tilde{f}_i^{N}$</td><td>$\tilde{x}_i^{N}$</td></tr>
<tr><td>最初投入</td><td>固定资产折旧
从业人员报酬
生产税净额
营业盈余</td><td>v_j^{E}</td><td>v_j^{N}</td><td></td><td></td><td></td></tr>
</table>

在表 2.2 中，上标 E 、N 分别表示能源产品、非能源产品；上标 EE 表示能源产品对能源产品的消耗；上标 EN 表示非能源产品对能源产品消耗，其他类推；$\tilde{z}_{ij}$，ε_i，$\tilde{f}_i$，$\tilde{x}_i$，v_j 的含义与表 2.1 中相同。

二、基本模型分析

类似于一般实物型投入产出模型，因为各实物产品的计量单位不同，能源实物投入产出模型没有列向平衡关系，其行向平衡关系由能源产品和非能源产品的分配流向两部分组成，如下：

$$\left.\begin{aligned}\sum_{j=1}^{k}\tilde{z}_{ij}^{\mathrm{EE}}+\sum_{j=k+1}^{n}\tilde{z}_{ij}^{\mathrm{EN}}+\varepsilon_i^{\mathrm{E}}+\tilde{f}_i^{\mathrm{E}}=\tilde{x}_i^{\mathrm{E}},\quad i=1,2,\cdots,k\\\sum_{j=1}^{k}\tilde{z}_{ij}^{\mathrm{NE}}+\sum_{j=k+1}^{n}\tilde{z}_{ij}^{\mathrm{NN}}+\varepsilon_i^{\mathrm{N}}+\tilde{f}_i^{\mathrm{N}}=\tilde{x}_i^{\mathrm{N}},\quad i=k+1,\cdots,n\end{aligned}\right\}\tag{2.1}$$

定义直接消耗系数矩阵 A 和完全消耗系数矩阵 B 如下：

$$A=\begin{pmatrix}A^{\mathrm{EE}} & A^{\mathrm{EN}}\\A^{\mathrm{NE}} & A^{\mathrm{NN}}\end{pmatrix},\quad B=(I-A)^{-1}-I=\begin{pmatrix}B^{\mathrm{EE}} & B^{\mathrm{EN}}\\B^{\mathrm{NE}} & B^{\mathrm{NN}}\end{pmatrix}\tag{2.2}$$

其中，

$$A^{\mathrm{EE}}=(a_{ij}^{\mathrm{EE}})_{k\times k}=(\tilde{z}_{ij}^{\mathrm{EE}}/\tilde{x}_j^{\mathrm{E}})_{k\times k},\quad A^{\mathrm{EN}}=(a_{ij}^{\mathrm{EN}})_{k\times(n-k)}=(\tilde{z}_{ij}^{\mathrm{EN}}/\tilde{x}_j^{\mathrm{N}})_{k\times(n-k)}$$

$$A^{\mathrm{NE}}=(a_{ij}^{\mathrm{NE}})_{(n-k)\times k}=(\tilde{z}_{ij}^{\mathrm{NE}}/\tilde{x}_j^{\mathrm{E}})_{(n-k)\times k},\quad A^{\mathrm{NN}}=(a_{ij}^{\mathrm{NN}})_{(n-k)\times(n-k)}=(\tilde{z}_{ij}^{\mathrm{NN}}/\tilde{x}_j^{\mathrm{N}})_{(n-k)\times(n-k)}$$

a_{ij}^{EE} 、a_{ij}^{EN} 表示第 j 种能源产品、非能源产品对第 i 种能源产品的直接消耗系数；a_{ij}^{NE} 、a_{ij}^{NN} 表示第 j 种能源产品、非能源产品对第 i 种非能源产品的直接消耗系数。

1. 直接综合能耗

直接能耗是企业单位产品生产过程中对能源的直接消耗量。例如，自行车的直接能耗是指自行车厂把钢材加工并装配成自行车的过程中消耗的能源。根据我国 1973 年实物生产资料，每辆自行车耗电 32.41 度（1 度=1 千瓦时），耗煤 15.90 千克左右。直接能耗系数矩阵 A^{E} 由直接消耗系数矩阵 A 前 k 行构成，如下：

$$A^{\mathrm{E}}=(A^{\mathrm{EE}}\quad A^{\mathrm{EN}})\tag{2.3}$$

直接综合能耗是按标准煤计算的单位产品生产过程中对所有能源的直接消耗量之和。它是一个综合性指标，例如，每辆自行车的直接综合能耗为 26.13 千克标准煤。第 j 种产品的直接综合能耗计算公式为

$$\left.\begin{aligned}d_j^{\mathrm{EE}}=\sum_{i=1}^{k}\eta_i a_{ij}^{\mathrm{EE}},\quad j=1,2,\cdots,k\\d_j^{\mathrm{EN}}=\sum_{i=1}^{k}\eta_i a_{ij}^{\mathrm{EN}},\quad j=k+1,\cdots,n\end{aligned}\right\}\tag{2.4}$$

其中，d_j^{EE} 、d_j^{EN} 分别表示第 j 种能源产品、非能源产品的直接综合能耗；η_i 表示第 i 种能源的折标煤系数，其将各种能源的计量单位折算为标准煤，折标煤系数向量表示为 $\eta'=(\eta_i)_{1\times k}$ 。式（2.4）写成向量形式如下：

$$D^{\mathrm{E}'}=\eta' A^{\mathrm{E}}=(\eta' A^{\mathrm{EE}}\quad \eta' A^{\mathrm{EN}})\tag{2.5}$$

2. 完全综合能耗

完全能耗是指产品生产过程中对能源的直接消耗与间接消耗之和。间接能耗是产品生产过程中所消耗的各部门产品（原材料、辅助材料、机器设备等）中所

消耗的能源之和。例如，自行车生产过程中消耗了煤炭、电力等，也消耗了钢材、轮胎、塑料等非能源产品，这些非能源产品在生产过程中所消耗的能源均属于自行车的间接能耗。根据我国 1973 年实物型投入产出表的资料可知，每辆自行车对电的完全消耗为 74.15 度，对原煤的完全消耗为 132.18 千克。完全能耗系数矩阵 B^{E} 由完全消耗系数矩阵 B 前 k 行构成，如下：

$$B^{\mathrm{E}}=(B^{\mathrm{EE}} \quad B^{\mathrm{EN}}) \tag{2.6}$$

完全综合能耗指标是从完全消耗系数的角度出发，计算每种产品对各种能源的完全消耗系数之和，但是值得注意的是，能源可以分为一次能源和二次能源，二次能源是指一次能源经过加工转换以后得到的能源，对二次能源的处理方式存在争议。完全综合能耗系数的计算大体上经过如下几种方法上的演变。

第一种方法：这种方法是把产品的完全综合能耗系数定义为产品对各类能源的完全消耗系数折算为标准煤后简单加和。其计算公式如下：

$$\left.\begin{aligned} t_j^{\mathrm{EE}}&=\sum_{i=1}^{k}\eta_i b_{ij}^{\mathrm{EE}}, \quad j=1,2,\cdots,k \\ t_j^{\mathrm{EN}}&=\sum_{i=1}^{k}\eta_i b_{ij}^{\mathrm{EN}}, \quad j=k+1,\cdots,n \end{aligned}\right\} \tag{2.7}$$

其中，t_j^{EE}、t_j^{EN} 分别表示第 j 种能源产品、非能源产品的完全综合能耗系数。式（2.7）用向量表示如下：

$$T^{\mathrm{E}'}=\eta' B^{\mathrm{E}}=(\eta' B^{\mathrm{EE}} \quad \eta' B^{\mathrm{EN}}) \tag{2.8}$$

这种方法忽略了能源产品之间的大量重复计算，因为产品对一次能源的完全综合消耗包含了该产品通过二次能源对一次能源的消耗。例如，自行车对煤的完全消耗中已经包含了发电用煤和炼焦用煤，如果把自行车对原煤、电、焦炭的完全消耗相加就极大地高估了自行车对能源的消耗量。

第二种方法：为了消除一次能源与二次能源相互转化而引起的重复计算，在计算完全综合能耗时，可以只考虑各种产品对能源本身的直接和间接消耗，而不考虑在能源生产中又出现的各种形式能源对能源的消耗。具体来说，对于非能源产品而言，其完全综合能耗系数（以 $T^{\mathrm{EN}'}$ 表示）等于非能源产品的直接综合能耗与通过非能源产品对各种能源的间接消耗之和。计算公式如下：

$$\begin{aligned} T^{\mathrm{EN}'}&=\eta' A^{\mathrm{EN}}+\eta' A^{\mathrm{EN}}A^{\mathrm{NN}}+\eta' A^{\mathrm{EN}}(A^{\mathrm{NN}})^2+\eta' A^{\mathrm{EN}}(A^{\mathrm{NN}})^3+\cdots \\ &=\eta' A^{\mathrm{EN}}(I-A^{\mathrm{NN}})^{-1} \end{aligned} \tag{2.9}$$

或

$$\begin{aligned} T^{\mathrm{EN}'}&=\eta' A^{\mathrm{EN}}+T^{\mathrm{EN}'}A^{\mathrm{NN}} \\ &=\eta' A^{\mathrm{EN}}(I-A^{\mathrm{NN}})^{-1} \end{aligned} \tag{2.10}$$

其中，$\eta' A^{EN}$ 表示非能源产品生产过程中对能源的直接综合消耗；$\eta' A^{EN} A^{NN}$ 表示非能源产品生产过程中通过消耗非能源产品对能源的第一次间接综合能耗，如自行车生产过程中消耗的钢材对能源的消耗；$\eta' A^{EN} (A^{NN})^2$ 是第二次间接综合能耗，如用于生产自行车的钢材所消耗的生铁对能源的消耗，如此类推。

对于能源产品而言，其完全综合能耗系数（以 $T^{EE'}$ 表示）就等于能源产品在生产过程中直接消耗的能源与通过消耗非能源产品而产生的间接能耗。计算公式如下：

$$\begin{aligned} T^{EE'} &= \eta' A^{EE} + T^{EN'} A^{NE} \\ &= \eta' A^{EE} + \eta' A^{EN} (I - A^{NN})^{-1} A^{NE} \end{aligned} \tag{2.11}$$

其中，$\eta' A^{EE}$ 表示能源产品生产过程中对能源的直接综合消耗；$\eta' A^{EN} (I - A^{NN})^{-1} A^{NE}$ 表示能源产品生产过程中通过消耗非能源产品对能源的间接综合能耗，如煤炭生产过程中消耗的挖煤机对能源的消耗。

第二种方法的特点是在计算对能源的间接消耗时不进一步考虑能源对能源的消耗，因而在式（2.10）中没有包括 $T^{EE'} A^{EN}$ 项，在式（2.11）中没有包括 $T^{EE'} A^{EE}$ 项。第二种方法计算的完全综合能耗系数已经避免了由于能源产品间相互转化而导致的能耗的重复计算，但是在非能源产品的完全综合能耗系数中，均没有包括产品生产过程中所消耗的能源通过消耗非能源产品所造成的能耗，例如，没有包括生产自行车用电中所消耗的机器设备等对能源的消耗。

第三种方法：该种方法的主要思想是将第二种方法中所遗漏的部分补上，是对第二种方法的进一步改进。完全综合能耗系数等于直接综合能耗加上通过消耗非能源产品对能源的各种间接消耗，加上非能源产品消耗的能源产品在生产过程中对非能源产品的消耗中所造成的对能源的间接消耗。但是不同于第一种方法，它并没有包括能源产品对能源产品的间接消耗量，如发电用的煤等并没有包括在内。计算公式如下：

$$\begin{aligned} T^{EN'} &= \eta' A^{EN} + (\eta' A^{EN} A^{NN} + \eta' A^{EN} A^{NE} A^{EN}) + \eta' A^{EN} (A^{NN} + A^{NE} A^{EN})^2 + \cdots \\ &= \eta' A^{EN} (I - A^{NN} - A^{NE} A^{EN})^{-1} \end{aligned} \tag{2.12}$$

其中，第一项 $\eta' A^{EN}$ 表示非能源产品的直接综合能耗；第二项 $\eta' A^{EN} A^{NN} + \eta' A^{EN} A^{NE} A^{EN}$ 中 $\eta' A^{EN} A^{NN}$ 表示非能源产品通过消耗非能源产品对能源的消耗，$\eta' A^{EN} A^{NE} A^{EN}$ 表示非能源产品直接消耗的能源产品在生产过程中消耗的非能源产品对能源的消耗，两者相加就是非能源产品通过消耗能源和非能源产品的第一次间接综合能耗。

第四种方法：如果能源投入产出表已经对能源进行了一次能源和二次能源的分类，根据二次能源的定义，能源重复计算的那一部分针对的就是二次能源，所以计算完全综合能耗系数时就可以不必包括二次能源产品的完全消耗。假设能源

投入产出表中前 k 个部门是能源部门，其中前 s 个部门是一次能源部门，后 $k-s$ 个部门是二次能源部门，那么完全综合能耗系数就是产品对各类一次能源的完全消耗系数折算成标准煤后的简单加和，如下：

$$\left.\begin{aligned} t_j^{\mathrm{EE}} &= \sum_{i=1}^{s}\eta_i b_{ij}^{\mathrm{EE}}, \quad j=1,2,\cdots,k \\ t_j^{\mathrm{EN}} &= \sum_{i=1}^{s}\eta_i b_{ij}^{\mathrm{EN}}, \quad j=k+1,\cdots,n \end{aligned}\right\} \tag{2.13}$$

令 $\hat{\Omega}$ 表示 k 阶对角矩阵，其对角线上元素前 s 个为 1，后 $k-s$ 个为 0，表示了一次能源和二次能源的区分，所以，式（2.13）用矩阵形式表示如下：

$$T^{\mathrm{E}'} = \eta'\hat{\Omega}B^{\mathrm{E}} = \begin{pmatrix}\eta'\hat{\Omega}B^{\mathrm{EE}} & \eta'\hat{\Omega}B^{\mathrm{EN}}\end{pmatrix} \tag{2.14}$$

根据上述讨论，计算完全综合能耗的四种方法中第一种不可用，其余三种可以在不同情况下予以采用，第三种方法是第二种方法的进一步改善，第四种方法则要求对一次能源和二次能源有所区分。

三、实例分析

由上述模型介绍可知，实物型能源投入产出表是在实物型投入产出表的基础上进一步编制完成的，所以实物型能源投入产出表的编制依赖于实物型投入产出表。我国实物型投入产出表数据资料不多，下面以陈锡康（1981）采用的表式为例，介绍不同产品的直接综合能耗与完全综合能耗，如表 2.3 所示。

表 2.3　若干类产品的直接综合能耗与完全综合能耗

产品	单位	单位产品直接综合能耗/（千克/单位产品）	单位产品完全综合能耗/（千克/单位产品）	单位产值直接综合能耗/（千克/元）	单位产值完全综合能耗/（千克/元）
粮食	万斤*	254.71	686.44	0.24	0.66
棉布	万米	1502.2	5548.32	0.1	0.37
缝纫机	台	27.6	85.33	0.14	0.43
表	只	3.71	4.28	0.048	0.055
钢材	吨	404.58	2438.49	0.55	3.29
机床	台	7292.72	15619.03	1.63	3.49
汽车	辆	2803.63	16441.06	0.19	1.13

* 1 斤=0.5 千克。

由表 2.3 可以看出，完全综合能耗系数远大于直接综合能耗系数，也就是说产品对能源的直接消耗量极大地低估了该产品对能源的消耗。例如，每吨钢材生产过程中直接消耗能源 404.58 千克，但是综合能耗达到 2438.49 千克，增加了 5 倍左右，即钢材生产过程中不仅对能源的直接消耗较大，也消耗了较多的含能产品。

计算采用的我国 1973 年 61 类主要产品的投入产出表中有五类能源产品，即原煤、原油、成品油（汽油、煤油、柴油、润滑油、重油）、电力、焦炭。计算完全综合能耗指标利用的是第二种计算方法。之所以采用第二种方法，主要是因为计算较为简单，且后三种计算方法的结果相差不大。表 2.4 是四种方法的比较情况。

表 2.4　不同方法计算的完全综合能耗系数

产品	单位产品直接综合能耗/（千克/辆）	单位产品完全综合能耗/（千克/辆）			
		Ⅰ	Ⅱ	Ⅲ	Ⅳ
自行车	26.13	201.85	106.25	111.56	125.98

注：Ⅰ、Ⅱ、Ⅲ、Ⅳ分别表示上述第一～第四种完全综合能耗计算方法。

第二节　混合型及价值型能源投入产出模型

实物型投入产出表纵然能够以实物量反映产品间的消耗关系，但与价值型投入产出表相比，在列向模型、结构分析方面仍然存在不足，因此如何将能源实物量与非能源部门的价值量进行结合就尤为重要，本节介绍两类模型：混合型能源投入产出模型和价值型能源投入产出模型。

一、混合型能源投入产出模型

混合型能源投入产出模型，顾名思义，就是将实物单位与价值单位混合在一张投入产出表中，然后在此基础上建立起来的投入产出模型。在该模型中，能源部门以实物量单位表示，非能源部门以价值量单位表示。混合型能源投入产出表的基本表式如表 2.5 所示，表中阴影部分为实物量数据，e_{ij}^{EE} 、e_{ij}^{EN} 分别表示第 i 种能源产品用于第 j 个能源部门、非能源部门生产的数量，$e_{i\mathrm{F}}$ 、e_i 分别表示第 i 种能源产品用于最终需求的数量和总产出的数量，均用实物量单位表示，如原煤用万吨表示、天然气用亿立方米表示、电力用亿千瓦时表示等。价值量数据均与一般投入产出模型中的经济解释一致，z_{ij}^{NE} 、z_{ij}^{NN} 分别表示第 j 个能源部门、非能源部门生产过程中对第 i 个非能源部门产品的消耗，f_i 、x_i 表示第 i 个非能源部门的最终使用和总产出。v_j^{E}、v_j^{N} 分别表示第 j 个能源部门、非能源部门的最初投入。

表 2.5 混合型能源投入产出表基本表式

投入＼产出		中间需求：能源部门 1, …, k	中间需求：非能源部门 $k+1$, …, n	最终需求：消费 资本形成 净出口 合计	总产出
中间投入	能源部门 1 ⋮ k	e_{ij}^{EE}	e_{ij}^{EN}	$e_{i\mathrm{F}}$	e_i
	非能源部门 $k+1$ ⋮ n	z_{ij}^{NE}	z_{ij}^{NN}	f_i	x_i
最初投入	固定资产折旧 从业人员报酬 生产税净额 营业盈余	v_j^{E}	v_j^{N}		
总投入		e_j	x_j		

1. 行向平衡模型

混合型能源投入产出模型列向上计量单位不一致，故而无法进行列向加和，只有行向平衡模型。能源实物平衡及非能源部门价值量平衡关系为

$$\left.\begin{aligned}\sum_{j=1}^{k}e_{ij}^{\mathrm{EE}}+\sum_{j=k+1}^{n}e_{ij}^{\mathrm{EN}}+e_{i\mathrm{F}}=e_i,\quad i=1,2,\cdots,k\\ \sum_{j=1}^{k}z_{ij}^{\mathrm{NE}}+\sum_{j=k+1}^{n}z_{ij}^{\mathrm{NN}}+f_i=x_i,\quad i=k+1,\cdots,n\end{aligned}\right\}\tag{2.15}$$

令 $\bar{Z}^*=\begin{pmatrix}E^{\mathrm{EE}} & E^{\mathrm{EN}}\\ Z^{\mathrm{NE}} & Z^{\mathrm{NN}}\end{pmatrix}=\begin{pmatrix}\text{实物} & \text{实物}\\ \text{价值} & \text{价值}\end{pmatrix}$，$F^*=\begin{pmatrix}E_F\\ F\end{pmatrix}=\begin{pmatrix}\text{实物}\\ \text{价值}\end{pmatrix}$，$X^*=\begin{pmatrix}E\\ X\end{pmatrix}=\begin{pmatrix}\text{实物}\\ \text{价值}\end{pmatrix}$，则式（2.15）用矩阵表示如下：

$$\bar{Z}^*\mu+F^*=X^*\tag{2.16}$$

其中，μ 为元素全为 1 的求和列向量。

2. 直接能耗系数

类似于普通投入产出表中直接消耗系数的定义，混合型能源投入产出表的直接消耗系数计算公式如下：

$$A^*=\bar{Z}^*(\hat{X}^*)^{-1}=\begin{pmatrix}A^{\mathrm{EE}} & A^{\mathrm{EN}}\\ A^{\mathrm{NE}} & A^{\mathrm{NN}}\end{pmatrix}=\begin{pmatrix}\dfrac{\text{实物}}{\text{实物}} & \dfrac{\text{实物}}{\text{价值}}\\ \dfrac{\text{价值}}{\text{实物}} & \dfrac{\text{价值}}{\text{价值}}\end{pmatrix}\tag{2.17}$$

其中，$A^{\mathrm{EE}}=(a_{ij}^{\mathrm{EE}})=(e_{ij}^{\mathrm{EE}}/e_j)_{k\times k}$；$A^{\mathrm{EN}}=(a_{ij}^{\mathrm{EN}})=(e_{ij}^{\mathrm{EN}}/x_j)_{k\times(n-k)}$；$A^{\mathrm{NE}}=(a_{ij}^{\mathrm{NE}})=(z_{ij}^{\mathrm{NE}}/e_j)_{(n-k)\times k}$；

$A^{NN}=(a_{ij}^{NN})=(z_{ij}^{NN}/x_j)_{(n-k)\times(n-k)}$； a_{ij}^{EE} 表示生产单位第 j 种能源产品对第 i 种能源的直接消耗量； a_{ij}^{EN} 表示第 j 个非能源部门生产单位价值的产品对第 i 种能源的直接消耗量； a_{ij}^{NE} 表示单位第 j 种能源产品生产过程中直接消耗的第 i 个非能源部门产品的价值； a_{ij}^{NN} 表示第 j 个非能源部门生产单位价值产品直接消耗的第 i 个非能源部门产品的价值。

类似于本章第一节介绍的实物型能源投入产出模型，混合型能源投入产出模型的直接能耗系数矩阵为 $A^{E}=(A^{EE}\quad A^{EN})$，表示单位实物量的能源产品及单位价值的非能源产品对各种能源的直接消耗量；直接综合能耗系数行向量为 $D^{E'}=\eta' A^{E}=\left(\eta' A^{EE}\quad \eta' A^{EN}\right)$，$\eta'$ 为折标煤系数向量。

3. 完全综合能耗系数

将直接消耗系数的定义式（2.17）代入式（2.16）可得

$$A^{*}X^{*}+F^{*}=X^{*}$$

进一步整理可得混合型能源投入产出模型的基本关系式：

$$X^{*}=(I-A^{*})^{-1}F^{*} \tag{2.18}$$

$(I-A^{*})^{-1}$ 是该模型的完全需要系数矩阵，令 $\tilde{B}^{*}=(I-A^{*})^{-1}=\begin{pmatrix}\tilde{B}^{*EE} & \tilde{B}^{*EN}\\ \tilde{B}^{*NE} & \tilde{B}^{*NN}\end{pmatrix}$，则完全能耗系数矩阵 $T=(\tilde{B}^{*EE}-I\quad \tilde{B}^{*EN})$，其中 $\tilde{B}^{*EE}-I$ 表示生产单位实物量的能源产品对各种能源的完全消耗， $\tilde{B}^{*EN}$ 表示非能源部门生产单位价值的产品对各种能源的完全消耗。

完全综合能耗系数的计算类似于本章第一节实物型能源投入产出模型介绍的后三种方法，需要剔除因为二次能源转化带来的重复计算问题。

4. 直接消耗系数的性质

从上述分析可以看出，混合型能源投入产出模型中的直接消耗系数 A^{*} 不再具有普通投入产出分析中系数无量纲的性质， A^{*} 是否稳健，以及 $I-A^{*}$ 是否可逆等均需要进一步证明。

（1） A^{*} 稳健性证明

A^{*} 是否稳健主要指由 A^{*} 计算的各部门总产出、直接能耗、完全能耗是否会因为实物量（或价值量）的使用单位不同而发生与单位变化不一致的数值变化。

令计量单位变换矩阵 $\hat{g}$ 是由 $(g_1,\ g_2,\ \cdots,\ g_n)'$ 生成的对角矩阵，第 i 部门单位变换前的数值是变换后的 g_i 倍。例如，原煤初始计量单位是吨，变换后为千克，那么 $g_1=1000$，若该种产品的计量单位没有发生变化，则 $g_i=1$。变换后的直接消耗系数矩阵为 $\hat{g}A^{*}\hat{g}^{-1}$，展开后其元素如下：

$$\hat{g}A^*\hat{g}^{-1}=\begin{pmatrix} a_{11}^* & \frac{g_1}{g_2}a_{12}^* & \cdots & \frac{g_1}{g_n}a_{1n}^* \\ \frac{g_2}{g_1}a_{21}^* & a_{22}^* & \cdots & \frac{g_2}{g_n}a_{2n}^* \\ \vdots & \vdots & & \vdots \\ \frac{g_n}{g_1}a_{n1}^* & \frac{g_n}{g_2}a_{n2}^* & \cdots & a_{nn}^* \end{pmatrix}$$

以第 j 部门对第一种能源的直接消耗系数为例，变化前为 a_{1j}^*，经过计量单位变化后为 $\frac{g_1}{g_j}a_{1j}^*$。例如，生产万元第 j 部门产品需要消耗第一种能源 1.2 吨，将第一种能源的单位变换为千克后，则生产一元第 j 部门产品需要消耗的第一种能源为 $\frac{1000}{10000}\times 1.2$，即 0.12 千克，符合公式变换结果。同理可得，完全需要系数矩阵也有同样的变换，由 $(I-A^*)^{-1}$ 变为 $\hat{g}(I-A^*)^{-1}\hat{g}^{-1}$。故而，直接能耗系数、完全能耗系数均随单位的变化而发生相应变化。

（2）$I-A^*$ 可逆性证明

令 $\hat{P}$ 是由 $(P_{\mathrm{E}},\ \mu)'$ 生成的对角矩阵，其中，P_{E} 为能源部门单位实物量的平均价格向量，μ 为元素全为 1 的向量。

因为能源产品价格非零，所以 $\hat{P}$ 为满秩矩阵，满足 $A=\hat{P}A^*\hat{P}^{-1}$，其中 A 为价值型投入产出模型的直接消耗系数矩阵，有

$$I-A^*=\hat{P}^{-1}(I-\hat{P}A^*\hat{P}^{-1})\hat{P}=\hat{P}^{-1}(I-A)\hat{P}$$

故而两边同取行列式可得 $\left|I-A^*\right|=\left|\hat{P}^{-1}\right|\left|I-A\right|\left|\hat{P}\right|$。因为 $\hat{P}$、$I-A$ 均为满秩矩阵，则 $\left|\hat{P}^{-1}\right|\neq 0$，$\left|I-A\right|\neq 0$，$\left|\hat{P}\right|\neq 0$。故而 $\left|I-A^*\right|\neq 0$，即 $I-A^*$ 是满秩矩阵，$I-A^*$ 可逆。

二、含能源实物流量的价值型能源投入产出模型

实物型能源投入产出模型是将国民经济各部门产品均用实物量单位表示，但是鉴于实物投入产出表的缺乏和分析经济价值单位的需要，引入了混合型能源投入产出模型。在该模型中，仅有能源产品采用实物量单位，其他国民经济部门采用价值量单位。为了将能源部门和非能源部门更好地体现在投入产出分析复杂的经济联系中，引入含能源实物流量的价值型能源投入产出模型。该模型不同于其他两种模型的地方在于：首先，能源部门不仅有价值流量，而且在水平方向上列

出了能源实物流量；其次，该模型要求能源品种与能源部门一一对应，才能真正实现价值量与实物量的对应。正如 Mayer（2007）所提到的，这增加了编制能源投入产出表的难度。

1. 能源消耗量与能源使用量概念

在介绍模型之前首先要区分两个概念，即能源消耗量 e_{ij}^{C} 和能源使用量 e_{ij}。能源消耗量是各部门生产过程中实际消耗及损失的能源数量，而能源使用量除包含消耗量外还包括加工转换的能源数量。对一次能源及其他部门，能源消耗量=能源使用量=终端消费量+损失量；对二次能源部门，因存在能源加工转换，其能源消耗量=终端消费量+损失量（包括加工转换损失量），但能源使用量=终端消费量+损失量+加工转换投入量。

表 2.6 给出了含能源实物流量的价值型投入产出模型的基本表式。能源实物流量由两部分组成，即能源使用量 e_{ij} 和能源消耗量 e_{ij}^{C}，仅二次能源部门有所差别，其余部门均有 $e_{ij}=e_{ij}^{\mathrm{C}}$。对于能源使用量，其行向加和 $\sum_{j=1}^{n}e_{ij}+e_{iF}=e_i$，$e_i$ 是第 i 种能源的总产出；对于能源消耗量，其行向加和 $\sum_{j=1}^{n}e_{ij}^{\mathrm{C}}+e_{iF}=e_i^{\mathrm{C}}$，$e_i^{\mathrm{C}}$ 是第 i 种能源的总消耗量，其列向加和 $\sum_{i=1}^{k}\eta_i e_{ij}^{\mathrm{C}}$ 表示各部门的能源消耗量，$\sum_{j=1}^{n}\sum_{i=1}^{k}\eta_i e_{ij}^{\mathrm{C}}$ 则表示该年度生产领域的能源消耗总量，其中，η_i 是第 i 种能源的折标煤系数。

表 2.6　含能源实物流量的价值型能源投入产出模型基本表式

投入＼产出		中间需求 能源部门 1，…，k	中间需求 非能源部门 $k+1$，…，n	最终需求 消费　资本形成　净出口　合计	总产出
中间投入	能源部门 1 ⋮ k	z_{ij}（e_{ij}、e_{ij}^{C}）		f_i（e_{iF}）	x_i（e_i，e_i^{C}）
	非能源部门 $k+1$ ⋮ n	z_{ij}		f_i	x_i
最初投入	固定资产折旧 从业人员报酬 生产税净额 营业盈余	v_j			
总投入		x_j			

价值型能源投入产出表的基本系数与普通的投入产出表中的表示方式一致，直接消耗系数为 A，Leontief 逆矩阵即完全需要系数矩阵为 $\tilde{B}=(I-A)^{-1}$，完全消耗系数矩阵为 $\tilde{B}-I$。

2. 直接能耗系数、完全能耗系数计算

直接能耗系数表示单位价值的产品生产过程中直接消耗的能源实物量，计算公式如下：

$$d_{ij}=e_{ij}^{\mathrm{C}}/x_j,\quad i=1,2,\cdots,k;j=1,2,\cdots,n \tag{2.19}$$

其中，d_{ij} 表示第 j 部门单位产值对第 i 种能源的直接消耗。矩阵形式为 $D=E^{\mathrm{C}}\hat{X}^{-1}$，其中，$E^{\mathrm{C}}$ 表示各部门对能源的直接消耗量。直接综合能耗系数矩阵的计算公式为 $\eta' D$，η 为各种能源的折标煤系数列向量。值得注意的是，式（2.19）中采用的是能源消耗量 e_{ij}^{C}，剔除了二次能源加工转换部分能源的重复计算问题，所以直接能耗系数、直接综合能耗系数表示各部门对能源的真实利用，为计算完全能耗系数奠定了基础。

完全能耗系数等于直接能耗系数加上间接能耗系数，直接能耗系数是指生产过程中对能源的直接利用，而间接能耗系数是指通过消耗各种类型的含能产品所带来的对能源的间接消耗。计算公式如下：

$$t_{ij}=d_{ij}+\sum_{s=1}^{n}d_{is}a_{sj}+\sum_{l=1}^{n}\sum_{s=1}^{n}d_{il}a_{ls}a_{sj}+\sum_{t=1}^{n}\sum_{l=1}^{n}\sum_{s=1}^{n}d_{it}a_{tl}a_{ls}a_{sj}+\cdots \tag{2.20}$$

其中，t_{ij} 表示第 j 部门生产单位产值对第 i 种能源的完全消耗；第一项 d_{ij} 表示第 j 部门对第 i 种能源的直接消耗；第二项 $\sum_{s=1}^{n}d_{is}a_{sj}$ 表示第 j 部门对第 i 种能源的第一次间接消耗，即通过所消耗的各部门产品（能源产品或者非能源产品）对能源的消耗，以此类推。式（2.20）用矩阵表示为

$$\begin{aligned}T&=D+DA+DA^2+DA^3+\cdots\\&=D(I+A+A^2+A^3+\cdots)\\&=D(I-A)^{-1}\end{aligned} \tag{2.21}$$

第三节 三种能源投入产出表式的分析与比较

实物型能源投入产出表因其较好地反映真实的能源实物量消耗，理论较完备，但编制普通实物型投入产出表的工作浩繁复杂。我国在 1987 年国务院办公厅发出《关于进行全国投入产出调查的通知》（国办发[1987]18 号）后，每五年进行一次全国投入产出调查，编制的投入产出表均是价值型的，仅在 1987 年、1992 年编

制了实物型投入产出表。由于数据资料不尽翔实，实物型能源投入产出表应用较少，在此不多加讨论。Miller 和 Blair（1985）对两种表式进行了比较，指出混合型能源投入产出表优于价值型能源投入产出表。但是，他们所指出的原因还有考虑不周全的地方。

一、能量守恒

Miller 和 Blair（1985）提出并证明了混合型表的完全能源需要系数符合 Herendeen（1974）的能量守恒条件 $\alpha\hat{X}=\alpha\tilde{A}\hat{X}+F$，其中，$\alpha$ 为各部门对一次能源的完全需要系数矩阵。Arrous（2000）在第 13 届国际投入产出学会年会上给出了实物量形式下的能量守恒关系式。

在价值型表中，同样可以满足上述能量守恒条件。

价值型表中，对一次能源的完全需要系数矩阵为 $\varepsilon=D(I-A)^{-1}+\hat{Q}$，由 Herendeen（1974）给出的守恒关系式可得到：$\left[D(I-A)^{-1}+\hat{Q}\right]\hat{X}=\left[D(I-A)^{-1}+\hat{Q}\right]A\hat{X}+F$，整理可得：$\left[D(I-A)^{-1}+\hat{Q}\right](I-A)\hat{X}=F$，进一步，$D\hat{X}+\hat{Q}(I-A)\hat{X}=F$，即 $E+E_y=F$。

因此，不能以能量是否守恒作为判断某一能源投入产出表式优劣的准则。

二、“$\alpha_{24}+\alpha_{34}=\alpha_{14}$”

这个式子的含义是在没有能源加工转换损失的情况下，汽车制造业（第 4 部门）对原煤（第 1 部门）的完全消耗等于其对成品油（第 2 部门）与电力（第 3 部门）完全消耗的加和。Miller 和 Blair（1985）提出并对这一观点进行了推广，在存在加工转换损失的情况下给出了说明。

但是，这个观点的成立需要很强的假设，一次能源部门只对二次能源部门投入，不能分配到其他部门，包括最终需求部分。假设只有三个部门，一次能源部门、二次能源部门、非能源部门，则直接消耗系数矩阵为 $\tilde{A}=\begin{pmatrix}0 & \tilde{a}_{12} & 0\\ \tilde{a}_{21} & \tilde{a}_{22} & \tilde{a}_{23}\\ \tilde{a}_{31} & \tilde{a}_{32} & \tilde{a}_{33}\end{pmatrix}$，完全需要系数矩阵 $(I-\tilde{A})^{-1}=(\alpha_{ij})$。根据 $(I-\tilde{A})^{-1}(I-\tilde{A})=I$，可得 $\alpha_{13}-\tilde{a}_{12}\alpha_{23}=0$，即 $\alpha_{13}=\tilde{a}_{12}\alpha_{23}$，其中，$\tilde{a}_{12}=X_{12}/X_2$。

假设一次能源部门只对二次能源部门投入，则 $X_{12}=X_1$，即 $a_{12}=X_1/X_2$ 为能源加工转换率，Miller 和 Blair 的结论正确。但是 $X_{12}=X_1$ 假设性强，不是一般性结论。

三、最终需求变化影响总产出计算的稳定性

Miller 和 Blair 指出，在价值型表中当最终需求发生较大变化时，混合表和价值表计算的能源产出不同。原因是价值型表中通常有 $X^{\text{old}} \neq X^{\text{new}}$，这使得计算能源产出公式 $F^{\text{new}} = E(\hat{X}^{\text{old}})^{-1}(I-A)^{-1}Y^{\text{new}} + \tilde{Q}Y^{\text{new}} = E(\hat{X}^{\text{old}})^{-1}X^{\text{new}} + \tilde{Q}Y^{\text{new}}$ 不能得到 $F^{\text{new}} = Ei + E_y$，导致 F^{new} 计算不准确。

但是，如果 $X^{\text{old}} = X^{\text{new}}$，不管最终需求如何变化，中间使用 Ei 始终不会变化，最终需求的变化没有引起中间流量的变化，对整个经济系统没有产生影响，这在投入产出分析中是不合理的。正是由于最终需求发生的变化，引起 $X^{\text{old}} \neq X^{\text{new}}$，在能源流量外生的条件下，才导致中间需求发生变化。所以，不能仅以混合表的计算结果，否定价值型能源投入产出表。

四、价格因素的影响

含实物能源流量的价值型能源投入产出表（以下简称“价值型能源表”）和混合型能源投入产出表（以下简称“混合型能源表”）的区别主要在于能源部门给出了价值流量，那么基于两种表建立的模型到底存在怎样的关系？连接实物量与价值量的就是该种能源产品的价格，下面以仅包括能源部门和非能源部门的两部门投入产出表为例来进行说明，见表 2.7。

表 2.7　两部门的混合型能源表和价值型能源表对应价格

投入＼产出	中间需求		最终需求	总产出
	能源部门（产品）	非能源部门		
能源部门（产品）	$z_{11}(e_{11},\ p_1)$	$z_{12}(e_{12},\ p_2)$	$f_1(e_y,\ p_y)$	$x_1(e_1,\ p)$
非能源部门	z_{21}	z_{22}	f_2	x_2
最初投入	v_1	v_2		
总投入	$x_1(e_1)$	x_2		

注：p_1，p_2 为能源产品分别用于能源部门和非能源部门投入时的价格；p_y 为能源部门产品用于最终需求产品时的价格；p 为能源产品的平均价格。

令混合型能源表的直接消耗系数矩阵为 $A^* = \begin{pmatrix} a_{11}^* & a_{12}^* \\ a_{21}^* & a_{22}^* \end{pmatrix}$，价值型能源表的直接消

耗系数矩阵为 $A=\begin{pmatrix} a_{11} & a_{12} \\ a_{21} & a_{22} \end{pmatrix}$，则价格使得两种表式的直接消耗系数对应关系如下：

$$a_{11}^*=\frac{e_{11}}{e_1}=\frac{z_{11}/p_1}{x_1/p}=\frac{p}{p_1}a_{11},\quad a_{12}^*=\frac{e_{12}}{x_2}=\frac{z_{12}/p_2}{x_2}=\frac{1}{p_2}a_{12}$$

$$a_{21}^*=\frac{z_{21}}{e_1}=\frac{z_{21}}{x_1/p}=pa_{21},\quad a_{22}^*=\frac{z_{22}}{x_2}=a_{22}$$

故得到 $A^*=\begin{pmatrix} \dfrac{p}{p_1}a_{11} & \dfrac{1}{p_2}a_{12} \\ pa_{21} & a_{22} \end{pmatrix}$，混合型能源表的完全需要系数矩阵 B^* 的计算结果如下：

$$B^*=(I-A^*)^{-1}=\frac{1}{\left(1-\dfrac{p}{p_1}a_{11}\right)(1-a_{22})-\dfrac{p}{p_2}a_{21}a_{12}}\begin{pmatrix} 1-a_{22} & \dfrac{1}{p_2}a_{12} \\ pa_{21} & 1-\dfrac{p}{p_1}a_{11} \end{pmatrix}$$

因此，在混合型能源模型中，直接能耗系数矩阵 $D^*=\begin{pmatrix} \dfrac{p}{p_1}a_{11} & \dfrac{1}{p_2}a_{12} \end{pmatrix}$，完全能耗系数矩阵为

$$\begin{aligned} T^*&=\frac{1}{\left(1-\dfrac{p}{p_1}a_{11}\right)(1-a_{22})-\dfrac{p}{p_2}a_{21}a_{12}}\begin{pmatrix} 1-a_{22} & \dfrac{1}{p_2}a_{12} \end{pmatrix}-\begin{pmatrix} 1 & 0 \end{pmatrix} \\ &=\frac{1}{\left(1-\dfrac{p}{p_1}a_{11}\right)(1-a_{22})-\dfrac{p}{p_2}a_{21}a_{12}}\begin{pmatrix} \dfrac{p}{p_1}a_{11}(1-a_{22})+\dfrac{p}{p_2}a_{21}a_{12} & \dfrac{a_{12}}{p_2} \end{pmatrix} \end{aligned}$$

单位实物量能源产品对能源的直接实物消耗量是 $\dfrac{p}{p_1}a_{11}$；单位价值量非能源产品对能源的直接实物消耗是 $\dfrac{1}{p_2}a_{12}$；单位实物量能源产品对能源的完全实物消耗量是 $\dfrac{1}{\left(1-\dfrac{p}{p_1}a_{11}\right)(1-a_{22})-\dfrac{p}{p_2}a_{21}a_{12}}\left[\dfrac{p}{p_1}a_{11}(1-a_{22})+\dfrac{p}{p_2}a_{21}a_{12}\right]$；单位价值量非能源产品对能源的完全实物量消耗是 $\dfrac{1}{\left(1-\dfrac{p}{p_1}a_{11}\right)(1-a_{22})-\dfrac{p}{p_2}a_{21}a_{12}}\times\dfrac{a_{12}}{p_2}$。为了与价值型能源表计算的能耗系数相比较，将能源产品的能耗转化为单位价值量能源产品的能耗。假

设均以能源产品用于最终需求的价格将混合型能源表中的最终需求部分的实物量转化为价值量，那么体现在直接能耗系数和完全能耗系数中如下：直接能耗系数矩阵为 $D^*=\begin{pmatrix}\frac{1}{p_y}\frac{p}{p_1}a_{11} & \frac{1}{p_2}a_{12}\end{pmatrix}$，完全能耗系数矩阵为 $T^*=\frac{1}{\left(1-\frac{p}{p_1}a_{11}\right)(1-a_{22})-\frac{p}{p_2}a_{21}a_{12}}\begin{pmatrix}\frac{p}{p_yp_1}a_{11}(1-a_{22})+\frac{p}{p_yp_2}a_{21}a_{12} & \frac{a_{12}}{p_2}\end{pmatrix}$，$D^*$、$T^*$分别表示单位价值量最终需求产品对能源的直接、完全实物量消耗。

考虑价值型能源模型，直接能耗系数矩阵为 $D=\begin{pmatrix}\frac{e_{11}}{x_1} & \frac{e_{12}}{x_2}\end{pmatrix}=\begin{pmatrix}\frac{1}{p_1}a_{11} & \frac{1}{p_2}a_{12}\end{pmatrix}$，完全能耗系数矩阵为

$$
\begin{aligned}
T&=D(I-A)^{-1}\\
&=\begin{pmatrix}\frac{1}{p_1}a_{11} & \frac{1}{p_2}a_{12}\end{pmatrix}\frac{1}{(1-a_{11})(1-a_{22})-a_{12}a_{21}}\begin{pmatrix}1-a_{22} & a_{12}\\ a_{21} & 1-a_{11}\end{pmatrix}\\
&=\frac{1}{(1-a_{11})(1-a_{22})-a_{12}a_{21}}\begin{pmatrix}\frac{a_{11}}{p_1}(1-a_{22})+\frac{a_{12}}{p_2}a_{21} & \frac{a_{11}}{p_1}a_{12}+\frac{a_{12}}{p_2}(1-a_{11})\end{pmatrix}
\end{aligned}
$$

由上述对比分析可以看出，混合型能源表与价值型能源表的根本区别是价格因素，混合型能源表是在考虑各部门关联关系之前就已经把价格因素剔除，而价值型能源表则是在最后才将价值量转化为实物量。

当所有能源价格在部门间使用没有差异时，混合型能源表与价值型能源表是完全可以相互转化的。即 $p_1=p_2=p_y=p$，那么两表的直接能耗系数、完全能耗系数如下：

$$
D^*=\begin{pmatrix}\frac{1}{p_y}\frac{p}{p_1}a_{11} & \frac{1}{p_2}a_{12}\end{pmatrix}=\begin{pmatrix}\frac{1}{p}a_{11} & \frac{1}{p}a_{12}\end{pmatrix},\quad D=\begin{pmatrix}\frac{1}{p_1}a_{11} & \frac{1}{p_2}a_{12}\end{pmatrix}=\begin{pmatrix}\frac{1}{p}a_{11} & \frac{1}{p}a_{12}\end{pmatrix}
$$

$$
\begin{aligned}
T^*&=\frac{1}{\left(1-\frac{p}{p_1}a_{11}\right)(1-a_{22})-\frac{p}{p_2}a_{21}a_{12}}\begin{pmatrix}\frac{p}{p_yp_1}a_{11}(1-a_{22})+\frac{p}{p_yp_2}a_{21}a_{12} & \frac{a_{12}}{p_2}\end{pmatrix}\\
&=\frac{1}{(1-a_{11})(1-a_{22})-a_{21}a_{12}}\begin{pmatrix}\frac{1}{p}a_{11}(1-a_{22})+\frac{1}{p}a_{21}a_{12} & \frac{a_{12}}{p}\end{pmatrix}
\end{aligned}
$$

$$
\begin{aligned}
T&=\frac{1}{(1-a_{11})(1-a_{22})-a_{12}a_{21}}\begin{pmatrix}\frac{a_{11}}{p_1}(1-a_{22})+\frac{a_{12}}{p_2}a_{21} & \frac{a_{11}}{p_1}a_{12}+\frac{a_{12}}{p_2}(1-a_{11})\end{pmatrix}\\
&=\frac{1}{(1-a_{11})(1-a_{22})-a_{12}a_{21}}\begin{pmatrix}\frac{a_{11}}{p}(1-a_{22})+\frac{a_{12}}{p}a_{21} & \frac{a_{12}}{p}\end{pmatrix}
\end{aligned}
$$

五、表式的选择

既然混合型能源表与价值型能源表存在上述差异，那么应用时应该如何选择？混合型能源表因为实物量单位与价值量单位并存，不利于建立投入产出列向模型，也不适用于投入产出技术的一些应用。

在能源投入产出技术得到较多应用的 SDA 方法中，Dietzenbacher 和 Stage（2006）发现混合型能源表进行 SDA 时存在缺陷，指出利用混合型能源表进行 SDA 的结果很大程度上取决于数据的单位，而与经济结构的变化关系不大。这主要是因为，在将最终需求变化进一步分解为最终需求结构和最终需求总量变化时，采用了列和相加求比例的方法，导致实物量与价值量加和无意义的结果。

第四节　能源投入产出模型的扩展

进入 21 世纪以来，进口产品逐渐在我国社会经济运行中起到越来越大的作用，为了研究各部门对国内能源、进口能源的消耗以及进口品对社会经济系统的全面影响，需要应用非竞争型能源投入产出模型。同时，环境问题、部门劳动者的素质、固定资产占用、矿藏资源的拥有等对投入、产出的数量及质量均有密切甚至是决定性作用，而这些重要因素并没有在已有的能源投入产出模型中得到体现，基于上述分析，本节介绍扩展的非竞争型能源投入占用产出模型，弥补现有能源投入产出表的不足。

一、扩展的非竞争型能源投入占用产出表

扩展的非竞争型能源投入占用产出基本表式见表 2.8。

表 2.8　扩展的非竞争型能源投入占用产出表基本表式

<table>
<tr><td colspan="4" rowspan="2">产出
投入</td><td colspan="2">中间使用</td><td colspan="3">最终使用</td><td rowspan="2">总产出</td></tr>
<tr><td>能源部门</td><td>非能源部门</td><td>消费</td><td>资本形成总额</td><td>出口</td></tr>
<tr><td rowspan="4">中间投入</td><td rowspan="2">国内产品</td><td>能源部门（价值和实物）</td><td>1
⋮
k</td><td>W^{EE}
$\overline{W}^{EE}$</td><td>W^{EN}
$\overline{W}^{EN}$</td><td>W^{EC}
$\overline{W}^{EC}$</td><td>W^{EI}
$\overline{W}^{EI}$</td><td>W^{EX}
$\overline{W}^{EX}$</td><td>X^{E}
$\overline{X}^{E}$</td></tr>
<tr><td>非能源部门</td><td>k+1
⋮
n</td><td>W^{NE}</td><td>W^{NN}</td><td>W^{NC}</td><td>W^{NI}</td><td>W^{NX}</td><td>X^{N}</td></tr>
<tr><td rowspan="2">进口产品</td><td>能源部门（价值和实物）</td><td>1
⋮
k</td><td>M^{EE}
$\overline{M}^{EE}$</td><td>M^{EN}
$\overline{M}^{EN}$</td><td>M^{EC}
$\overline{M}^{EC}$</td><td>M^{EI}
$\overline{M}^{EI}$</td><td></td><td>M^{E}
$\overline{M}^{E}$</td></tr>
<tr><td>非能源部门</td><td>k+1
⋮
n</td><td>M^{NE}</td><td>M^{NN}</td><td>M^{NC}</td><td>M^{NI}</td><td></td><td>M^{N}</td></tr>
</table>

续表

投入 \ 产出		中间使用		最终使用			总产出
		能源部门	非能源部门	消费	资本形成总额	出口	
最初投入	固定资产折旧 劳动者报酬 税金 利润	V^{E}	V^{N}				
	增加值合计						
总投入		X^{E^T}	X^{N^T}				
占用	劳动力 资产 可供开采的能源资源 其他	R^{E}	R^{N}				
排放物	CO_2 SO_2 废水 固体废物等	P^{E}	P^{N}				

注：W 、M 分别为以价值量表示的国内、进口产品的使用量；$\overline{W}$ 、$\overline{M}$ 分别为以实物量表示的国内、进口能源产品的使用量；右上标 E 、N 分别表示能源部门和非能源部门；C 、I 、X 分别表示消费、资本形成总额、出口；例如，W^{EE} 表示能源部门消耗的国内能源部门的流量矩阵；M^{EC} 表示进口的能源产品用于消费的流量矩阵；$\overline{W}^{EN}$ 表示非能源部门消耗的国内能源产品的实物流量矩阵；X^{E} 、X^{N} 分别表示能源部门、非能源部门的价值量总产出；M^{E} 、M^{N} 分别表示能源部门、非能源部门的总进口值；V^{E} 、V^{N} 分别表示能源部门、非能源部门的增加值；R^{E} 、R^{N} 分别表示能源部门、非能源部门对劳动力、资产、可供开采的能源资源等的占用矩阵；P^{E} 、P^{N} 分别表示能源部门、非能源部门生产中排放的 CO_2、SO_2、废水、固体废物等排放矩阵。注意到进口产品行对应的出口列向量为 0 向量，在此假定再出口为 0，即进口产品只用于国内，不直接出口，实际根据《中国海关统计年鉴》的数据，中国转口贸易只占到总出口的 1%左右。

扩展的非竞争型能源投入占用产出表不同于表 2.5、表 2.6 所示的混合型能源投入产出表、含能源实物流量的价值型能源投入产出表，注意到 $X_{ij}=W_{ij}+M_{ij}$，表 2.8 将各部门对产品的消耗分为国内产品和进口产品，同时将进口列扩展为区分能源部门与非能源部门的进口矩阵。表 2.8 列向不仅列出了中间投入和最初投入，还给出了反映劳动力、资产、可供开采的能源资源等存量的占用及环境保护和污染物的排放矩阵。

由表 2.8 的水平方向可以得到国内能源部门、国内非能源部门、进口能源部门、进口非能源部门的供求关系方程如下。

国内能源部门（价值量）：

$$W^{EE}i+W^{EN}i+W^{EC}+W^{EI}+W^{EX}=X^{E} \tag{2.22}$$

国内能源以实物量表示：

$$\overline{W}^{EE}i+\overline{W}^{EN}i+\overline{W}^{EC}+\overline{W}^{EI}+\overline{W}^{EX}=\overline{X}^{E} \tag{2.23}$$

国内非能源部门：

$$W^{NE}i+W^{NN}i+W^{NC}+W^{NI}+W^{NX}=X^{N} \tag{2.24}$$

进口能源产品（价值量）：

$$M^{\mathrm{EE}}i+M^{\mathrm{EN}}i+M^{\mathrm{EC}}+M^{\mathrm{EI}}=M^{\mathrm{E}} \tag{2.25}$$

进口能源实物量表示：

$$\overline{M}^{\mathrm{EE}}i+\overline{M}^{\mathrm{EN}}i+\overline{M}^{\mathrm{EC}}+\overline{M}^{\mathrm{EI}}=\overline{M}^{\mathrm{E}} \tag{2.26}$$

进口非能源产品：

$$M^{\mathrm{NE}}i+M^{\mathrm{NN}}i+M^{\mathrm{NC}}+M^{\mathrm{NI}}=M^{\mathrm{N}} \tag{2.27}$$

其中，i 表示所有元素为 1 的行向量。

代入价值型直接消耗系数矩阵，则式（2.22）、式（2.24）、式（2.25）、式（2.27）可以写为如下形式：

$$A^{\mathrm{EE}}X^{\mathrm{E}}+A^{\mathrm{EN}}X^{\mathrm{N}}+W^{\mathrm{EC}}+W^{\mathrm{EI}}+W^{\mathrm{EX}}=X^{\mathrm{E}} \tag{2.28}$$

$$A^{\mathrm{NE}}X^{\mathrm{E}}+A^{\mathrm{NN}}X^{\mathrm{N}}+W^{\mathrm{NC}}+W^{\mathrm{NI}}+W^{\mathrm{NX}}=X^{\mathrm{N}} \tag{2.29}$$

$$H^{\mathrm{EE}}X^{\mathrm{E}}+H^{\mathrm{EN}}X^{\mathrm{N}}+M^{\mathrm{EC}}+M^{\mathrm{EI}}=M^{\mathrm{E}} \tag{2.30}$$

$$H^{\mathrm{NE}}X^{\mathrm{E}}+H^{\mathrm{NN}}X^{\mathrm{N}}+M^{\mathrm{NC}}+M^{\mathrm{NI}}=M^{\mathrm{N}} \tag{2.31}$$

其中，$A^{\mathrm{EE}}=[A_{ij}^{\mathrm{EE}}]=[W_{ij}^{\mathrm{EE}}/X_j^{\mathrm{E}}]$；$A^{\mathrm{EN}}=[A_{ij}^{\mathrm{EN}}]=[W_{ij}^{\mathrm{EN}}/X_j^{\mathrm{N}}]$；$A^{\mathrm{NE}}=[A_{ij}^{\mathrm{NE}}]=[W_{ij}^{\mathrm{NE}}/X_j^{\mathrm{E}}]$；$A^{\mathrm{NN}}=[A_{ij}^{\mathrm{NN}}]=[W_{ij}^{\mathrm{NN}}/X_j^{\mathrm{N}}]$；$H^{\mathrm{EE}}=[H_{ij}^{\mathrm{EE}}]=[M_{ij}^{\mathrm{EE}}/X_j^{\mathrm{E}}]$；$H^{\mathrm{EN}}=[H_{ij}^{\mathrm{EN}}]=[M_{ij}^{\mathrm{EN}}/X_j^{\mathrm{N}}]$；$H^{\mathrm{NE}}=[H_{ij}^{\mathrm{NE}}]=[M_{ij}^{\mathrm{NE}}/X_j^{\mathrm{E}}]$；$H^{\mathrm{NN}}=[H_{ij}^{\mathrm{NN}}]=[M_{ij}^{\mathrm{NN}}/X_j^{\mathrm{N}}]$。

二、扩展模型的若干重要应用

1. 扩展模型中国内产品的价值型完全需要系数计算方法

式（2.28）和式（2.29）可以写为如下形式：

$$\begin{bmatrix} I-A^{\mathrm{EE}} & -A^{\mathrm{EN}} \\ -A^{\mathrm{NE}} & I-A^{\mathrm{NN}} \end{bmatrix}\begin{bmatrix} X^{\mathrm{E}} \\ X^{\mathrm{N}} \end{bmatrix}=\begin{bmatrix} W^{\mathrm{EF}} \\ W^{\mathrm{NF}} \end{bmatrix}$$

其中，$\begin{bmatrix} W^{\mathrm{EF}} \\ W^{\mathrm{NF}} \end{bmatrix}=\begin{bmatrix} W^{\mathrm{EC}}+W^{\mathrm{EI}}+W^{\mathrm{EX}} \\ W^{\mathrm{NC}}+W^{\mathrm{NI}}+W^{\mathrm{NX}} \end{bmatrix}$。

故而得到

$$\begin{bmatrix} X^{\mathrm{E}} \\ X^{\mathrm{N}} \end{bmatrix}=\begin{bmatrix} I-A^{\mathrm{EE}} & -A^{\mathrm{EN}} \\ -A^{\mathrm{NE}} & I-A^{\mathrm{NN}} \end{bmatrix}^{-1}\begin{bmatrix} W^{\mathrm{EF}} \\ W^{\mathrm{NF}} \end{bmatrix}$$

即 $\overline{X}=(I-A)^{-1}W^{\mathrm{F}}=BW^{\mathrm{F}}$。

这就是扩展的非竞争型能源投入占用产出模型，其中，$B=(I-A)^{-1}$ 是扩展的 Leontief 逆矩阵，即扩展的完全需要系数矩阵。

$$\begin{bmatrix} I-A^{\mathrm{EE}} & -A^{\mathrm{EN}} \\ -A^{\mathrm{NE}} & I-A^{\mathrm{NN}} \end{bmatrix}^{-1}=\begin{bmatrix} B^{\mathrm{EE}} & B^{\mathrm{EN}} \\ B^{\mathrm{NE}} & B^{\mathrm{NN}} \end{bmatrix}$$

其中，$B^{EE}=[(I-A^{EE})-A^{EN}(I-A^{NN})^{-1}A^{NE}]^{-1}$；$B^{EN}=(I-A^{EE})^{-1}A^{EN}[(I-A^{NN})-A^{NE}(I-A^{EE})^{-1}A^{EN}]^{-1}$；$B^{NE}=(I-A^{NN})^{-1}A^{NE}[(I-A^{EE})-A^{EN}(I-A^{NN})^{-1}A^{NE}]^{-1}$；$B^{NN}=[(I-A^{NN})-A^{NE}(I-A^{EE})^{-1}A^{EN}]^{-1}$；

B^{EE}、B^{EN} 分别表示能源部门、非能源部门的单位最终需求对能源产品的完全需要系数矩阵；B^{NE}、B^{NN} 分别表示能源部门、非能源部门的单位最终需求对非能源产品的完全需要系数矩阵。

2. 扩展模型中完全进口系数矩阵计算方法

价值型直接进口系数矩阵 $H=\begin{bmatrix} H^{EE} & H^{EN} \\ H^{NE} & H^{NN} \end{bmatrix}$，表示单位能源、非能源产品生产过程中对进口品的直接消耗。在产品生产中不仅直接消耗进口品，而且间接消耗进口品。主要体现在产品生产消耗原材料、能源、部件等，而原材料、能源、部件等的生产又消耗了进口产品，这就形成了对进口品的间接消耗。完全进口系数计算公式如下：

$$K=H+KA$$

即 $K=H(I-A)^{-1}=HB$

$$\begin{bmatrix} K^{EE} & K^{EN} \\ K^{NE} & K^{NN} \end{bmatrix}=\begin{bmatrix} H^{EE} & H^{EN} \\ H^{NE} & H^{NN} \end{bmatrix}\begin{bmatrix} B^{EE} & B^{EN} \\ B^{NE} & B^{NN} \end{bmatrix}$$

得到

$$K^{EE}=H^{EE}B^{EE}+H^{EN}B^{NE},\quad K^{EN}=H^{EE}B^{EN}+H^{EN}B^{NN}$$
$$K^{NE}=H^{NE}B^{EE}+H^{NN}B^{NE},\quad K^{NN}=H^{NE}B^{EN}+H^{NN}B^{NN}$$

3. 扩展模型中单位最终需求的完全增加值、占用、排放等系数矩阵计算公式

根据表 2.8 得到，能源部门的直接增加值系数矩阵为 $A_V^E=[A_{V_j}^E]=[V_j^E/X_j^E]$，表示能源部门单位产出所产生的增加值，非能源部门的直接增加值系数矩阵为 $A_V^N=[A_{V_j}^N]=[V_j^N/X_j^N]$；各部门生产单位最终使用需求时，必然由于部门间存在消耗关系而在产业链上产生对各部门产品的需求，为满足这种需求，各部门进行相应的生产活动，则会伴随着增加值的产生，称为完全增加值系数。能源部门的完全增加值系数矩阵为 $B_V^E=A_V^E B^{EE}+A_V^N B^{NE}$，非能源部门的完全增加值系数矩阵为 $B_V^N=A_V^E B^{EN}+A_V^N B^{NN}$。

扩展的非竞争型能源投入占用产出模型加入了“占用”“排放物”两部分，用以反映能源、非能源部门对劳动力、资产、可供开采的能源资源等存量的占用及排放的 CO_2、SO_2、废水、固体废弃物的情况。引入直接占用系数和直接排放系数

计算公式如下：

$$A_R^{\mathrm{E}}=[A_{R_j}^{\mathrm{E}}]=[R_j^{\mathrm{E}}/X_j^{\mathrm{E}}],\quad A_R^{\mathrm{N}}=[A_{R_j}^{\mathrm{N}}]=[R_j^{\mathrm{N}}/X_j^{\mathrm{N}}]$$

$$A_P^{\mathrm{E}}=[A_{P_j}^{\mathrm{E}}]=[P_j^{\mathrm{E}}/X_j^{\mathrm{E}}],\quad A_P^{\mathrm{N}}=[A_{P_j}^{\mathrm{N}}]=[P_j^{\mathrm{N}}/X_j^{\mathrm{N}}]$$

公式汇总于表 2.9 中，表示能源部门E 、非能源部门N 的各类直接消耗、占用、排放系数矩阵和各类完全需要、占用、排放系数矩阵公式。

表 2.9　各类直接、完全系数矩阵公式表

		直接系数		完全系数	
		E	N	E	N
W	E	A^{EE}	A^{EN}	B^{EE}	B^{EN}
	N	A^{NE}	A^{NN}	B^{NE}	B^{NN}
M	E	H^{EE}	H^{EN}	$H^{\mathrm{EE}}B^{\mathrm{EE}}+H^{\mathrm{EN}}B^{\mathrm{NE}}$	$H^{\mathrm{EE}}B^{\mathrm{EN}}+H^{\mathrm{EN}}B^{\mathrm{NN}}$
	N	H^{NE}	H^{NN}	$H^{\mathrm{NE}}B^{\mathrm{EE}}+H^{\mathrm{NN}}B^{\mathrm{NE}}$	$H^{\mathrm{NE}}B^{\mathrm{EN}}+H^{\mathrm{NN}}B^{\mathrm{NN}}$
	V	A_V^{E}	A_V^{N}	$A_V^{\mathrm{E}}B^{\mathrm{EE}}+A_V^{\mathrm{N}}B^{\mathrm{NE}}$	$A_V^{\mathrm{E}}B^{\mathrm{EN}}+A_V^{\mathrm{N}}B^{\mathrm{NN}}$
	R	A_R^{E}	A_R^{N}	$A_R^{\mathrm{E}}B^{\mathrm{EE}}+A_R^{\mathrm{N}}B^{\mathrm{NE}}$	$A_R^{\mathrm{E}}B^{\mathrm{EN}}+A_R^{\mathrm{N}}B^{\mathrm{NN}}$
	P	A_P^{E}	A_P^{N}	$A_P^{\mathrm{E}}B^{\mathrm{EE}}+A_P^{\mathrm{N}}B^{\mathrm{NE}}$	$A_P^{\mathrm{E}}B^{\mathrm{EN}}+A_P^{\mathrm{N}}B^{\mathrm{NN}}$

4. 扩展模型中实物型完全综合能耗计算方法

扩展的非竞争型能源投入占用产出模型针对要研究的能源问题，在国内能源产品、进口能源产品不仅给出了价值流量，还列出了实物量，用以反映各部门对能源的实物量消耗。

定义能源部门对国内能源的直接消耗系数矩阵为 $\overline{A}^{\mathrm{EE}}=\left[\overline{A}_{ij}^{\mathrm{EE}}\right]=\left[\overline{W}_{ij}^{\mathrm{EE}}/X_j^{\mathrm{E}}\right]$，$\overline{A}_{ij}^{\mathrm{EE}}$ 表示第 j 能源部门生产单位价值型产品对第 i 种国内能源的直接实物量消耗；非能源部门对国内能源的直接消耗系数矩阵为 $\overline{A}^{\mathrm{EN}}=\left[\overline{A}_{ij}^{\mathrm{EN}}\right]=\left[\overline{W}_{ij}^{\mathrm{EN}}/X_j^{\mathrm{E}}\right]$，$\overline{A}_{ij}^{\mathrm{EN}}$ 表示第 j 非能源部门生产单位价值型产品对第 i 种国内能源的直接实物量消耗。

完全能耗系数等于直接能耗系数加间接能耗系数。计算公式如下：

$$\overline{B}=\overline{A}+\overline{B}A$$

即 $\overline{B}=\overline{A}(I-A)^{-1}=\overline{A}B$

$$\begin{bmatrix}\overline{B}^{\mathrm{EE}} & \overline{B}^{\mathrm{EN}}\end{bmatrix}=\begin{bmatrix}\overline{A}^{\mathrm{EE}} & \overline{A}^{\mathrm{EN}}\end{bmatrix}\begin{bmatrix}B^{\mathrm{EE}} & B^{\mathrm{EN}}\\ B^{\mathrm{NE}} & B^{\mathrm{NN}}\end{bmatrix}$$

得到 $\overline{B}^{\mathrm{EE}}=\overline{A}^{\mathrm{EE}}B^{\mathrm{EE}}+\overline{A}^{\mathrm{EN}}B^{\mathrm{NE}}$，$\overline{B}^{\mathrm{EN}}=\overline{A}^{\mathrm{EE}}B^{\mathrm{EN}}+\overline{A}^{\mathrm{EN}}B^{\mathrm{NN}}$，其中，$\overline{B}_{ij}^{\mathrm{EE}}$ 表示第 j 能源部

门生产单位价值型产品对第 i 种国内能源的完全实物量消耗；$\overline{B}_{ij}^{\mathrm{EN}}$ 表示第 j 非能源部门生产单位价值型产品对第 i 种国内能源的完全实物量消耗。

同理，得到能源部门对进口能源的直接消耗系数矩阵 $\overline{H}^{\mathrm{EE}}=\left[\overline{H}_{ij}^{\mathrm{EE}}\right]=\left[\overline{M}_{ij}^{\mathrm{EE}}/X_j^{\mathrm{E}}\right]$，非能源部门对进口能源的直接消耗系数矩阵 $\overline{H}^{\mathrm{EN}}=\left[\overline{H}_{ij}^{\mathrm{EN}}\right]=\left[\overline{M}_{ij}^{\mathrm{EN}}/X_j^{\mathrm{E}}\right]$，完全能耗系数矩阵 $\overline{K}=\overline{H}(I-A)^{-1}=\overline{H}B$，得到能源部门对进口能源的完全消耗系数矩阵 $\overline{K}^{\mathrm{EE}}=\overline{H}^{\mathrm{EE}}B^{\mathrm{EE}}+\overline{H}^{\mathrm{EN}}B^{\mathrm{NE}}$，非能源部门对进口能源的完全消耗系数矩阵 $\overline{K}^{\mathrm{EN}}=\overline{H}^{\mathrm{EE}}B^{\mathrm{EN}}+\overline{H}^{\mathrm{EN}}B^{\mathrm{NN}}$，能源部门 E 与非能源部门 N 的直接、安全能耗系数公式如表 2.10 所示。

表 2.10 直接、完全能耗系数对比分析

	直接能耗系数		完全能耗系数	
	E	N	E	N
W E	$\overline{A}^{\mathrm{EE}}$	$\overline{A}^{\mathrm{EN}}$	$\overline{B}^{\mathrm{EE}}$	$\overline{B}^{\mathrm{EN}}$
M E	$\overline{H}^{\mathrm{EE}}$	$\overline{H}^{\mathrm{EN}}$	$\overline{H}^{\mathrm{EE}}B^{\mathrm{EE}}+\overline{H}^{\mathrm{EN}}B^{\mathrm{NE}}$	$\overline{H}^{\mathrm{EE}}B^{\mathrm{EN}}+\overline{H}^{\mathrm{EN}}B^{\mathrm{NN}}$

以非能源部门对能源的消耗为例，第 j 部门对国内能源的直接消耗是 $\overline{A}_j^{\mathrm{EN}}=\sum_{i=1}^{k}f_i\overline{A}_{ij}^{\mathrm{EN}}$，对进口能源的直接综合消耗是 $\overline{H}_j^{\mathrm{EN}}=\sum_{i=1}^{k}f_i\overline{H}_{ij}^{\mathrm{EN}}$，其中，$f_i$ 表示第 i 种能源的折标煤系数。故而第 j 部门对能源的总直接消耗为 $D_j^{\mathrm{EN}}=\overline{A}_j^{\mathrm{EN}}+\overline{H}_j^{\mathrm{EN}}$，如果 $\overline{A}_j^{\mathrm{EN}}<\overline{H}_j^{\mathrm{EN}}$，那么表示第 j 部门对进口能源的依赖较强，如果进口不足就会对这个部门产生较为严重的影响。

第 j 部门对国内能源的完全消耗是 $\overline{B}_j^{\mathrm{EN}}=\sum_{i=1}^{k_1}f_i\overline{B}_{ij}^{\mathrm{EN}}$，对进口能源的完全消耗是 $\overline{K}_j^{\mathrm{EN}}=\sum_{i=1}^{k_1}f_i\overline{K}_{ij}^{\mathrm{EN}}$，其中 $j=1,2,\cdots,k_1$ 表示一次能源部门。对能源的完全综合消耗可表示为 $T_j^{\mathrm{EN}}=\overline{B}_j^{\mathrm{EN}}+\overline{K}_j^{\mathrm{EN}}$，如果 $\overline{B}_j^{\mathrm{EN}}<\overline{K}_j^{\mathrm{EN}}$，那么表示第 j 部门对进口能源的完全消耗较多，若同时 $\overline{A}_j^{\mathrm{EN}}>\overline{H}_j^{\mathrm{EN}}$，即对进口能源的直接消耗较小，则对进口能源的完全消耗反而更多，表示第 j 部门消耗（或间接消耗）的其他产品在生产过程中消耗了大量的进口能源。

5. 出口载能

能源作为一种特殊的商品，其进出口不同于传统的对外贸易。能源不仅是可贸易的商品，还是一种重要的生产要素投入，具有可耗竭、不可再生等特点。我国在进口大量能源的同时，高耗能产品的出口数量巨大。全球一体化和世界产业转移趋势不断加强，大量的“中国制造”走向世界，在分析能源格局时仅分析能源产品的进出口是不完全的，此时扩展的非竞争型投入占用产出表为准确核算能源在国际贸易间的流动提供了有利途径。

由表 2.10 可以得到，能源作为可贸易的商品直接出口为 $\overline{E}=\sum_{i=1}^{k}f_i\overline{W}_i^{\mathrm{EX}}$，间接出口的国内能源定义为各部门出口商品的生产过程中所完全消耗的国内能源，称为出口商品载国内能源，计算公式为 $\overline{E}^{\mathrm{W}}=\begin{bmatrix}\overline{B}^{\mathrm{EE}} & \overline{B}^{\mathrm{EN}}\end{bmatrix}\begin{bmatrix}W^{\mathrm{EX}}\\ W^{\mathrm{NX}}\end{bmatrix}$；间接出口的进口能源定义为各部门出口商品的生产过程中所完全消耗的进口能源，称为出口商品载进口能源，计算公式为 $\overline{E}^{\mathrm{M}}=\begin{bmatrix}\overline{K}^{\mathrm{EE}} & \overline{K}^{\mathrm{EN}}\end{bmatrix}\begin{bmatrix}W^{\mathrm{EX}}\\ W^{\mathrm{NX}}\end{bmatrix}$。进一步可以得到完全出口能源的计算公式为

$$\begin{aligned}\text{完全出口能源}\overline{E}^{\mathrm{T}} &= \text{直接出口能源}+\text{出口载能}\\ &= \text{直接出口能源}+\text{出口载国内能源}+\text{出口载进口能源}\\ &= \quad \overline{E} \quad + \quad \overline{E}^{\mathrm{W}} \quad + \quad \overline{E}^{\mathrm{M}}\end{aligned}$$

通过比较分析直接出口能源、出口载国内能源、出口载进口能源，可以得到我国能源出口具体状况，直接出口、间接出口能源流动如何，我国出口商品载能是否较多，出口商品消耗较多的是国产能源还是进口能源，这些问题的解决可以更清楚地了解我国能源贸易，同时对制定能源政策、进出口政策等提供一定帮助，通过比较完全出口载能和进口能源的大小，也可以有力地回应国际上某些认为我国具有“能源威胁”的传言。

参考文献

陈锡康. 1981. 完全能耗分析. 系统科学与数学，1：69-76.

陈锡康，杨翠红. 2011. 投入产出技术. 北京：科学出版社.

王会娟，陈锡康，杨翠红. 2010a. 能源投入产出模型与能源贸易进出口分析//刘起运，彭志龙. 中国 1992—2005 年可比价投入产出序列表及分析. 北京：中国统计出版社.

王会娟，陈锡康，杨翠红. 2010b. 三种能源投入产出模型的分析与比较. 系统科学理论与实践，30（6）：987-992.

夏炎，杨翠红，陈锡康. 2009. 基于可比价投入产出表分解我国能源强度影响因素. 系统工程理论与实践，29（10）：21-27.

张红霞，刘秀丽. 2010. 基于投入产出优化模型分析我国煤炭和原油的影子价格//刘起运，彭志龙. 中国 1992—2005 年可比价投入产出序列表及分析. 北京：中国统计出版社.

钟契夫，陈锡康，刘起运. 1993. 投入产出分析. 北京：中国财政经济出版社.

Arrous J. 2000. Energy input-output economics：What's the matter?//The 13th International Conference on Input-output

Techniques.

Ayres R，Alan K. 1969. Production，consumption，and externalities. American Economic Review，59（3）：282-297.

Cumberland J H. 1966. A regional interindustry model for analysis of development objectives. The Regional Science Association，17：65-94.

Dietzenbacher E，Los B. 1998. Structural decomposition techniques：Sense and sensitivity. Economic Systems Research，10（4）：307-324.

Dietzenbacher E，Stage J. 2006. Mixing oil and water? Using hybrid input-output tables in a structural decomposition analysis. Economic Systems Research，1（18）：85-95.

Herendeen R. 1974. Affluence and energy demand. mechanical engineering，96（10）：18-22.

Leontief W W. 1986. Input-Output Economics. Oxford：Oxford University Press.

Lin X，Polenske K R. 1995. Input-output anatomy of China's energy use change in the 1980s. Economic Systems Research，7（1）：67-83.

Miller R，Blair P. 1985. Input-output Analysis：Foundations and Extensions. Cambridge：Cambridge University Press.

第三章

能源就业投入占用产出模型

资源、劳动力向来是宏观经济分析最主要的投入要素，也是最容易限制经济发展的关键因素。在全球能源供给有限、环境污染日益严重的背景下，用较少的能源获取更大的经济发展和更多的就业岗位成为全球发展的目标，低碳经济、低碳就业自此风行。

能源经济学的研究热点多集中于对能源强度即单位GDP能耗变化原因的探讨、能源消费与经济增长的因果关系等，阐述了技术变动是能源强度下降的主要原因（Chunbo and David，2006；Xia et al.，2012），产业结构变化增加了能源消费量（Richard and Garbaccio，1999）等；Yu等（1987）论证了美国就业、非农就业增长与能源消耗之间的关系，结果显示1973～1984年美国非农就业增长与能源消费具有明显的负向作用，但是因果关系并不明显；Murry 和 Dan（2009）批驳了就业与能源对经济增长的要素替代作用不强的观点，提出存在共同增长现象。另外，在全球发展低碳经济的背景下，就业问题如何解决也成为学者研究的热点，ACE（1997）认为严格环境法律法规下的低碳经济可以指导企业和激发经济体投入竞争越发激烈的国际市场，从而创造更多的直接和间接就业；田大洲和田娜（2010）就发展低碳经济对就业的影响机制进行了分析，提出了兼顾两者的政策建议等。

可见，能源与就业之间存在着生产要素的竞争关系，也通过经济发展这一最终目标将两者紧密相连。我国经济发展正处于转型的关键时期，工业化进程仍未结束，能源需求量还会不断上升。同时，我国正面临着自身的能源供给约束、国际监督以及低碳经济游戏规则的多重压力，这促使我国必须在保证经济增长的前提下，尽可能减少能源消费量、优化产业结构，那么由此将对我国就业产生怎样的影响？这就需要一个容纳经济、能源、就业的集成模型，非竞争型能源就业投入占用产出模型恰好符合这一特点。

Bullard 和 Robert（1975）及 Miller 和 Blair（2009）首先提出了能源投入产出

分析，构建了能源投入产出表；陈锡康（1981）在实物型投入产出表的基础上阐述了能源投入产出表基本表式与系数模型。现在应用较多的能源投入产出模型基本上是基于这两者发展的，在能耗分析（Lin and Polenske，1995；Dietzenbacher and Stage，2006）、进出口能源贸易（Wei et al.，2006；王会娟等，2009）、污染物排放（Pei et al.，2011；刘铁芳等，2010）等领域取得了显著的成果。利用投入产出表进行就业问题的分析也比较成熟，蔡昉（2009）及王会娟等（2010）利用投入产出技术测算了国际金融危机对就业的影响；陈全润（2011）则利用投入产出局部闭模型测算了我国扩大消费的政策对就业的影响。能源与就业的结合已有了初步的模型，Tourkolias 和 Mirasgedis（2011）曾就希腊可再生资源所能带来的就业机会，利用投入产出模型进行了定量测算，提出了直接就业和间接就业的概念；Ulrike 等（2008）利用投入产出模型测算了可再生能源的投资、需求等变化对就业的影响。

本章将引入投入占用产出模型，将能源、就业分析相结合，分析能源消耗水平的变化对就业的影响。

第一节　能源就业投入占用产出理论模型

能源就业投入占用产出模型是综合分品种能源投入占用产出模型、分等级就业投入占用产出模型得到的，将各部门消耗的能源与占用的劳动力结合在一张投入产出表中，是能源、就业分析的载体。

第二章已经介绍了能源投入产出模型的各种基本表式和模型系数，结合能源投入产出模型与就业投入占用产出模型，得到能源就业投入占用产出理论模型，如表 3.1 所示，即在基础投入产出表式上增加各部门的能源消费流量 E 、对就业的占用矩阵 L 。

表 3.1　能源就业投入占用产出理论模型基本表式

<table>
<tr><td colspan="2" rowspan="2">产出
投入</td><td colspan="2">中间需求</td><td colspan="4">最终需求</td><td rowspan="2">总产出</td></tr>
<tr><td>能源部门
1，…，k</td><td>非能源部门
$k+1$，…，n</td><td>消费</td><td>资本形成</td><td>净出口</td><td>合计</td></tr>
<tr><td rowspan="2">中间投入</td><td>能源部门 1 ⋮ k</td><td colspan="2">$z_{ij}(e_{ij})$</td><td colspan="4">$f_i(e_{iF})$</td><td>$x_i(e_i)$</td></tr>
<tr><td>非能源部门 $k+1$ ⋮ n</td><td colspan="2">z_{ij}</td><td colspan="4">f_i</td><td>x_i</td></tr>
<tr><td colspan="2">增加值</td><td colspan="2">v_j</td><td colspan="4"></td><td></td></tr>
<tr><td colspan="2">总投入</td><td colspan="2">x_j</td><td colspan="4"></td><td></td></tr>
<tr><td>占用就业</td><td>1 ⋮ m</td><td colspan="2">l_{ij}</td><td colspan="4"></td><td></td></tr>
</table>

在能源就业投入占用产出模型的基础上可以得到能源投入产出模型与就业投入占用产出模型的基本系数公式，除此之外，将就业和能源集中在一个棋盘式表格中，也会出现如下将要介绍的一些有意思的系数。

一、能源就业系数

l_{ij} 表示第 j 部门占用的第 i 类劳动力，e_{ij} 表示第 j 部门消耗的第 i 种能源。定义直接能源就业系数为

$$r_{isj}=e_{ij}/l_{sj},\quad i=1,2,\cdots,k;s=1,2,\cdots,m;j=1,2,\cdots,n \tag{3.1}$$

r_{isj} 表示第 j 部门占用单位第 s 类劳动力所消耗的第 i 种能源。方便起见，简化式（3.1）如下，令 $l_j=\sum_{s=1}^{m}l_{sj}$，l_j 表示第 j 部门占用的劳动力总量。因此，定义简化的直接能源就业系数如下：

$$r_{ij}=e_{ij}/l_j,\quad i=1,2,\cdots,k;j=1,2,\cdots,n \tag{3.2}$$

r_{ij} 表示第 j 部门占用单位劳动力所消耗的第 i 种能源。用矩阵形式表示为 $R=E\hat{L}^{-1}$，其中，$\hat{L}=\mathrm{diag}(l_1\quad\cdots\quad l_n)$，是各部门占用劳动力总量构成的对角矩阵。

考虑完全能源就业系数 w_{ij}，其基本含义应该为第 j 部门占用单位劳动力所完全消耗的第 i 种能源，包括直接消耗以及通过部门关联的各类间接消耗，定义如下：

$$w_{ij}=r_{ij}+\sum_{s=1}^{n}r_{is}l_s a_{sj}+\sum_{h=1}^{n}\sum_{s=1}^{n}r_{ih}l_h a_{hs}a_{sj}+\sum_{t=1}^{n}\sum_{h=1}^{n}\sum_{s=1}^{n}r_{it}l_t a_{th}a_{hs}a_{sj}+\cdots \tag{3.3}$$

其中，第一项 r_{ij} 表示第 j 部门占用单位劳动力所消耗的第 i 种能源；第二项 $\sum_{s=1}^{n}r_{is}l_s a_{sj}$ 是第 j 部门产出通过其他部门占用单位劳动力对第 i 种能源的消耗，表示第 j 部门占用单位劳动力对第 i 种能源的第一次间接消耗，以此类推。式（3.3）用矩阵表示为

$$\begin{aligned}W&=R+R\hat{A}^L A+R\hat{A}^L A^2+R\hat{A}^L A^3+\cdots\\&=R+R\hat{A}^L(A+A^2+A^3+\cdots)\\&=R+R\hat{A}^L[(I-A)^{-1}-I]\\&=R+R\hat{A}^L(I-A)^{-1}-R\hat{A}^L\\&=R(I-\hat{A}^L+\hat{B}^L)\end{aligned} \tag{3.4}$$

能源就业系数表示在生产过程中单位劳动力所消耗的能源情况，是衡量生产

部门人均能耗量的指标，在能源约束更加紧张的现代生产中，人均能耗量应该与人均产值都为衡量部门生产过程的指标。

二、就业能源系数

直接就业能源系数定义为使用单位能源所占用的劳动力，定义如下：

$$d_{isj}=l_{ij}/e_{sj},\quad i=1,2,\cdots,m;s=1,2,\cdots,k;j=1,2,\cdots,n \tag{3.5}$$

d_{isj} 表示第 j 部门消耗单位 s 种能源所占用的第 i 类劳动力。方便起见，简化式（3.5）如下，令 $e_j=\sum_{s=1}^{k}e_{sj}$ ，e_j 表示第 j 部门消耗的能源总量。因此，定义简化的直接就业能源系数如下：

$$d_{ij}=l_{ij}/e_j,\quad i=1,2,\cdots,m;j=1,2,\cdots,n \tag{3.6}$$

d_{ij} 表示第 j 部门消耗单位能源所占用的第 i 类劳动力。用矩阵形式表示为 $D=L\hat{E}^{-1}$ ，其中，$\hat{E}=\mathrm{diag}(e_1\quad\cdots\quad e_n)$ ，是各部门消耗的能源总量构成的对角矩阵。

同理，考虑完全就业能源系数 t_{ij} ，其基本含义应该为第 j 部门消耗单位能源所完全占用的第 i 类劳动力，包括直接占用以及通过部门消耗关联的各类间接占用，定义如下：

$$t_{ij}=d_{ij}+\sum_{s=1}^{n}d_{is}e_s a_{sj}+\sum_{h=1}^{n}\sum_{s=1}^{n}d_{ih}e_h a_{hs}a_{sj}+\sum_{t=1}^{n}\sum_{h=1}^{n}\sum_{s=1}^{n}d_{it}e_t a_{th}a_{hs}a_{sj}+\cdots \tag{3.7}$$

其中，第一项 d_{ij} 表示第 j 部门消耗单位能源所占用的第 i 类劳动力；第二项 $\sum_{s=1}^{n}d_{is}e_s a_{sj}$ 是第 j 部门产出通过其他部门消耗单位能源所间接占用的第 i 类劳动力，表示第 j 部门消耗单位能源对第 i 类劳动力的第一次间接占用，以此类推。式（3.7）用矩阵表示为

$$\begin{aligned}T&=D+D\hat{A}^E A+D\hat{A}^E A^2+D\hat{A}^E A^3+\cdots\\&=D+D\hat{A}^E[(I-A)^{-1}-I]\\&=D+D\hat{A}^E(I-A)^{-1}-D\hat{A}^E\\&=D[I+\hat{A}^E(I-A)^{-1}-\hat{A}^E]\\&=D(I-\hat{A}^E+\hat{B}^E)\end{aligned} \tag{3.8}$$

就业能源系数反映了单位能耗所占用的劳动力，是能源就业系数的补充，考察了不同部门同等能耗下劳动力的密集程度。

三、非竞争型能源就业投入占用产出模型实证分析

下面以 2007 年非竞争型就业投入占用产出表为基本依据，构建 2007 年非竞争型能源就业投入占用产出表，并进行简单的实证分析，考察本节所提出的各种系数概念及测算能源消费结构调整对就业的影响。本节采用的非竞争型能源就业投入占用产出模型如表 3.2 所示，在本模型中简化了各部门对各种能源的消费量，简化了各部门对分等级就业人员的占用情况，均以各部门的能源消费总量、占用劳动力总数代替。

表 3.2 简化的非竞争型能源就业投入占用产出模型基本表式

投入 \ 产出		中间需求		最终需求				总产出
		能源部门 1，⋯，k	非能源部门 $k+1$，⋯，n	消费	资本形成	出口	合计	
国内产品	1 ⋮ n	z_{ij}^{D}		f_i^{D}				x_i
进口产品	1 ⋮ n	z_{ij}^{M}		f_i^{M}				x_i^{M}
增加值		v_j						
总投入		x_j						
能源		e_j						
就业		l_j						

注：上标 D、M 分别表示国内和进口。

1. 数据处理

基础表式是国家统计局公布的 2007 年 42 个部门投入产出表，通过其公布的进口矩阵，将一般投入产出表转换为非竞争型投入产出表。

（1）能源矩阵的编制。主要根据《中国能源统计年鉴 2008》中的“工业分行业终端能源消费”“中国能源平衡表”，构建各部门的能源消费量。注意区别二次能源部门的能源消耗量与能源使用量，表式中采用了能源消耗量，即二次能源对各种能源类型的消耗是投入与产出之差，即加工转换损失量。

（2）就业矩阵的编制。各部门就业向量以《中国统计年鉴 2012》中三大产业就业人员为基础数据，第二产业细分行业就业人员以“CEIC 中国经济数据库”公布的各行业的从业人数近似代替，第三产业细分行业就业人员则以 1992～2002 年历史数据及分行业城镇单位就业人员进行对比建模推算得到。

鉴于就业数据的难获得性，在投入产出部门分类问题上，以合并能源数据为主，于是在编制能源就业投入占用产出表时不再对能源部门做非常详细的划分，仅按照就业投入占用产出表中的部门分类挑选出五个能源部门：煤炭开采和洗选业，石油和天然气开采业，石油加工、炼焦及核燃料加工业，电力、热力的生产和供应业，燃气生产和供应业，其他部门为非能源部门，按照第一产业、第二产业、第三产业顺序依次排列，如表 3.3 所示。

表 3.3 非竞争型能源就业投入占用产出表部门分类

代码	能源部门	代码	非能源部门	代码	非能源部门
1	煤炭开采和洗选业	6	农林牧渔业	18	通用、专用设备制造业
2	石油和天然气开采业	7	金属矿采选业	19	交通运输设备制造业
3	石油加工、炼焦及核燃料加工业	8	非金属矿及其他矿采选业	20	电气机械及器材制造业
4	电力、热力的生产和供应业	9	食品制造及烟草加工业	21	通信设备、计算机及其他电子设备制造业
5	燃气生产和供应业	10	纺织业	22	仪器仪表及文化办公用机械制造业
		11	纺织服装鞋帽皮革羽绒及其制品业	23	工艺品及其他制造业
		12	木材加工及家具制造业	24	废品废料
		13	造纸印刷及文教体育用品制造业	25	水的生产和供应业
		14	化学工业	26	建筑业
		15	非金属矿物制品业	27	交通运输、仓储及邮电通信业
		16	金属冶炼及压延加工业	28	批发零售及住宿餐饮业
		17	金属制品业	29	其他服务业

2. 能源就业系数分析

能源就业系数是指单位就业人员在生产过程中所消耗的能源，根据式（3.2）和式（3.4）计算得到各部门的能源就业系数，如表 3.4 所示，所有部门能源就业系数通过就业百分比加权平均计算得到，全社会平均的直接能源就业系数为 5.1 吨标准煤/人，完全能源就业系数为 5.4 吨标准煤/人，即各部门平均每个就业人员在生产过程中直接消耗能源 5.1 吨标准煤，考虑产业间关联关系的完全消耗为 5.4 吨标准煤。

表 3.4　能源就业系数　　（单位：吨标准煤/人）

代码	直接能源就业系数	完全能源就业系数	代码	直接能源就业系数	完全能源就业系数
1	12.6	13.3	16	48.4	51.2
2	30.8	32.0	17	2.5	2.7
3	77.2	80.3	18	1.9	2.0
4	251.6	268.1	19	1.8	1.9
5	51.0	53.9	20	1.1	1.2
6	0.0	0.0	21	1.0	1.1
7	9.4	10.0	22	0.7	0.8
8	13.9	14.7	23	1.8	1.9
9	2.6	2.7	24	0.9	0.9
10	2.9	3.1	25	3.9	4.1
11	0.5	0.5	26	0.6	0.7
12	1.1	1.1	27	8.5	9.0
13	2.8	3.0	28	0.5	0.5
14	16.8	17.8	29	0.4	0.4
15	18.2	19.5	平均	5.1	5.4

表 3.4 中前 5 个部门是能源部门，能源部门单位就业人员在生产过程中消耗的能源较大，其中第 4 部门电力、热力的生产和供应业居 29 个部门中的第一位，单位就业人员生产过程中直接消耗 251.6 吨标准煤，完全消耗 268.1 吨标准煤，其次是石油加工、炼焦及核燃料加工业，单位就业人员生产过程中消耗的能源数量居第二位。

在非能源部门中，能源就业系数较大的是第 16 部门金属冶炼及压延加工业，该部门单位就业人员在生产过程中直接消耗的能源为 48.4 吨标准煤，完全消耗能源为 51.2 吨标准煤，在 29 个部门中仅次于电力、热力的生产和供应业以及石油加工、炼焦及核燃料加工业，居第三位；其次是第 15 部门非金属矿物制品业以及第 14 部门化学工业。

29 个部门中仅有 11 个部门的能源就业系数大于加权平均值，其中包含了所有的能源部门（5 个），第二产业的非能源部门 5 个，除了刚才提到的金属冶炼及压延加工业、非金属矿物制品业、化学工业，还有两个采矿行业：金属矿采选业、非金属矿及其他矿采选业。另外还包括第三产业中的交通运输、仓储及邮电通信业。可以看到生产和利用能源类产品较多的部门能源就业系数较大。另外，从直接能源就业系数和完全能源就业系数角度考虑，各部门完全能源就业系数基本上较直接能源就业系数增加 5%以上。

3. 就业能源系数分析

就业能源系数比能源就业系数具有更加显著的经济意义，就业能源系数是生产过程中消耗单位能源所占用的劳动力，是劳动力密集程度的衡量指标，是当今能源约束下寻求扩大就业行业的判断依据之一。根据式（3.5）和式（3.8）计算得到各部门的就业能源系数，如表 3.5 所示。29 个部门的加权平均直接就业能源系数为 0.19 人/吨标准煤，即生产过程中每消耗一吨标准煤就占用 0.19 人，考虑产业间联系的完全就业能源系数是 0.30 人/吨标准煤，是直接就业能源系数的 1.58 倍。完全就业能源系数比直接就业能源系数的增幅大，大部分部门增幅均在 50%以上。

表 3.5 就业能源系数 （单位：人/吨标准煤）

代码	直接就业能源系数	完全就业能源系数	代码	直接就业能源系数	完全就业能源系数
1	0.08	0.14	16	0.02	0.04
2	0.03	0.05	17	0.40	0.84
3	0.01	0.02	18	0.54	0.99
4	0.00	0.01	19	0.56	0.97
5	0.02	0.04	20	0.90	1.69
6	0.00	0.00	21	0.97	1.33
7	0.11	0.22	22	1.35	1.93
8	0.07	0.13	23	0.55	0.95
9	0.39	0.55	24	1.15	1.27
10	0.35	0.58	25	0.26	0.52
11	2.18	3.38	26	1.59	3.20
12	0.95	1.53	27	0.12	0.17
13	0.36	0.59	28	1.98	2.65
14	0.06	0.11	29	2.36	3.19
15	0.06	0.11	平均	0.19	0.30

能源部门的就业能源系数均低于全社会平均水平，即同等能耗下的劳动力密集程度偏低，就业能源系数较大的是第 1 部门煤炭开采和洗选业，该部门生产过程中每吨标准煤直接占用 0.08 个就业人员，完全占用 0.14 个就业人员；其次是第 2 部门石油和天然气开采业，直接就业能源系数、完全就业能源系数分别为 0.03 人/吨标准煤、0.05 人/吨标准煤。

非能源部门的就业能源系数呈现较大差别，直接就业能源系数最大的是第 29 部门其他服务业，为 2.36 人/吨标准煤，其完全就业能源系数为 3.19 人/吨标准煤，仅次于第 11 部门纺织服装鞋帽皮革羽绒及其制品业和第 26 部门建筑业，由此看出虽然其他服务业同等能源消耗下占用的就业较多，即生产过程中同等能耗所能提供的就业岗位是最多的，其他服务业是在能源约束下扩大就业的首先部门；但是从完全就业能源系数来看，第 11 部门纺织服装鞋帽皮革羽绒及其制品业单位能耗占用了 3.38 人，居 29 个部门中的第一位，纺织服装鞋帽皮革羽绒及其制品业较其他服务业与国民经济各部门的联系更为密切，注意到该部门的直接就业能源系数也不低，为 2.18 人/吨标准煤，由此可见纺织服装鞋帽皮革羽绒及其制品业同等能耗下所带来的就业是最多的。

能源就业系数和就业能源系数从两个角度考察生产过程中能源投入与劳动力投入的比例关系，均是对生产过程的衡量。能源就业系数侧重于考察各部门生产过程中提供同等就业的条件下所消耗的能源，是人均生产能耗的反映；就业能源系数侧重于考察各部门生产过程中消耗同等能源的条件下所占用的劳动力，反映了能源有限供给背景下各部门对就业的吸纳程度。

第二节　能源约束下的结构调整对就业的影响分析

能源是经济发展的重要推动力，尤其是随着我国工业化和城镇化进程的推进，能源的需求量将会进一步增加，导致我国原油等重要能源对外依存度将长期保持高位，能源稀缺对经济发展的制约进一步加剧；同时我国每年有新增 1000 万就业岗位的就业计划，就业是维系社会稳定最基本的条件，也是经济发展的首要任务，如何在能源约束日益加强的 21 世纪维持稳定的就业市场，或许结构调整是必要途径。结构调整包括能源内部的结构调整，以及煤炭、原油、天然气等配置比例，也包括产业结构调整、消费结构调整、出口结构调整，以及减少高能耗产品的生产、消费、出口等。

本节的分析基础为本章第一节所编制的 2007 年非竞争型能源就业投入占用产出表，鉴于研究目的，本节将 2007 年非竞争型能源就业投入占用产出表中以能源、非能源分类的 29 个部门按照各部门的直接增加值能耗大小分类，分为高能耗部门、中能耗部门和低能耗部门，如表 3.6 所示，高能耗部门包括 7 个，其单位增加值能耗均在 1 吨标准煤/万元以上，中能耗部门包括 15 个，是单位增加值能耗位于 1～1.2 吨标准煤/万元的部门，低能耗部门则由剩余的 7 个部门构成。

表 3.6　高、中、低能耗部门分类

高能耗部门	中能耗部门	低能耗部门
电力、热力的生产和供应业	交通运输、仓储及邮电通信业	批发零售及住宿餐饮业
燃气生产和供应业	纺织业	电气机械及器材制造业
金属冶炼及压延加工业	造纸印刷及文教体育用品制造业	纺织服装鞋帽皮革羽绒及其制品业
石油加工、炼焦及核燃料加工业	水的生产和供应业	通信设备、计算机及其他电子设备制造业

续表

高能耗部门	中能耗部门	低能耗部门
非金属矿物制品业	石油和天然气开采业	仪器仪表及文化办公用机械制造业
化学工业	金属矿采选业	其他服务业
煤炭开采和洗选业	非金属矿及其他矿采选业	废品废料
	工艺品及其他制造业	
	金属制品业	
	食品制造及烟草加工业	
	通用、专用设备制造业	
	建筑业	
	交通运输设备制造业	
	木材加工及家具制造业	
	农林牧渔业	

一、产业结构变动对就业的影响

改革开放三十余年来我国产业结构发生了显著的变化，主要体现在第一产业增加值比重的减少以及第三产业增加值比重的提高，1978 年我国第一产业增加值占 GDP 比重为 28.2%，大于第三产业的比重（23.9%），时至 2010 年我国第一产业增加值比重减小了 18.1 个百分点，达到 10.1%，而第三产业增加值所占比重则提升为 43.1%，仅低于第二产业 3.7 个百分点。但是相比于其他发达国家，我国产业结构仍然有很大的发展空间，日本 2007 年第二产业比重仅为 23.9%，第三产业为 73.0%，工业化强国德国 2008 年第二产业比重仅为 17.7%，第三产业为 78.9%。我国“十二五”规划也将产业结构调整作为重要的发展目标。

结合非竞争型能源就业投入占用产出模型，在能源约束下假定产业结构调整的目标是适当降低高能耗部门增加值占 GDP 的比重。2007 年在我国产业结构中高能耗部门增加值占 GDP 的 18.04%，中能耗部门占 43.65%，低能耗部门占 38.31%，分析产业结构的变动所带来的就业的影响，主要是分析高、中、低能耗三种类型部门增加值占 GDP 比重的变化对就业带来的影响，由此将 2007 年 29 部门非竞争型能源就业投入占用产出表合并为 3 部门非竞争型表进行分析。

根据非竞争型能源就业投入占用产出模型，非农就业人数列向量 L^n 的计算公式为

$$L^n = \hat{A}_{l^n}\hat{A}_v^{-1}V^{\mathrm{T}} \tag{3.9}$$

其中，$\hat{A}_{l^n}$ 表示直接就业占用系数形成的对角阵，对角线元素 $a_{l^n j}$ 表示第 j 部门生

产单位总产值所占用的就业，$a_{l^n j}=l_j/x_j$；$\hat{A}_v^{-1}$ 表示直接增加值系数对角阵的逆矩阵，对角线元素为直接增加值系数的倒数 $1/a_{vj}$，$a_{vj}=v_j/x_j$，a_{vj} 表示第 j 部门的增加值率；V 表示增加值行向量。

将产业结构调整从悲观情景和乐观情景两个方向考虑，悲观情景为高能耗部门增加值所占比例提高，乐观情景则是低能耗部门增加值所占比例提高。

1. 悲观情景分析

情景 1：高能耗部门增加值所占 GDP 比重提高一个百分点，其他按比例平减，即高能耗部门占比由目前的 18.04%提高到 19.04%，而中能耗、低能耗部门分别减少 0.53 个百分点、0.47 个百分点，占比分别达到 43.12%、37.84%。

情景 2：高能耗部门增加值所占 GDP 比重提高一个百分点，中能耗部门减少一个百分点，低能耗部门不变，即高能耗部门增加值占 GDP 比重为 19.04%，中能耗部门为 42.65%，低能耗部门仍然为 38.31%。

情景 3：高能耗部门增加值所占 GDP 比重提高一个百分点，中能耗部门不变，低能耗部门减少一个百分点，即高能耗部门增加值占 GDP 比重为 19.04%，中能耗部门为 43.65%，低能耗部门减少为 37.31%。

假定直接就业占用系数、直接增加值系数不变的情况下，增加值比例变动所带来的非农就业人数的变动如表 3.7 所示，悲观情景下总就业人数有所减小，即高能耗部门增加值的提高不利于就业的发展。具体来看，高能耗部门增加值增加一个百分点能够带来 231 万人的就业，然而与之伴随发生的中、低能耗部门增加值所占比例的减小则带来了更多的失业，尤其是低能耗部门增加值所占比例减少一个百分点带来了 662 万人的失业，接近高能耗部门所增加就业的 3 倍。

表 3.7　悲观情景下各部门非农就业人数变动情况　（单位：万人）

部门	情景 1	情景 2	情景 3
高能耗部门	231	231	231
中能耗部门	−184	−345	0
低能耗部门	−310	0	−662
加和	−262	−114	−431

2. 乐观情景分析

情景 1：低能耗部门增加值所占 GDP 比重提高一个百分点，其他按比例平减，即低能耗部门占比由目前的 38.31%提高到 39.31%，而高能耗、中能耗部门分别减少 0.29 个百分点、0.71 个百分点，占比分别达到 17.75%、42.94%。

情景 2：低能耗部门增加值所占 GDP 比重提高一个百分点，高能耗部门不变，中能耗部门减少一个百分点，即低能耗部门增加值占 GDP 比重为 39.31%，高能耗部门仍然为 18.04%，中能耗部门减少为 42.65%。

情景 3：低能耗部门增加值所占 GDP 比重提高一个百分点，高能耗部门减少一个百分点，中能耗部门不变，即低能耗部门增加值占 GDP 比重为 39.31%，高能耗部门减小为 17.04%，中能耗部门依然为 43.65%。

据式（3.9）计算得到乐观情景下各部门的非农就业人数变动情况如表 3.8 所示，乐观情景下非农就业均较基准水平有所增加，增加最多的是情景 3，由低能耗部门增加值增加所带来的就业增加超过了高能耗部门增加值减少所带来的失业增加，由此带动了 431 万人的非农就业。

表 3.8　乐观情景下各部门非农就业人数变动情况　（单位：万人）

部门	情景 1	情景 2	情景 3
高能耗部门	−68	0	−231
中能耗部门	−244	−345	0
低能耗部门	662	662	662
加和	350	317	431

由悲观情景和乐观情景的对比可以看出，在能源约束条件下扩大就业而进行的产业结构调整的最优方案是增加低能耗部门增加值比重的同时减小高能耗部门增加值比重，而最劣方案则是增加高能耗部门增加值比重的同时减小低能耗部门增加值比重。究其原因，主要是三类部门的直接就业占用系数和完全就业占用系数的巨大差异，高能耗部门的直接就业占用系数仅为 0.02 人/万元，完全就业占用系数为 0.09 人/万元，而低能耗部门的直接就业占用系数就大于高能耗部门的完全就业占用系数，为 0.10 人/万元，其完全就业占用系数高达 0.17 人/万元。单位产值所直接带来的就业，低能耗部门是高能耗部门的 5.2 倍，而完全就业，低能耗部门是高能耗部门的 1.9 倍。注意到三类部门的增加值率，即单位产值中增加值所占的比例，也存在较大差距，高能耗部门的直接增加值率为 0.23，完全增加值率为 0.74，而低能耗部门的直接增加率为 0.41，完全增加值率为 0.80。式（3.9）中只是涉及了直接就业占用系数、直接增加值率，而两个直接系数高能耗部门均远低于低能耗部门，由此产生了增加值结构变动所带来的巨大差异。

二、消费结构变动对就业的影响

我国能源消费中约有 11%用于生活消费，而生活中不仅仅消费能源产品，消费更多的是高能耗产品，以交通运输、仓储及邮电通信业为例，2007 年非竞争型能源就业投入占用产出表中消费该部门产品占全部消费的 5.1%，该部门直接能耗系数偏高，为 0.45 吨标准煤/万元，则消费该部门万元产品，相当于消耗了 0.45 吨标准煤，这是一个虚拟能源的概念，即所有产品均是含能产品，消费任何一个部门产品都意味着在消耗能源。由此下面分析消费结构变动对非农就业的影响，首先从高、中、低能耗 3 部门非竞争型能源就业投入占用产出表分析，进而扩展到 29 部门表分析。

根据非竞争型能源就业投入占用产出模型，得到非农就业人数向量 L^n 的计算公式为

$$L^n = \hat{A}_{l^n}(I - A^{\mathrm{D}})^{-1}SY \tag{3.10}$$

其中，$\hat{A}_{l^n}$ 为直接就业占用系数对角矩阵；A^{D} 为非竞争型表的直接消耗系数矩阵，$(I - A^{\mathrm{D}})^{-1}$ 为非竞争型表的完全需要系数矩阵，即 Leontief 逆矩阵；S 为消费、资本形成、出口等最终需求对各部门的消耗结构矩阵；Y 为各类最终需求合计列向量。

3 部门非竞争型能源就业投入占用产出表中，消费高能耗产品仅占 4.49%，中能耗产品占 31.40%，低能耗产品占 64.11%，本节首先分析三类产品的消费结构变动对非农就业的影响，分为悲观情景和乐观情景，然后根据虚拟能源的概念，分析消费主要的能源载体产品比重变化对非农就业的影响。

1. 悲观情景分析

情景 1：消费高能耗产品提高一个百分点，其他产品按比例平减，即高能耗产品占消费比重提高为 5.49%，中、低能耗产品则分别降低 0.33 个百分点、0.67 个百分点，占消费的比例分别为 31.07%、63.44%。

情景 2：消费高能耗产品提高一个百分点，中能耗产品减少一个百分点，低能耗产品消费比例不变，则三类产品的消费比例依次为 5.49%、30.40%和 64.11%。

情景 3：消费高能耗产品提高一个百分点，中能耗产品消费比例不变，低能耗产品减少一个百分点，三类产品的消费比例依次为 5.49%、31.40%和 63.11%。

假设各部门直接就业占用系数不变、全社会技术系数不变，各类最终需求合计不变，以及除消费外的各类最终需求部门结构不变，那么根据式（3.10）计算得到消费结构变动对非农就业的影响如表 3.9 所示，对非农就业带来的负面影响，造成了非农就业人数的减少，高能耗产品消费比例的提高所带来的就业增加非常有限，仅局限在 30 万～40 万人，但是中、低能耗产品消费比例的下降所带来的就业减少则数量相对可观。

表 3.9 悲观情景下各部门非农就业人数变动情况 （单位：万人）

部门	情景 1	情景 2	情景 3
高能耗部门	37	32	39
中能耗部门	–16	–62	6
低能耗部门	–97	–2	–144
加和	–76	–32	–99

具体来看，情景 1 情况下，高能耗产品消费比例增加一个百分点，中能耗产品消费比例下降 0.33 个百分点，低能耗产品消费比例下降 0.67 个百分点，造成高能耗部门就业增加 37 万人，中能耗部门就业减少 16 万人，低能耗部门就业减少 97 万人，这与高、中、低能耗部门的直接就业占用系数大小有密切关系；情景 2 情况下，高能耗产品消费比例增加一个百分点，中能耗产品消费比例下降一个百分点，使得高能耗部门就业增加 32 万人，中能耗部门就业减少 62 万人，低能耗部门就业减少 2 万人；情景 3 情况下，高能耗产品消费比例增加一个百分点，低能耗产品消费比例下降一个百分点，使得高能耗部门就业增加 39 万人，中能耗部门就业增加 6 万人，低能耗部门就业减少 144 万人。从情景 2、情景 3 可以看出，虽然该部门消费比例没有发生变动，但是本部门的就业仍然受到了关联，这就体现出式（3.10）和式（3.9）的区别，式（3.9）只是线性传导作用，无法体现部门之间的相互关联关系，但是式（3.10）考虑了投入产出技术中的 Leontief 逆矩阵，将国民经济部门间的经济关联关系考虑其中，以情景 2 为例，虽然低能耗产品的消费比例没有发生变化，但是中高能耗产品消费比例的变动使得中高能耗产品最终需求发生变化，而中高能耗产品生产过程中必然会消耗低能耗产品，由此使得用于中间生产的低能耗产品发生变化，最终造成了低能耗产品产值的变动，使其就业发生变动。

2. 乐观情景分析

情景 1：消费低能耗产品提高一个百分点，消费高能耗产品、中能耗产品按消费比例平减，即低能耗产品消费比例提高为 65.11%，高能耗产品消费比例降低 0.13 个百分点，为 4.36%，中能耗产品消费比例降低 0.87 个百分点，为 30.53%。

情景 2：消费低能耗产品提高一个百分点，消费中能耗产品减少一个百分点，高能耗产品消费比例不变，即高、中、低三类产品的消费比例分别为 4.49%、30.40% 和 65.11%。

情景 3：消费低能耗产品提高一个百分点，消费高能耗产品减少一个百分点，中能耗产品的消费比例不变，即高、中、低三类产品的消费比例分别为 3.49%、31.40%和 65.11%。

据式（3.10）计算乐观情景下三类部门的就业变动情况如表 3.10 所示，低能耗产品消费比例的提高总体上增加了非农就业，尤其是对低能耗部门的就业起到极大的促进作用，拉动就业 140 万人以上。

表 3.10　乐观情景下各部门非农就业人数变动情况　（单位：万人）

部门	情景 1	情景 2	情景 3
高能耗部门	−11	−7	−39
中能耗部门	−60	−68	−6
低能耗部门	143	142	144
加和	72	67	99

由消费结构变动的悲观情景和乐观情景分析可以看出，在能源约束条件下扩大就业而进行的消费结构调整的最优方案仍然是提高低能耗产品消费比例的同时降低高能耗产品消费比例。低能耗部门的高就业率起到了关键性作用。

3. 消费用能源的主要载体产品结构变动分析

利用虚拟能源的测算方法计算消费各部门产品所直接、完全含有的能源，根据完全能源含有量选出消费能源最多的前五位部门依次是其他服务业，电力、热力的生产和供应业，食品制造及烟草加工业，交通运输、仓储及邮电通信业，批发零售及住宿餐饮业，这五个部门产品的能源量占消费产品能源总量的 72.36%。在能源约束条件下，减小耗能较大的这五类产品的消费量会对非农就业产生怎样的影响？

考虑消费领域的主要能源载体五类产品的消费比例降低一个百分点，而其他部门按消费比例相应增加，始终保持消费结构向量加和为 1，即电力、热力的生产和供应业消费比例减小 0.02 个百分点，交通运输、仓储及邮电通信业消费比例减小 0.07 个百分点，食品制造及烟草加工业消费比例下降 0.16 个百分点，批发零售及住宿餐饮业消费比例下降 0.14 个百分点，其他服务业消费比例下降 0.61 个百分点，而消费比例增加较多的是农林牧渔业，增加 0.38 个百分点，纺织服装鞋帽皮革羽绒及其制品业增加 0.13 个百分点，可以看出其他服务业是下降比例最大的行业，主要因为该部门产品在消费中所占比例较大，占 46.5%左右。

据式（3.10）计算得到该结构变动对非农就业的影响，结果如下：124 万人失去就业岗位，其中其他服务业失业人数最多，为 116 万人，这显然是其消费结构下降最多导致的，批发零售及住宿餐饮业也有 36 万人失业，食品制造及烟草加工业就业人数减少 7 万人，交通运输、仓储及邮电通信业就业减少 6 万人，电力、热力的生产和供应业就业没有变化；就业增加人数最多的部门是纺织服装鞋帽皮革羽绒及其制品业，增加 14 万人。

随着居民生活水平的提高和物质生活的日益改善，人们的生活圈子和活动范围逐渐加大，汽车的消费更加旺盛，所带来的就是交通运输、仓储及邮电通信业在消费中所占比例将会逐步提高，但交通运输、仓储及邮电通信业又是节能潜力巨大的行业，各种绿色出行为该部门的节能提供了可行措施，同时该部门是消费领域耗能较大的部门之一，减小该部门的消费比例是减小生活耗能的必要途径。以交通运输、仓储及邮电通信业消费比重减小一个百分点，而其他部门则按照消费比例相应减小为例，据式（3.10）计算消费结构调整所带来的非农就业人数变化，计算结果显示，交通运输、仓储及邮电通信业消费比重减小而其他部门相应增加使得非农就业增加了 63 万人，虽然交通运输、仓储及邮电通信业本部门的就业减少了 70 万人，以及位于该部门上游产业链的石油加工、炼焦及核燃料加工业，交通运输设备制造业，通用、专用设备制造业三个部门各有 1 万人的就业损失，但是由于其他服务业、批发零售及住宿餐饮业的消费比重分别提高了 0.49%、0.11%，所以这两个部门的就业人数有 84 万人、28 万人的增加。可以看到某一消费领域耗能量较大的部门出现消费比重下降时，与之对应的劳动力密集型部门的消费比重有所上升，就会带来更多的就业机会。

三、出口结构变动对就业的影响

出口结构调整也是我国经济结构调整的重要环节之一，在能源紧张、劳动力成本上涨的背景下，我国出口商品类型也会出现相应的转变，2007 年 3 部门非竞争型能源就业投入占用产出表显示，出口商品中高能耗产品占 15.64%，中能耗产品占 36.28%，低能耗产品占 48.08%，仍然是从悲观情景和乐观情景出发，考虑出口结构变动对非农就业人数的影响。

1. 悲观情景分析

情景 1：出口高能耗产品提高一个百分点，其他产品按比例平减，即高能耗产品占出口比重提高为 16.64%，中、低能耗产品则分别降低 0.43 个百分点、0.57 个百分点，占出口的比例分别为 35.85%、47.51%。

情景 2：出口高能耗产品提高一个百分点，中能耗产品减少一个百分点，低能耗产品出口比例不变，则三类产品的出口比例依次为 16.64%、35.28%和 48.08%。

情景 3：出口高能耗产品提高一个百分点，中能耗产品出口比例不变，低能耗产品减少一个百分点，则三类产品的出口比例依次为 16.64%、36.28%和 47.08%。

据式（3.10）计算出口结构变动对非农就业人数的影响如表 3.11 所示，悲观情景下非农就业人数均有不同程度的减少，依然是中、低能耗产品具有更高的劳动密集度，使得中、低能耗产品出口比例的降低带来的对就业的负面作用，大于高能耗产品比例提高对非农就业的正面影响。

表 3.11 悲观情景下各部门非农就业人数变动情况 （单位：万人）

部门	情景 1	情景 2	情景 3
高能耗部门	27	24	29
中能耗部门	–17	–46	5
低能耗部门	–62	–1	–108
加和	–52	–23	–74

2. 乐观情景分析

情景 1：出口低能耗产品提高一个百分点，高能耗产品、中能耗产品按出口比例平减，即低能耗产品出口比例提高为 49.08%，高能耗产品出口比例降低 0.13 个百分点，为 15.51%，中能耗产品出口比例降低 0.87 个百分点，为 35.41%。

情景 2：出口低能耗产品提高一个百分点，出口中能耗产品减少一个百分点，高能耗产品的出口比例不变，即高、中、低三类产品的出口比例分别为 15.64%、35.28%和 49.08%。

情景 3：出口低能耗产品提高一个百分点，出口高能耗产品减少一个百分点，中能耗产品的出口比例不变，即高、中、低三类产品的出口比例分别为 14.64%、36.28%和 49.08%。

根据式（3.10），在三种不同的乐观情景下，三部门非农就业人数的变化情况如表 3.12 所示，低能耗产品出口比例的提高带来了本部门就业人数增加了 100 万人以上，高、中能耗部门出口比例的减少带来的非农就业人数的减少仅有 50 万人左右，乐观情景的假设总体上增加了非农就业人数，其中情景 3 低耗能产品出口比例增加一个百分点的同时高耗能产品出口比例减少一个百分点对非农就业人数增加的作用最大。

表 3.12 乐观情景下各部门非农就业人数变动情况 （单位：万人）

部门	情景 1	情景 2	情景 3
高能耗部门	–8	–5	–29
中能耗部门	–45	–51	–5
低能耗部门	106	106	108
加和	53	50	74

由出口结构变动所引起的非农就业岗位变化可知，高能耗产品出口比例提高带来的就业人数增加有限，远不及低能耗产品出口比例减少带来的就业人数减少，反之亦然，所以以能源约束为条件的扩大就业的最优出口结构调整方向是提高低能耗产品的出口比例，降低高能耗产品的出口比例。

3. 出口载能大户的结构变动分析

2007 年 29 部门非竞争型能源就业投入占用产出表中出口大户是通信设备、计算机及其他电子设备制造业，该部门的出口占出口总额的 22.4%，其次是纺织业占 8.6%，化学工业占 7.6%。考虑能源出口情况，采用虚拟能源测算法，将各种商品的耗能考虑其中，金属冶炼及压延加工业完全出口能源 9183 万吨标准煤，占全部出口能源的 12.37%，其次是化学工业占 11.83%，通信设备、计算机及其他电子设备制造业占 11.31%，纺织业占 8.91%，电气机械及器材制造业占 8.37%，这五个部门出口品含有的能源占全部出口品含有能源的 52.79%，下面考虑这五个部门产品出口比例减少一单位对非农就业的影响情况。

首先按照出口产品比例，将出口载能最多的五个部门按出口结构减小一个百分点，即通信设备、计算机及其他电子设备制造业产品出口占全部出口总额的比例减小 0.4 个百分点，减小为 21.94%，纺织业、化学工业、电气机械及器材制造业、金属冶炼及压延加工业产品出口比重分别减小为 8.43%、7.43%、7.00%、5.29%，这五个部门的产品出口比重由原始的 51.09%减小为 50.09%，其他 24 个部门产品按照出口结构增加 1 个百分点，其中提高比例最高的是通用、专用设备制造业，该部门产品出口比例提高了 0.12 个百分点。这样构造了新的出口结构向量，该向量代表了载能较多的产品出口比重减小。

据式（3.10）计算得到出口载能较多的产品比例减小后我国非农就业人口的变动情况，计算结果显示，我国非农就业人数增加了 44 万人，分部门来看，批发零售及住宿餐饮业就业人数增加了 18 万人，其次是其他服务业增加了 14 万人，纺织服装鞋帽皮革羽绒及其制品业增加了 10 万人，就业人数减少的部门是出口比例减小的 5 个部门，通信设备、计算机及其他电子设备制造业减少了 12 万人就业，纺织业减少了 9 万人就业等。总体分析来看，出口载能较高的产品出口比例的下降仅对自身部门的就业产生了不利影响，但是其他部门产品出口比例提高使得总的就业人数有了一定的提高。这就说明能源约束下的出口结构调整有利于我国就业的扩大。

具体细分出口载能最大的五个部门来看，通信设备、计算机及其他电子设备制造业，纺织业，化学工业，电气机械及器材制造业，金属冶炼及压延加工业产品出口比重分别减少一个百分点，而其他部门则按出口结构提高一个百分点。以通信设备、计算机及其他电子设备制造业为例，该部门产品出口比例减小一个百分点，为 21.34%，而其他部门则按出口结构增加一个百分点，其中提高比例最大的是纺织业，提高 0.11 个百分点，达到 8.71%，由此构造了通信设备、计算机及其他电子设备制造业产品比例减小的结构矩阵。同理得到其他四个出口载能较多的部门产品出口比例减小的结构矩阵，据式（3.10）计算得到五种不同情景下我国非农就业人数的变化情况。

第一，通信设备、计算机及其他电子设备制造业产品出口比例减少一个百分点，会带动非农就业增加 47 万人，增加就业人数最多的部门是批发零售及住宿餐饮业 12 万人，其次是纺织业增加 11 万人，其他服务业增加 10 万人，而由于本部门出口产品比例减小，通信设备、计算机及其他电子设备制造业就业减少 27 万人。

第二，纺织业产品出口比例减少一个百分点，会使得我国非农就业减少 25 万人，其中纺织业就减少 74 万人，化学工业减少 1 万人，而就业增加最多的是批发零售及住宿餐饮业，增加 10 万人，通信设备、计算机及其他电子设备制造业增加 7 万人。

第三，化学工业产品出口比例减少一个百分点带动我国非农就业增加 26 万人，其中批发零售及住宿餐饮业增加 10 万人，纺织业增加 8 万人，通信设备、计算机及其他电子设备制造业增加 7 万人，化学工业就减少 29 万人，而煤炭开采和洗选业、电力、热力的生产和供应业也分别有 1 万人的就业减少。

第四，电气机械及器材制造业产品出口比例减少一个百分点使得我国非农就业增加 17 万人，其中增加最多的是纺织业，增加 9 万人，而所能带来的电气机械及器材制造业就业减少 27 万人，金属冶炼及压延加工业减少 4 万人。

第五，金属冶炼及压延加工业产品出口比例减少一个百分点能够带来 36 万人的就业增加，其中批发零售及住宿餐饮业就业增加 10 万人，其他服务业就业增加 8 万人，而因为金属冶炼及压延加工业出口比例减小带来的就业减少的部门较多，使得本部门减少就业 20 万人，煤炭开采和洗选业、金属矿采选业分别减少 2 万人，电力、热力的生产和供应业减少 1 万人。

从能源约束下的出口结构调整可以看出，当出口载能较大的五个部门出口比例有所减小时，整体上可以促进我国非农就业人数的增加，虽然对自身部门就业有负面影响，而从单一出口载能高的部门出口比重减小来看，纺织业出口的减少带来了非农就业的下降，而另外四个部门出口比重的减小虽然对本部门及生产技术联系紧密的相关部门带来了就业减少的影响，但是其他部门，尤其是第三产业出口比重的提高使得整体非农就业人数有不同程度的增加。因此，在制定出口结构调整方向时需要综合考虑能源约束和就业条件，考虑两者相互制约、相互平衡的关系。

参 考 文 献

蔡昉. 2009. 金融危机对就业的影响及应对政策建议. 中国发展观察，3：5-9.

陈全润. 2011. 部分消费内生化的投入产出局部闭模型及其应用. 北京：中国科学院数学与系统科学研究院博士研究生学位论文.

陈锡康. 1981. 完全能耗分析. 系统科学与数学，1：69-76.

刘轶芳，蒋雪梅，祖垒. 2010. 低碳约束下我国贸易结构的合理性研究. 管理评论，22（6）：106-113.

田大洲，田娜. 2010. 我国发展低碳经济对就业影响的分析. 全球科技经济瞭望，25（9）：37-40.

王会娟，陈锡康，杨翠红. 2009. 能源投入产出模型与能源贸易进出口分析. 中国 1992-2005 年可比价投入产出序列表分析. 北京：中国统计出版社.

王会娟，陈锡康，祝坤福. 2010. 国际金融危机对我国就业的影响分析. 数学的实践与认识，40（5）：58-65.

Association for Conservation of Energy（ACE）. Direct and Indirect Job Creation from the Standards of Performance for Energy Efficiency Programme. London，1997.

Bullard C，Robert H. 1975. The energy costs of goods and services. Energy Policy，1（4）：268-277.

Dietzenbacher E，Stage J. 2006. Mixing oil and water? Using hybrid input-output tables in a structural decomposition analysis. Economic Systems Research，1（18）：85-95.

Lin X，Polenske K R. 1995. Input-output anatomy of China's energy use change in the 1980s. Economic Systems Research，7（1）：67-83.

Mac，Stern D I. 2008. China's changing energy intensity trend：A decomposition analysis. Energy Economics，30（3）：1037-1053.

Miller R，Blair P. 2009. Input-Output Analysis：Foundations and Extensions. Cambridge：Cambridge University Press.

Murry D A，Dan G D. 2009. The energy consumption and employment relationship：A clarification. Journal of Energy and Development，16（1）：121-131.

Pei J S，Dietzenbacher E，Oosterhaven J，et al. 2011. Accounting for China's import growth：A structural decomposition for 1997-2005. Environment and Planning A，43（12）：2971-2991.

Richard F，Garbaccio M S. 1999. Why has the energy output ratio fallen in China?. Energy Journal，20（3）：256-266.

Tourkolias C，Mirasgedis S. 2011. Quantification and monetization of employment benefits associated with renewable energy technologies in Greece. Renewable and Sustainable Energy Reviews，15：2876-2886.

Ulrike L，Joachim N，Marlene K，et al. 2008. Renewable energy and employment in Germany. Energy Policy，36：108-117.

Wei Y，Liang Q，Fan Y，et al. 2006. A scenario analysis of energy requirements and energy intensity for China's rapidly developing society in the year 2020. Technological Forecasting and Social Change，73（4）：405-421.

Xia Y，Yang C，Chen X. 2012. Structural decomposition analysis on China's energy intensity change for 1987—2005. Journal of Systems Science and Complexity，25（1）：156-166.

Yu E S H，Chow P C Y，Choi J Y. 1987. The relationship between energy and employment：A reexamination. Energy Syst. Policy，11（4）：287-296.

第四章

区分加工出口的非竞争型能源经济环境投入占用产出模型

作为世界第一大出口国和第二大经济体，中国仍是一个发展中国家。由于中国能源消费以煤炭为主，所以成为世界最大的温室气体排放国，约占全球二氧化碳排放量的 24%。虽然中国对外贸易的扩张已经成功地促进了经济增长和就业，但同时对国内环境产生了各种压力。其中，如何体现贸易中的碳排放已成为一个评估碳外包假说和全球气候治理公平性的关键问题。此外，有学者表明，若一个国家已经成为高效的能源密集型产品出口国，则部分或全部由其他国家进口的能源使用，都应该归因于消费国家，而非那些能源密集型商品的生产国。

由于空气质量的恶化和环境污染问题的扩大，近年来，中国政府制订了很多碳减排目标：例如，到 2020 年我国单位 GDP CO_2 排放（碳强度）比 2005 年下降 40%～45%；在 2030 年之前 GDP CO_2 排放比 2005 年下降 60%～65%。中国也成为第一个正式承诺减排的发展中国家。1950～2007 年，全球 GDP 中国际贸易占比从 5.5%上升到 21%（WTO-UNEP，2009；Johnson and Noguera，2012）。约 26%的 CO_2 排放量与国际贸易有关（Peters et al.，2011）。在此情况下，中国若实现长期可持续发展的政策目标，必须解决国际贸易在生产和消费上对环境的影响。

一直以来，能源作为一个重要的输入，在现代经济增长和发展中起到了关键作用。不同的生产方式、贸易模式、能源结构、消费者行为、技术效率与经济增长水平都会影响一个国家的碳排放。国际贸易中的碳排放可以用多种核算标准进行计算，不同的核算方式不仅将导致虚拟碳排放量结果的差异，也将直接影响各国承担排放责任的分配。如果把进口商品的含碳量也计入一个国家的碳排放量中，那么出口国可能更愿意在碳减排中发挥积极作用。

本章将着重介绍区分加工出口的非竞争型能源经济环境模型的构建与应用。第一节介绍中国高耗能产品的出口加工贸易特点。第二节介绍区分加工出口和非加工出口的非竞争型能源经济环境（energy-economic-environment，3E）投入占用产出表的基本表式、3E 模型的构建以及分析碳排放影响因素的结构分解模型的构建。第三节对比分析 2002 年、2007 年中国碳排放的贸易隐含碳特点。

第一节　中国高耗能产品的出口加工贸易特点

2000～2015 年，中国能源消费总量从 14.7 亿吨标准煤增加到 43 亿吨标准煤，而在 2011 年，中国煤炭进口达到了 1.8424 亿吨，超载日本，成为世界上最大的煤炭进口国。由于中国经济的快速发展，直接进口了大量能源的同时，也间接地通过商品贸易，尤其是高耗能产品，出口了大量的能源（图 4.1）。2015 年，中国出口钢材 1239.561 万吨、塑料制品出口 972.9851 万吨，二极管和半导体 7224.1 亿个。

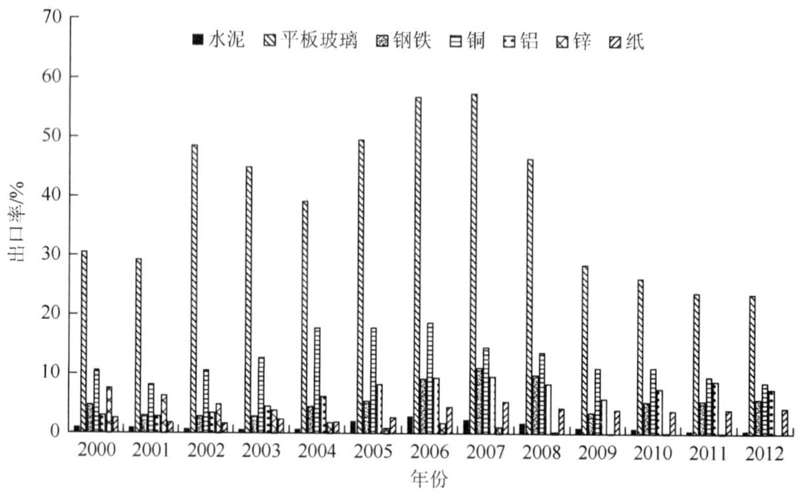

图 4.1　2000～2012 年中国主要高耗能产品出口率

值得注意的是，相较于非加工出口，加工出口使用了更多的进口产品而非国内产品。在中国，加工贸易是最常见的贸易模式，近年来一直占出口总值的 50%以上（图 4.2）。加工贸易不仅减少了国内生产中所需的能源和碳排放数量，还减少了在出口过程中本国生产的增加值份额。2007～2014 年，中国的出口总额从 1.22 万亿美元大幅增加到 2.34 万亿美元（平均年增长率为 8.07%）。加工出口总额从 617.66 亿美元增加到 8842.2 亿美元，占出口总额的 40%左右。加工出口产品的生产过程中，使用的进口中间产品比普通出口或者国内使用的产品更为密集。数据显示，忽略生产技术差异可能造成国内产品在总出口中的偏差，使用更多的进口品输入会导致这种偏差加大（Ma et al.，2015）。Weber 等（2008）的研究显示，2005 年出口可以解释 33%的与生产相关的二氧化碳排放，绝大多数排放归咎于生产国内最终需求。Weber 还认为，如果投入产出不区分加工和非加工生产模式，那么出口所引致的二氧化碳排放占生产排放量的比例将被高估 60%。因此，分析加工贸易和非加工贸易对虚拟碳排放的影响，对于政策设计的可持续发展具有至关重要的作用。

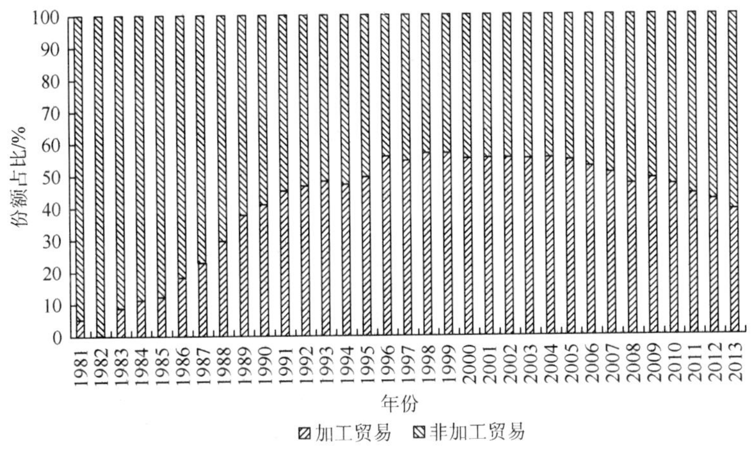

图 4.2　1981～2013 年中国加工贸易与非加工贸易份额

第二节　区分加工出口的非竞争型能源经济环境投入占用产出模型的建立

一、区分加工出口的非竞争型能源环境经济投入占用产出表基本表式

基于中国出口结构的特点，出口可以分为加工出口和非加工出口两种类型，其中加工出口主要包括两种方式：来料加工装配出口和进料加工出口。为了准确计算进出口对国民经济的影响，在投入产出模型中把生产活动分为三个部分：用于国内需求的生产（D，简称国内产品）、用于加工出口的生产（P，简称加工出口）、用于非加工出口的生产和外商投资企业的其他生产（N，简称非加工出口及其他）。其中，国内需求生产是指国内企业为满足国内需求所进行的生产活动；非

加工出口及其他包括出口中除来料加工和进料加工生产之外的其他出口生产，还包括外商投资企业为满足国内需求所进行的生产活动。假设进口产品只用于国内，不直接出口。没有把外商投资企业的其他类型生产归入D，是基于以下两点考虑：一是其产品的很大部分主要用于间接出口，即为出口生产提供中间投入品（原料和部件等），而用作国内生产部门的中间投入比重很小；二是外资企业产品的投入结构与出口生产的结构类似，与用于国内需求生产的结构不同。另外，在对服务性部门的出口进行处理时，是将其归并入非加工出口及其他这一部分。根据上述思路可构建扩展的非竞争型投入占用产出表表式结构，见表4.1。

表4.1　区分加工出口的非竞争型能源环境经济投入占用产出表

<table>
<tr><td colspan="4" rowspan="3">产出
投入</td><td colspan="7">中间使用</td><td colspan="5">最终使用</td><td rowspan="3">国内总产出</td></tr>
<tr><td colspan="2">国内需求</td><td colspan="2">加工出口</td><td colspan="2">非加工出口</td><td rowspan="2">中间使用合计</td><td rowspan="2">消费</td><td rowspan="2">资本形成</td><td rowspan="2">出口</td><td rowspan="2">其他</td><td rowspan="2">最终使用</td></tr>
<tr><td>能源</td><td>非能源</td><td>能源</td><td>非能源</td><td>能源</td><td>非能源</td></tr>
<tr><td rowspan="11">投入</td><td rowspan="6">国内产品中间投入</td><td rowspan="2">国内需求</td><td>能源</td><td colspan="2">X_E^{DD} $\begin{pmatrix}E^{DD}\\C^{DD}\end{pmatrix}$</td><td colspan="2">$X_E^{DP}$ $\begin{pmatrix}E^{DP}\\C^{DP}\end{pmatrix}$</td><td colspan="2">$X_E^{DN}$ $\begin{pmatrix}E^{DN}\\C^{DN}\end{pmatrix}$</td><td></td><td>$F_E^{DC}$ $\begin{pmatrix}E^{DC}\\C^{DC}\end{pmatrix}$</td><td>$F_E^{DI}$</td><td>0</td><td></td><td>F_E^{D}</td><td>X_E^{D} $\begin{pmatrix}E^{D}\\C^{D}\end{pmatrix}$</td></tr>
<tr><td>非能源</td><td colspan="2">X_R^{DD}</td><td colspan="2">X_R^{DP}</td><td colspan="2">X_R^{DN}</td><td></td><td>F_R^{DC}</td><td>F_R^{DI}</td><td>0</td><td></td><td>F_R^{D}</td><td>X_R^{D}</td></tr>
<tr><td rowspan="2">加工出口</td><td>能源</td><td colspan="2" rowspan="2">0</td><td colspan="2" rowspan="2">0</td><td colspan="2" rowspan="2">0</td><td rowspan="2"></td><td rowspan="2">0</td><td rowspan="2">0</td><td rowspan="2">F^{PE}</td><td rowspan="2"></td><td rowspan="2">F^{P}</td><td rowspan="2">X^{P}</td></tr>
<tr><td>非能源</td></tr>
<tr><td rowspan="2">非加工出口</td><td>能源</td><td colspan="2">X_E^{ND} $\begin{pmatrix}E^{ND}\\C^{ND}\end{pmatrix}$</td><td colspan="2">$X_E^{NP}$ $\begin{pmatrix}E^{NP}\\C^{NP}\end{pmatrix}$</td><td colspan="2">$X_E^{NN}$ $\begin{pmatrix}E^{NN}\\C^{NN}\end{pmatrix}$</td><td></td><td>$F_E^{NC}$ $\begin{pmatrix}E^{NC}\\C^{NC}\end{pmatrix}$</td><td>$F_E^{NI}$</td><td>$F_E^{NE}$</td><td></td><td>$F_E^{N}$</td><td>$X_E^{N}$ $\begin{pmatrix}E^{N}\\C^{N}\end{pmatrix}$</td></tr>
<tr><td>非能源</td><td colspan="2">X_R^{ND}</td><td colspan="2">X_R^{NP}</td><td colspan="2">X_R^{NN}</td><td></td><td>F_R^{NC}</td><td>F_R^{NI}</td><td>F_R^{NE}</td><td></td><td>F_R^{N}</td><td>X_R^{N}</td></tr>
<tr><td colspan="2" rowspan="2">进口产品</td><td>能源</td><td colspan="2">X_E^{MD} $\begin{pmatrix}E^{MD}\\C^{MD}\end{pmatrix}$</td><td colspan="2">$X_E^{MP}$ $\begin{pmatrix}E^{MP}\\C^{MP}\end{pmatrix}$</td><td colspan="2">$X_E^{MN}$ $\begin{pmatrix}E^{MN}\\C^{MN}\end{pmatrix}$</td><td></td><td>$F_E^{MC}$ $\begin{pmatrix}E^{MC}\\C^{MC}\end{pmatrix}$</td><td>$F_E^{MI}$</td><td></td><td></td><td>F_E^{M}</td><td>X_E^{M} $\begin{pmatrix}E^{M}\\C^{M}\end{pmatrix}$</td></tr>
<tr><td>非能源</td><td colspan="2">X_R^{MD}</td><td colspan="2">X_R^{MP}</td><td colspan="2">X_R^{MN}</td><td></td><td>F_R^{MC}</td><td>F_R^{MI}</td><td></td><td></td><td>F_R^{M}</td><td>X_R^{M}</td></tr>
<tr><td colspan="3">中间合计</td><td colspan="2"></td><td colspan="2"></td><td colspan="2"></td><td></td><td></td><td></td><td></td><td></td><td></td><td></td></tr>
<tr><td colspan="3">增加值</td><td colspan="2">V^{D}</td><td colspan="2">V^{P}</td><td colspan="2">V^{N}</td><td></td><td></td><td></td><td></td><td></td><td></td><td></td></tr>
<tr><td colspan="3">总投入</td><td colspan="2">$(X^{D})^{T}$</td><td colspan="2">$(X^{P})^{T}$</td><td colspan="2">$(X^{N})^{T}$</td><td></td><td></td><td></td><td></td><td></td><td></td><td></td></tr>
<tr><td>占用</td><td colspan="3">劳动力</td><td colspan="2">L^{D}</td><td colspan="2">L^{P}</td><td colspan="2">L^{N}</td><td></td><td></td><td></td><td></td><td></td><td></td><td></td></tr>
<tr><td>环境</td><td colspan="3">环境污染排放量</td><td colspan="2">Q^{D}</td><td colspan="2">Q^{P}</td><td colspan="2">Q^{N}</td><td></td><td></td><td></td><td></td><td></td><td></td><td></td></tr>
</table>

注：右上标D、P、N和M分别表示国内产品、加工出口、非加工出口和进口；X^{D}、X^{P}、X^{N}、X^{M}分别表示D、P、N和M总产出（进口）的列向量；F^{D}、F^{P}、F^{N}、F^{M}分别表示D、P、N和M最终需求的列向量；E^{D}、E^{N}、E^{M}分别表示D、P、N和M能源消耗量的列向量；C^{D}、C^{N}、C^{M}分别表示D、P、N和M CO_2 排

放量的列向量；右上标 DD 表示国内产品内部的投入与使用，DP 表示国内产品用于加工出口生产，DN 则表示国内产品用于非加工出口及其他生产；X^{DD}、X^{DP} 和 X^{DN} 分别表示国内产品作为 D、P 和 N 的中间投入矩阵；下标 E、R 表示生产部门中能源部门与非能源部门，且 $X^{DD}=\begin{bmatrix}X_E^{DD}\\X_R^{DD}\end{bmatrix}$；$E^{DD}$ 表示生产国内需求产品对国内能源产品的消耗矩阵，C^{DD} 表示对应消耗能源所产生的 CO_2 排放量矩阵；F^{DC} 和 F^{DI} 表示作为消费和资本形成总额的国内产品的列向量，且 $F^{DC}=\begin{bmatrix}F_E^{DC}\\F_R^{DC}\end{bmatrix}$，$F^{D}=F^{DC}+F^{DI}$；$F^{PE}$ 表示加工出口产品作为出口的列向量，且 $F^{P}=F^{PE}$，加工出口生产全部用于出口，故中间需求及其他最终需求均为零；X^{ND}、X^{NP} 和 X^{NN} 分别表示非加工出口及其他产品作为 D、P 和 N 的中间投入的矩阵；F^{NC}、F^{NI} 和 F^{NE} 分别表示非加工出口及其他作为消费、资本形成总额和出口的列向量，且 $F^{N}=F^{NC}+F^{NI}+F^{NE}$；$X^{MD}$、$X^{MP}$ 和 X^{MN} 分别表示进口产品作为 D、P 和 N 的中间投入的矩阵；F^{MC} 和 F^{MI} 表示进口产品作为消费和资本形成总额的列向量；V^{D}、V^{P} 和 V^{N} 分别表示 D、P 和 N 中各部门增加值的行向量；L^{D}、L^{P} 和 L^{N} 分别表示 D、P 和 N 生产中各部门劳动力就业的行向量；Q^{D}、Q^{P}、Q^{N} 分别表示 D、P 和 N 生产中各部门能源及各类环境污染物排放的行向量。

二、区分加工出口的非竞争型能源经济环境模型的建立

基于编制的区分加工出口和非加工出口的非竞争型能源经济环境投入占用产出表，本书构建了区分加工出口和非加工出口的非竞争型能源经济环境模型。

1. 相关直接消耗系数的定义

从扩展的非竞争型投入占用产出表的水平方向看，D、P、N 和进口（M）有如下平衡关系方程组。

实物量部分：

$$E^{DD}+E^{DP}+E^{DN}+E^{DC}=E^{D} \tag{4.1}$$

$$E^{ND}+E^{NP}+E^{NN}+E^{NC}=E^{N} \tag{4.2}$$

$$E^{MD}+E^{MP}+E^{MN}+E^{MC}=E^{M} \tag{4.3}$$

$$C^{DD}+C^{DP}+C^{DN}+C^{DC}=C^{D} \tag{4.4}$$

$$C^{ND}+C^{NP}+C^{NN}+C^{NC}=C^{N} \tag{4.5}$$

$$C^{MD}+C^{MP}+C^{MN}+C^{MC}=C^{M} \tag{4.6}$$

价值量部分：

由水平方向得到如下方程：

$$X^{DD}+X^{DP}+X^{DN}+F^{D}=X^{D} \tag{4.7}$$

$$F^{P}=X^{P} \tag{4.8}$$

$$X^{ND}+X^{NP}+X^{NN}+F^{N}=X^{N} \tag{4.9}$$

$$X^{MD}+X^{MP}+X^{MN}+F^{M}=X^{M} \tag{4.10}$$

由垂直方向得到如下方程：

$$\mu X^{\mathrm{DD}}+\mu X^{\mathrm{ND}}+\mu X^{\mathrm{MD}}+V^{\mathrm{D}}=(X^{\mathrm{D}})^{\mathrm{T}} \tag{4.11}$$

$$\mu X^{\mathrm{DP}}+\mu X^{\mathrm{NP}}+\mu X^{\mathrm{MP}}+V^{\mathrm{P}}=(X^{\mathrm{P}})^{\mathrm{T}} \tag{4.12}$$

$$\mu X^{\mathrm{DN}}+\mu X^{\mathrm{NN}}+\mu X^{\mathrm{MN}}+V^{\mathrm{N}}=(X^{\mathrm{N}})^{\mathrm{T}} \tag{4.13}$$

其中，$\mu=(1,1,\cdots,1)$。

考虑直接消耗系数，不妨定义

$$a_{ij}^{\mathrm{DD}}=X_{ij}^{\mathrm{DD}}/X_j^{\mathrm{D}},\quad i,j=1,2,\cdots,n \tag{4.14}$$

其中，a_{ij}^{DD} 表示第 j 个部门生产单位用于国内需求的产品对第 i 个部门用于国内需求产品的直接消耗量。因此，国内需求产品对国内需求产品的直接消耗系数矩阵可表示为

$$A^{\mathrm{DD}}=[a_{ij}^{\mathrm{DD}}]\equiv[X_{ij}^{\mathrm{DD}}/X_j^{\mathrm{D}}] \tag{4.15}$$

同理可以定义其他各类生产的直接消耗系数矩阵：

$$\left.\begin{array}{ll}
A^{\mathrm{DP}}=[a_{ij}^{\mathrm{DP}}]\equiv[X_{ij}^{\mathrm{DP}}/X_j^{\mathrm{P}}], & A^{\mathrm{DN}}=[a_{ij}^{\mathrm{DN}}]\equiv[X_{ij}^{\mathrm{DN}}/X_j^{\mathrm{N}}]\\
A^{\mathrm{ND}}=[a_{ij}^{\mathrm{ND}}]\equiv[X_{ij}^{\mathrm{ND}}/X_j^{\mathrm{D}}], & A^{\mathrm{NP}}=[a_{ij}^{\mathrm{NP}}]\equiv[X_{ij}^{\mathrm{NP}}/X_j^{\mathrm{P}}]\\
A^{\mathrm{NN}}=[a_{ij}^{\mathrm{NN}}]\equiv[X_{ij}^{\mathrm{NN}}/X_j^{\mathrm{N}}], & A^{\mathrm{MD}}=[a_{ij}^{\mathrm{MD}}]\equiv[X_{ij}^{\mathrm{MD}}/X_j^{\mathrm{D}}]\\
A^{\mathrm{MP}}=[a_{ij}^{\mathrm{MP}}]\equiv[X_{ij}^{\mathrm{MP}}/X_j^{\mathrm{P}}], & A^{\mathrm{MN}}=[a_{ij}^{\mathrm{MN}}]\equiv[X_{ij}^{\mathrm{MN}}/X_j^{\mathrm{N}}]
\end{array}\right\} \tag{4.16}$$

可得

$$\left.\begin{array}{l}
A^{\mathrm{DD}}X^{\mathrm{D}}+A^{\mathrm{DP}}X^{\mathrm{P}}+A^{\mathrm{DN}}X^{\mathrm{N}}+F^{\mathrm{D}}=X^{\mathrm{D}}\\
F^{\mathrm{P}}=X^{\mathrm{P}}\\
A^{\mathrm{ND}}X^{\mathrm{D}}+A^{\mathrm{NP}}X^{\mathrm{P}}+A^{\mathrm{NN}}X^{\mathrm{N}}+F^{\mathrm{N}}=X^{\mathrm{N}}\\
A^{\mathrm{MD}}X^{\mathrm{D}}+A^{\mathrm{MP}}X^{\mathrm{P}}+A^{\mathrm{MN}}X^{\mathrm{N}}+F^{\mathrm{M}}=X^{\mathrm{M}}
\end{array}\right\} \tag{4.17}$$

另外，能源直接消耗系数可表示为

$$e_{ij}^{\mathrm{DD}}=E_{ij}^{\mathrm{DD}}/X_j^{\mathrm{D}},\quad i=1,2,\cdots,9;j=1,2,\cdots,n$$

其中，e_{ij}^{DD} 表示第 j 个部门生产单位用于国内需求的产品对第 i 个能源部门用于国内需求产品的直接消耗量，或称为部门能源强度、单位产出的能耗。因此，国内需求产品对国内需求产品的直接能耗系数矩阵可表示为

$$H^{\mathrm{DD}}=[e_{ij}^{\mathrm{DD}}]\equiv[E_{ij}^{\mathrm{DD}}/X_j^{\mathrm{D}}] \tag{4.18}$$

同理可以定义其他各类生产的直接能耗系数矩阵：

$$\left.\begin{array}{ll}
H^{\mathrm{DP}}=[e_{ij}^{\mathrm{DP}}]\equiv[E_{ij}^{\mathrm{DP}}/X_j^{\mathrm{P}}], & H^{\mathrm{DN}}=[e_{ij}^{\mathrm{DN}}]\equiv[E_{ij}^{\mathrm{DN}}/X_j^{\mathrm{N}}]\\
H^{\mathrm{ND}}=[e_{ij}^{\mathrm{ND}}]\equiv[E_{ij}^{\mathrm{ND}}/X_j^{\mathrm{D}}], & H^{\mathrm{NP}}=[e_{ij}^{\mathrm{NP}}]\equiv[E_{ij}^{\mathrm{NP}}/X_j^{\mathrm{P}}]\\
H^{\mathrm{NN}}=[e_{ij}^{\mathrm{NN}}]\equiv[E_{ij}^{\mathrm{NN}}/X_j^{\mathrm{N}}], & H^{\mathrm{MD}}=[e_{ij}^{\mathrm{MD}}]\equiv[E_{ij}^{\mathrm{MD}}/X_j^{\mathrm{D}}]
\end{array}\right\} \tag{4.19}$$

$$H^{\text{MP}}=[e_{ij}^{\text{MP}}]\equiv[E_{ij}^{\text{MP}}/X_j^{\text{P}}],\quad H^{\text{MN}}=[e_{ij}^{\text{MN}}]\equiv[E_{ij}^{\text{MN}}/X_j^{\text{N}}]$$

可以得到

$$\left.\begin{aligned}H^{\text{DD}}X^{\text{D}}+H^{\text{DP}}X^{\text{P}}+H^{\text{DN}}X^{\text{N}}+E^{\text{DC}}=E^{\text{D}}\\H^{\text{ND}}X^{\text{D}}+H^{\text{NP}}X^{\text{P}}+H^{\text{NN}}X^{\text{N}}+E^{\text{NC}}=E^{\text{N}}\\H^{\text{MD}}X^{\text{D}}+H^{\text{MP}}X^{\text{P}}+H^{\text{MN}}X^{\text{N}}+E^{\text{MC}}=E^{\text{M}}\end{aligned}\right\}\tag{4.20}$$

2. 完全需要系数、完全国内增加值系数和完全就业系数的计算方法

式（4.17）可以写成以下形式：

$$\begin{bmatrix}(I-A^{\text{DD}}) & -A^{\text{DP}} & -A^{\text{DN}}\\0 & I & 0\\-A^{\text{ND}} & -A^{\text{NP}} & (I-A^{\text{NN}})\end{bmatrix}\begin{bmatrix}X^{\text{D}}\\X^{\text{P}}\\X^{\text{N}}\end{bmatrix}=\begin{bmatrix}F^{\text{D}}\\F^{\text{P}}\\F^{\text{N}}\end{bmatrix}$$

这样可以得到

$$\begin{bmatrix}X^{\text{D}}\\X^{\text{P}}\\X^{\text{N}}\end{bmatrix}=\begin{bmatrix}(I-A^{\text{DD}}) & -A^{\text{DP}} & -A^{\text{DN}}\\0 & I & 0\\-A^{\text{ND}} & -A^{\text{NP}} & (I-A^{\text{NN}})\end{bmatrix}^{-1}\begin{bmatrix}F^{\text{D}}\\F^{\text{P}}\\F^{\text{N}}\end{bmatrix}$$

上面的方程可以写成：

$$\bar{X}=(I-\bar{A})^{-1}\bar{F}\tag{4.21}$$

$$\bar{X}=\bar{B}\bar{F}\tag{4.22}$$

这里，

$$\bar{X}=\begin{bmatrix}X^{\text{D}}\\X^{\text{P}}\\X^{\text{N}}\end{bmatrix},\quad \bar{A}=\begin{bmatrix}A^{\text{DD}} & A^{\text{DP}} & A^{\text{DN}}\\0 & 0 & 0\\A^{\text{ND}} & A^{\text{NP}} & A^{\text{NN}}\end{bmatrix},\quad \bar{F}=\begin{bmatrix}F^{\text{D}}\\F^{\text{P}}\\F^{\text{N}}\end{bmatrix}$$

这就是扩展的投入产出模型，其中，

$\bar{B}=(I-\bar{A})^{-1}=\begin{bmatrix}(I-A^{\text{DD}}) & -A^{\text{DP}} & -A^{\text{DN}}\\0 & I & 0\\-A^{\text{ND}} & -A^{\text{NP}} & (I-A^{\text{NN}})\end{bmatrix}^{-1}$ 是扩展的 Leontief 逆矩阵，或者说是扩展的完全需要系数矩阵。

将其分块矩阵记为

$$\begin{bmatrix}(I-A^{\text{DD}}) & -A^{\text{DP}} & -A^{\text{DN}}\\0 & I & 0\\-A^{\text{ND}} & -A^{\text{NP}} & (I-A^{\text{NN}})\end{bmatrix}^{-1}=\begin{bmatrix}B^{\text{DD}} & B^{\text{DP}} & B^{\text{DN}}\\B^{\text{PD}} & B^{\text{PP}} & B^{\text{PN}}\\B^{\text{ND}} & B^{\text{NP}} & B^{\text{NN}}\end{bmatrix}$$

根据矩阵运算法则得

$$\left.\begin{aligned}
&B^{\mathrm{DD}}=(I-A^{\mathrm{DD}})^{-1}+(I-A^{\mathrm{DD}})^{-1}A^{\mathrm{DN}}B^{\mathrm{NN}}A^{\mathrm{ND}}(I-A^{\mathrm{DD}})^{-1}\\
&B^{\mathrm{DP}}=(I-A^{\mathrm{DD}})^{-1}A^{\mathrm{DP}}+(I-A^{\mathrm{DD}})^{-1}A^{\mathrm{DN}}B^{\mathrm{NN}}[A^{\mathrm{NP}}+A^{\mathrm{ND}}(I-A^{\mathrm{DD}})^{-1}A^{\mathrm{DP}}]\\
&B^{\mathrm{DN}}=(I-A^{\mathrm{DD}})^{-1}A^{\mathrm{DN}}B^{\mathrm{NN}}\\
&B^{\mathrm{PD}}=0,\quad B^{\mathrm{PP}}=I\quad,\quad B^{\mathrm{PN}}=0\\
&B^{\mathrm{ND}}=B^{\mathrm{NN}}A^{\mathrm{ND}}(I-A^{\mathrm{DD}})^{-1}\\
&B^{\mathrm{NP}}=B^{\mathrm{NN}}[A^{\mathrm{NP}}+A^{\mathrm{ND}}(I-A^{\mathrm{DD}})^{-1}A^{\mathrm{DP}}]^{-1}\\
&B^{\mathrm{NN}}=[I-A^{\mathrm{NN}}-A^{\mathrm{ND}}(I-A^{\mathrm{DD}})^{-1}A^{\mathrm{DN}}]^{-1}
\end{aligned}\right\}\tag{4.23}$$

其中，B^{DD}、B^{DP}和B^{DN}分别表示 D、P 和 N 的单位最终需求对 D 的完全需要系数矩阵；B^{PD}、B^{PP}和B^{PN}分别表示 D、P 和 N 的单位最终需求对 P 的完全需要系数矩阵；B^{ND}、B^{NP}和B^{NN}分别表示 D、P 和 N 的单位最终需求对 N 的完全需要系数矩阵。

因此，完全能耗系数矩阵表示为

$$\bar{H}=H(I-\bar{A})^{-1}=H\bar{B}$$

$$\bar{H}=\begin{bmatrix}\bar{H}^{\mathrm{DD}}&\bar{H}^{\mathrm{DP}}&\bar{H}^{\mathrm{DN}}\\0&0&0\\\bar{H}^{\mathrm{ND}}&\bar{H}^{\mathrm{NP}}&\bar{H}^{\mathrm{NN}}\end{bmatrix}=\begin{bmatrix}H^{\mathrm{DD}}&H^{\mathrm{DP}}&H^{\mathrm{DN}}\\0&0&0\\H^{\mathrm{ND}}&H^{\mathrm{NP}}&H^{\mathrm{NN}}\end{bmatrix}\begin{bmatrix}B^{\mathrm{DD}}&B^{\mathrm{DP}}&B^{\mathrm{DN}}\\0&I&0\\B^{\mathrm{ND}}&B^{\mathrm{NP}}&B^{\mathrm{NN}}\end{bmatrix}\tag{4.24}$$

其中，

$$\left.\begin{aligned}
&\bar{H}^{\mathrm{DD}}=H^{\mathrm{DD}}B^{\mathrm{DD}}+H^{\mathrm{DN}}B^{\mathrm{ND}}\\
&\bar{H}^{\mathrm{DP}}=H^{\mathrm{DD}}B^{\mathrm{DP}}+H^{\mathrm{DP}}+H^{\mathrm{DN}}B^{\mathrm{NP}}\\
&\bar{H}^{\mathrm{DN}}=H^{\mathrm{DD}}B^{\mathrm{DN}}+H^{\mathrm{DN}}B^{\mathrm{NN}}\\
&\bar{H}^{\mathrm{ND}}=H^{\mathrm{ND}}B^{\mathrm{DD}}+H^{\mathrm{NN}}B^{\mathrm{ND}}\\
&\bar{H}^{\mathrm{NP}}=H^{\mathrm{ND}}B^{\mathrm{DP}}+H^{\mathrm{NP}}+H^{\mathrm{NN}}B^{\mathrm{NP}}\\
&\bar{H}^{\mathrm{NN}}=H^{\mathrm{ND}}B^{\mathrm{DN}}+H^{\mathrm{NN}}B^{\mathrm{NN}}
\end{aligned}\right\}\tag{4.25}$$

基于投入产出理论，若考虑出口等在 D、P 和 N 中的单位需求对 V（增加值）、M（进口产品）和 L（就业）的完全拉动作用，则需有其相对应的完全需要系数矩阵。本书提出可以通过以下方法计算 D、P 和 N 完全增加值系数矩阵以及对进口产品和就业的完全需要系数矩阵。

首先，可以得到

$$\overline{B}_{\mathrm{V}} = \overline{A}_{\mathrm{V}}(I - \overline{A})^{-1} = \overline{A}_{\mathrm{V}}\overline{B} \tag{4.26}$$

其中，

$$\overline{B}_{\mathrm{V}} = \begin{bmatrix} B_{\mathrm{V}}^{\mathrm{D}} \\ B_{\mathrm{V}}^{\mathrm{P}} \\ B_{\mathrm{V}}^{\mathrm{N}} \end{bmatrix}^{\mathrm{T}}, \quad \overline{A}_{\mathrm{V}} = \begin{bmatrix} A_{\mathrm{V}}^{\mathrm{D}} \\ A_{\mathrm{V}}^{\mathrm{P}} \\ A_{\mathrm{V}}^{\mathrm{N}} \end{bmatrix}^{\mathrm{T}}, \quad \overline{B} = \begin{bmatrix} B^{\mathrm{DD}} & B^{\mathrm{DP}} & B^{\mathrm{DN}} \\ B^{\mathrm{PD}} & B^{\mathrm{PP}} & B^{\mathrm{PN}} \\ B^{\mathrm{ND}} & B^{\mathrm{NP}} & B^{\mathrm{NN}} \end{bmatrix} = \begin{bmatrix} B^{\mathrm{DD}} & B^{\mathrm{DP}} & B^{\mathrm{DN}} \\ 0 & I & 0 \\ B^{\mathrm{ND}} & B^{\mathrm{NP}} & B^{\mathrm{NN}} \end{bmatrix}$$

式中，$A_{\mathrm{V}}^{\mathrm{D}} = [A_{\mathrm{V}j}^{\mathrm{D}}] \equiv [V_j^{\mathrm{D}} / X_j^{\mathrm{D}}]$，$A_{\mathrm{V}}^{\mathrm{P}} = [A_{\mathrm{V}j}^{\mathrm{P}}] \equiv [V_j^{\mathrm{P}} / X_j^{\mathrm{P}}]$，$A_{\mathrm{V}}^{\mathrm{N}} = [A_{\mathrm{V}j}^{\mathrm{N}}] \equiv [V_j^{\mathrm{N}} / X_j^{\mathrm{N}}]$。

那么有

$$\begin{aligned} (B_{\mathrm{V}}^{\mathrm{D}}, B_{\mathrm{V}}^{\mathrm{P}}, B_{\mathrm{V}}^{\mathrm{N}}) &= (A_{\mathrm{V}}^{\mathrm{D}}, A_{\mathrm{V}}^{\mathrm{P}}, A_{\mathrm{V}}^{\mathrm{N}})(I - \overline{A})^{-1} \\ &= (A_{\mathrm{V}}^{\mathrm{D}}, A_{\mathrm{V}}^{\mathrm{P}}, A_{\mathrm{V}}^{\mathrm{N}}) \begin{bmatrix} B^{\mathrm{DD}} & B^{\mathrm{DP}} & B^{\mathrm{DN}} \\ 0 & I & 0 \\ B^{\mathrm{ND}} & B^{\mathrm{NP}} & B^{\mathrm{NN}} \end{bmatrix} \end{aligned} \tag{4.27}$$

从以上公式可以得到

$$\left.\begin{aligned} B_{\mathrm{V}}^{\mathrm{D}} &= A_{\mathrm{V}}^{\mathrm{D}} B^{\mathrm{DD}} + A_{\mathrm{V}}^{\mathrm{N}} B^{\mathrm{ND}} \\ B_{\mathrm{V}}^{\mathrm{P}} &= A_{\mathrm{V}}^{\mathrm{D}} B^{\mathrm{DP}} + A_{\mathrm{V}}^{\mathrm{P}} + A_{\mathrm{V}}^{\mathrm{N}} B^{\mathrm{NP}} \\ B_{\mathrm{V}}^{\mathrm{N}} &= A_{\mathrm{V}}^{\mathrm{D}} B^{\mathrm{DN}} + A_{\mathrm{V}}^{\mathrm{N}} B^{\mathrm{NN}} \end{aligned}\right\} \tag{4.28}$$

同理，可以求得进口产品、就业、环境等的完全需要系数矩阵的计算公式：

$$\left.\begin{aligned} B^{\mathrm{MD}} &= A^{\mathrm{MD}} B^{\mathrm{DD}} + A^{\mathrm{MN}} B^{\mathrm{ND}} \\ B^{\mathrm{MP}} &= A^{\mathrm{MD}} B^{\mathrm{DP}} + A^{\mathrm{MP}} + A^{\mathrm{MN}} B^{\mathrm{NP}} \\ B^{\mathrm{MN}} &= A^{\mathrm{MD}} B^{\mathrm{DN}} + A^{\mathrm{MN}} B^{\mathrm{NN}} \\ B_{\mathrm{L}}^{\mathrm{D}} &= A_{\mathrm{L}}^{\mathrm{D}} B^{\mathrm{DD}} + A_{\mathrm{L}}^{\mathrm{N}} B^{\mathrm{ND}} \\ B_{\mathrm{L}}^{\mathrm{P}} &= A_{\mathrm{L}}^{\mathrm{D}} B^{\mathrm{DP}} + A_{\mathrm{L}}^{\mathrm{P}} + A_{\mathrm{L}}^{\mathrm{N}} B^{\mathrm{NP}} \\ B_{\mathrm{L}}^{\mathrm{N}} &= A_{\mathrm{L}}^{\mathrm{D}} B^{\mathrm{DN}} + A_{\mathrm{L}}^{\mathrm{N}} B^{\mathrm{NN}} \end{aligned}\right\} \tag{4.29}$$

$$\left.\begin{aligned} \overline{W}^{\mathrm{D}} &= W^{\mathrm{D}} B^{\mathrm{DD}} + W^{\mathrm{N}} B^{\mathrm{ND}} \\ \overline{W}^{\mathrm{P}} &= W^{\mathrm{D}} B^{\mathrm{DP}} + W^{\mathrm{P}} + W^{\mathrm{N}} B^{\mathrm{NP}} \\ \overline{W}^{\mathrm{N}} &= W^{\mathrm{D}} B^{\mathrm{DN}} + W^{\mathrm{N}} B^{\mathrm{NN}} \end{aligned}\right\} \tag{4.30}$$

综上，为了清晰表示，将 D、P 和 N 的各类直接消耗系数和完全需要系数分别加以汇总，得到如下矩阵公式表（表 4.2 和表 4.3）。

表 4.2 各类直接消耗系数矩阵公式表

	D	P	N
D	A^{DD}	A^{DP}	A^{DN}
E^{DD}	H^{DD}	H^{DP}	H^{DN}
P	$A^{\mathrm{PD}}=0$	$A^{\mathrm{PP}}=0$	$A^{\mathrm{PN}}=0$
N	A^{ND}	A^{NP}	A^{NN}
E^{ND}	H^{ND}	H^{NP}	H^{NN}
M	A^{MD}	A^{MP}	A^{MN}
E^{MD}	H^{MD}	H^{MP}	H^{MN}
V（增加值）	$A_{\mathrm{V}}^{\mathrm{D}}$	$A_{\mathrm{V}}^{\mathrm{P}}$	$A_{\mathrm{V}}^{\mathrm{N}}$
L（就业）	$A_{\mathrm{L}}^{\mathrm{D}}$	$A_{\mathrm{L}}^{\mathrm{P}}$	$A_{\mathrm{L}}^{\mathrm{N}}$
W （二氧化碳）	W^{D}	W^{P}	W^{N}

表 4.3 各类完全需要系数矩阵公式表

	D	P	N
D	B^{DD}	B^{DP}	B^{DN}
E^{DD}	$\bar{H}^{\mathrm{DD}}=H^{\mathrm{DD}}B^{\mathrm{DD}}+H^{\mathrm{DN}}B^{\mathrm{ND}}$	$\bar{H}^{\mathrm{DP}}=H^{\mathrm{DD}}B^{\mathrm{DP}}+H^{\mathrm{DP}}+H^{\mathrm{DN}}B^{\mathrm{NP}}$	$\bar{H}^{\mathrm{DN}}=H^{\mathrm{DD}}B^{\mathrm{DN}}+H^{\mathrm{DN}}B^{\mathrm{NN}}$
P	$B^{\mathrm{PD}}=0$	$B^{\mathrm{PP}}=I$	$B^{\mathrm{PN}}=0$
N	B^{ND}	B^{NP}	B^{NN}
E^{ND}	$\bar{H}^{\mathrm{ND}}=H^{\mathrm{ND}}B^{\mathrm{DD}}+H^{\mathrm{NN}}B^{\mathrm{ND}}$	$\bar{H}^{\mathrm{NP}}=H^{\mathrm{ND}}B^{\mathrm{DP}}+H^{\mathrm{NP}}+H^{\mathrm{NN}}B^{\mathrm{NP}}$	$\bar{H}^{\mathrm{NN}}=H^{\mathrm{ND}}B^{\mathrm{DN}}+H^{\mathrm{NN}}B^{\mathrm{NN}}$
M	$B^{\mathrm{MD}}=A^{\mathrm{MD}}B^{\mathrm{DD}}+A^{\mathrm{MN}}B^{\mathrm{ND}}$	$B^{\mathrm{MP}}=A^{\mathrm{MD}}B^{\mathrm{DP}}+A^{\mathrm{MP}}+A^{\mathrm{MN}}B^{\mathrm{NP}}$	$B^{\mathrm{MN}}=A^{\mathrm{MD}}B^{\mathrm{DN}}+A^{\mathrm{MN}}B^{\mathrm{NN}}$
E^{MD}	$H^{\mathrm{MD}}=H^{\mathrm{MD}}B^{\mathrm{DD}}+H^{\mathrm{MN}}B^{\mathrm{ND}}$	$H^{\mathrm{MP}}=H^{\mathrm{MD}}B^{\mathrm{DP}}+H^{\mathrm{MP}}+H^{\mathrm{MN}}B^{\mathrm{NP}}$	$H^{\mathrm{MN}}=H^{\mathrm{MD}}B^{\mathrm{DN}}+H^{\mathrm{MN}}B^{\mathrm{NN}}$
V	$B_{\mathrm{V}}^{\mathrm{D}}=A_{\mathrm{V}}^{\mathrm{D}}B^{\mathrm{DD}}+A_{\mathrm{V}}^{\mathrm{N}}B^{\mathrm{ND}}$	$B_{\mathrm{V}}^{\mathrm{P}}=A_{\mathrm{V}}^{\mathrm{D}}B^{\mathrm{DP}}+A_{\mathrm{V}}^{\mathrm{P}}+A_{\mathrm{V}}^{\mathrm{N}}B^{\mathrm{NP}}$	$B_{\mathrm{V}}^{\mathrm{N}}=A_{\mathrm{V}}^{\mathrm{D}}B^{\mathrm{DN}}+A_{\mathrm{V}}^{\mathrm{N}}B^{\mathrm{NN}}$
L	$B_{\mathrm{L}}^{\mathrm{D}}=A_{\mathrm{L}}^{\mathrm{D}}B^{\mathrm{DD}}+A_{\mathrm{L}}^{\mathrm{N}}B^{\mathrm{ND}}$	$B_{\mathrm{L}}^{\mathrm{P}}=A_{\mathrm{L}}^{\mathrm{D}}B^{\mathrm{DP}}+A_{\mathrm{L}}^{\mathrm{P}}+A_{\mathrm{L}}^{\mathrm{N}}B^{\mathrm{NP}}$	$B_{\mathrm{L}}^{\mathrm{N}}=A_{\mathrm{L}}^{\mathrm{D}}B^{\mathrm{DN}}+A_{\mathrm{L}}^{\mathrm{N}}B^{\mathrm{NN}}$
W	$\bar{W}^{\mathrm{D}}=W^{\mathrm{D}}B^{\mathrm{DD}}+W^{\mathrm{N}}B^{\mathrm{ND}}$	$\bar{W}^{\mathrm{P}}=W^{\mathrm{D}}B^{\mathrm{DP}}+W^{\mathrm{P}}+W^{\mathrm{N}}B^{\mathrm{NP}}$	$\bar{W}^{\mathrm{N}}=W^{\mathrm{D}}B^{\mathrm{DN}}+W^{\mathrm{N}}B^{\mathrm{NN}}$

3. 模型的构建

为满足不同的需求，可将最终需求分为四项：国内生产最终需求 F^{D} 、非加工出口生产最终需求 $(F^{\mathrm{N}}-F^{\mathrm{NE}})$ 、加工出口 F^{P} 和非加工出口 F^{NE} 。

根据投入产出技术，有 $X=(I-A)^{-1}F=BF$ ，需求引致的能源消耗可表示为 $E=H(I-A)^{-1}F=HBF$ ，四项需求表示为 $E=HB[F^{\mathrm{D}}+(F^{\mathrm{N}}-F^{\mathrm{NE}})+F^{\mathrm{P}}+F^{\mathrm{NE}}]$ 。具体表示为

$$\left.\begin{aligned}
E^{\mathrm{FD}} &= (\bar{H}^{\mathrm{DD}} + \bar{H}^{\mathrm{ND}})F^{\mathrm{D}} = [(H^{\mathrm{DD}}B^{\mathrm{DD}} + H^{\mathrm{DN}}B^{\mathrm{ND}}) + (H^{\mathrm{ND}}B^{\mathrm{DD}} + H^{\mathrm{NN}}B^{\mathrm{ND}})]F^{\mathrm{D}} \\
E^{\mathrm{NNE}} &= (\bar{H}^{\mathrm{DN}} + \bar{H}^{\mathrm{NN}})(F^{\mathrm{N}} - F^{\mathrm{NE}}) \\
&= [(H^{\mathrm{DD}}B^{\mathrm{DN}} + H^{\mathrm{DN}}B^{\mathrm{NN}}) + (H^{\mathrm{ND}}B^{\mathrm{DN}} + H^{\mathrm{NN}}B^{\mathrm{NN}})](F^{\mathrm{N}} - F^{\mathrm{NE}}) \\
E^{\mathrm{FP}} &= (\bar{H}^{\mathrm{DP}} + H^{\mathrm{PP}} + \bar{H}^{\mathrm{NP}})F^{\mathrm{P}} \\
&= [(H^{\mathrm{DD}}B^{\mathrm{DP}} + H^{\mathrm{DP}} + H^{\mathrm{DN}}B^{\mathrm{NP}}) + H^{\mathrm{PP}} + (H^{\mathrm{ND}}B^{\mathrm{DP}} + H^{\mathrm{NP}} + H^{\mathrm{NN}}B^{\mathrm{NP}})]F^{\mathrm{P}} \\
E^{\mathrm{FN}} &= (\bar{H}^{\mathrm{DN}} + \bar{H}^{\mathrm{NN}})F^{\mathrm{NE}} \\
&= [(H^{\mathrm{DD}}B^{\mathrm{DN}} + H^{\mathrm{DN}}B^{\mathrm{NN}}) + (H^{\mathrm{ND}}B^{\mathrm{DN}} + H^{\mathrm{NN}}B^{\mathrm{NN}})]F^{\mathrm{NE}}
\end{aligned}\right\} \tag{4.31}$$

同理，需求引致二氧化碳排放表示为$C = WB[F^{\mathrm{D}} + (F^{\mathrm{N}} - F^{\mathrm{NE}}) + F^{\mathrm{P}} + F^{\mathrm{NE}}]$。具体表示为

$$\left.\begin{aligned}
C^{\mathrm{FD}} &= (\bar{W}^{\mathrm{DD}} + \bar{W}^{\mathrm{ND}})F^{\mathrm{D}} = [(W^{\mathrm{DD}}B^{\mathrm{DD}} + W^{\mathrm{DN}}B^{\mathrm{ND}}) + (W^{\mathrm{ND}}B^{\mathrm{DD}} + W^{\mathrm{NN}}B^{\mathrm{ND}})]F^{\mathrm{D}} \\
C^{\mathrm{NNE}} &= (\bar{W}^{\mathrm{DN}} + \bar{W}^{\mathrm{NN}})(F^{\mathrm{N}} - F^{\mathrm{NE}}) \\
&= [(W^{\mathrm{DD}}B^{\mathrm{DN}} + W^{\mathrm{DN}}B^{\mathrm{NN}}) + (W^{\mathrm{ND}}B^{\mathrm{DN}} + W^{\mathrm{NN}}B^{\mathrm{NN}})](F^{\mathrm{N}} - F^{\mathrm{NE}}) \\
C^{\mathrm{FP}} &= (\bar{W}^{\mathrm{DP}} + W^{\mathrm{PP}} + \bar{W}^{\mathrm{NP}})F^{\mathrm{P}} \\
&= [(W^{\mathrm{DD}}B^{\mathrm{DP}} + W^{\mathrm{DP}} + W^{\mathrm{DN}}B^{\mathrm{NP}}) + W^{\mathrm{PP}} + (W^{\mathrm{ND}}B^{\mathrm{DP}} + W^{\mathrm{NP}} + W^{\mathrm{NN}}B^{\mathrm{NP}})]F^{\mathrm{P}} \\
C^{\mathrm{FN}} &= (\bar{W}^{\mathrm{DN}} + \bar{W}^{\mathrm{NN}})F^{\mathrm{NE}} \\
&= [(W^{\mathrm{DD}}B^{\mathrm{DN}} + W^{\mathrm{DN}}B^{\mathrm{NN}}) + (W^{\mathrm{ND}}B^{\mathrm{DN}} + W^{\mathrm{NN}}B^{\mathrm{NN}})]F^{\mathrm{NE}}
\end{aligned}\right\} \tag{4.32}$$

三、结构分解分析模型的构建[①]

由于能源强度是一个比值性指标，需要乘法 SDA 方法对排放强度进行分解。根据区分加工出口和非加工出口的非竞争型能源经济环境模型，增加值等式可以表示为

$$\begin{aligned}
V &= A_{\mathrm{V}}BF = A_{\mathrm{V}}BSL = A_{\mathrm{V}}B(F^{\mathrm{DD}} + F^{\mathrm{ND}} + F^{\mathrm{PE}} + F^{\mathrm{NE}}) \\
&= A_{\mathrm{V}}B(S^{\mathrm{DD}}L^{\mathrm{DD}} + S^{\mathrm{ND}}L^{\mathrm{ND}} + S^{\mathrm{PE}}L^{\mathrm{PE}} + S^{\mathrm{NE}}L^{\mathrm{NE}})
\end{aligned} \tag{4.33}$$

其中，S是最终需求结构矩阵；S^{DD}是包括消费与投资的国内最终需求 D 部分的需求结构向量；S^{ND}是非加工出口 N 部分的需求结构向量；S^{PE}是加工出口 P 部分的贸易结构；S^{NE}是非加工出口 N 部分的贸易结构。$L = \begin{bmatrix} L^{\mathrm{DD}} & L^{\mathrm{ND}} & L^{\mathrm{PE}} & L^{\mathrm{NE}} \end{bmatrix}$是 4×1 的向量，其中，$L^{\mathrm{DD}}$代表的是 D 部分国内最终需求的水平，为国内生产最终

① 结构分解分析模型的相关知识请参看《乘法结构分解技术》第五章。

需求 F^{D} 向量所有列元素的合计值；L^{ND} 代表的是 N 部分国内最终需求的水平，为非加工出口生产最终需求 $(F^{\mathrm{N}}-F^{\mathrm{NE}})$ 向量所有列元素的合计值；L^{PE} 代表的是加工出口的规模，为加工出口 F^{P} 向量所有列元素的合计值；L^{NE} 代表的是非加工出口的规模，为非加工出口 F^{NE} 向量所有列元素的合计值。

因而，可以把能源强度 EI 分解为：工业排放效率 H、代表生产技术的 Leontief 逆矩阵 B、增加值率矩阵 A_{V} 以及最终需求矩阵 F。进而再把最终需求矩阵 F 分解为反映消费和贸易结构的最终产品 S，以及反映最终需求水平的 L，如式（4.34）所示：

$$\mathrm{EI}=\frac{E}{V}=\frac{HBF}{A_{\mathrm{V}}BF}=HBSL/A_{\mathrm{V}}BSL \tag{4.34}$$

从 t 年到 $t-1$ 年排放强度 EI 的变化为如下形式：

$$\begin{aligned}\mathrm{EI}_{t-1}/\mathrm{EI}_t&=\left(E/V\right)_{t-1}/\left(E/V\right)_t\\&=\left(HBSL/A_{\mathrm{V}}BSL\right)_{t-1}/\left(HBSL/A_{\mathrm{V}}BSL\right)_t\end{aligned} \tag{4.35}$$

这里，采用两极分解的 SDA 方式，把排放强度的变化进行分解，具体过程如下：

$$\mathrm{EI}_{t-1}/\mathrm{EI}_t=\sqrt{\mathrm{Polar\ 1}\times\mathrm{Polar\ 2}} \tag{4.36}$$

第一极（Polar 1）：

$$\begin{aligned}\mathrm{EI}_{t-1}/\mathrm{EI}_t=&\underbrace{H_{t-1}B_{t-1}S_{t-1}L_{t-1}/H_tB_{t-1}S_{t-1}L_{t-1}}_{\Delta H_1}\\&\times\underbrace{H_tB_{t-1}S_{t-1}L_{t-1}/H_tB_tS_{t-1}L_{t-1}}_{\Delta B_1}\\&\times\underbrace{H_tB_tS_{t-1}L_{t-1}/H_tB_tS_tL_{t-1}}_{\Delta S_1}*\underbrace{H_tB_tS_tL_{t-1}/H_tB_tS_tL_t}_{\Delta L_1}\\&\times\underbrace{A_{\mathrm{V}_t}B_tS_tL_t/A_{\mathrm{V}_{t-1}}B_tS_tL_t}_{\Delta A_{\mathrm{V}_1}}*\underbrace{A_{\mathrm{V}_{t-1}}B_tS_tL_t/A_{\mathrm{V}_{t-1}}B_{t-1}S_tL_t}_{\Delta B_2}\\&\times\underbrace{A_{\mathrm{V}_{t-1}}B_{t-1}S_tL_t/A_{\mathrm{V}_{t-1}}B_{t-1}S_{t-1}L_t}_{\Delta S_2}\\&\times\underbrace{A_{\mathrm{V}_{t-1}}B_{t-1}S_{t-1}L_t/A_{\mathrm{V}_{t-1}}B_{t-1}S_{t-1}L_{t-1}}_{\Delta L_2}\end{aligned} \tag{4.37}$$

第二极（Polar 2）：

$$\begin{aligned}\mathrm{EI}_{t-1}/\mathrm{EI}_t = &\underbrace{H_{t-1}B_tS_tL_t/H_tB_tS_tL_t}_{\Delta H_2}\\&\times\underbrace{H_{t-1}B_{t-1}S_tL_t/H_{t-1}B_tS_tL_t}_{\Delta B_3}\\&\times\underbrace{H_{t-1}B_{t-1}S_{t-1}L_t/H_{t-1}B_{t-1}S_tL_t}_{\Delta S_3}\\&\times\underbrace{H_{t-1}B_{t-1}S_{t-1}L_{t-1}/H_{t-1}B_{t-1}S_{t-1}L_t}_{\Delta L_3}\\&\times\underbrace{A_{\mathrm{V}_t}B_{t-1}S_{t-1}L_{t-1}/A_{\mathrm{V}_{t-1}}B_{t-1}S_{t-1}L_{t-1}}_{\Delta A_{\mathrm{V}_2}}\\&\times\underbrace{A_{\mathrm{V}_t}B_tS_{t-1}L_{t-1}/A_{\mathrm{V}_t}B_{t-1}S_{t-1}L_{t-1}}_{\Delta B_4}\\&\times\underbrace{A_{\mathrm{V}_t}B_tS_tL_{t-1}/A_{\mathrm{V}_t}B_tS_{t-1}L_{t-1}}_{\Delta S_4}\\&\times\underbrace{A_{\mathrm{V}_t}B_tS_tL_t/A_{\mathrm{V}_t}B_tS_tL_{t-1}}_{\Delta L_4}\end{aligned} \tag{4.38}$$

不同因素从 t 年到 $t-1$ 年的总变化情况，可以表示为

$$\mathrm{EI}_{t-1}/\mathrm{EI}_t = \Delta H \times \Delta A_{\mathrm{V}} \times \Delta B \times \Delta S \times \Delta L \tag{4.39}$$

其中，$\Delta H = \sqrt{\Delta H_1 \times \Delta H_2}$ 表示工业排放效率的变化；$\Delta A_{\mathrm{V}} = \sqrt{\Delta A_{\mathrm{V}_1} \times \Delta A_{\mathrm{V}_2}}$ 表示增加值率的变化；$\Delta B = \sqrt{\Delta B_1 \times \Delta B_2 \times \Delta B_3 \times \Delta B_4}$ 表示中间投入矩阵反映的生产技术的变动；$\Delta S = \sqrt{\Delta S_1 \times \Delta S_2 \times \Delta S_3 \times \Delta S_4}$ 表示最终产品消费和贸易结构的变化；$\Delta L = \sqrt{\Delta L_1 \times \Delta L_2 \times \Delta L_3 \times \Delta L_4}$ 表示最终需求变化的水平。具体的分解形式见附录 4.2。

因此，式（4.35）中不同因素的影响可以具体表示成如下形式：

$$\begin{aligned}\mathrm{EI}_{t-1}/\mathrm{EI}_t = &\Delta H \times \Delta A_{\mathrm{V}} \times \Delta B \times \Delta S^{\mathrm{DD}} \times \Delta L^{\mathrm{DD}} \times \Delta S^{\mathrm{ND}} \times \Delta L^{\mathrm{ND}}\\&\times \Delta S^{\mathrm{PE}} \times \Delta L^{\mathrm{PE}} \times \Delta S^{\mathrm{NE}} \times \Delta L^{\mathrm{NE}}\end{aligned} \tag{4.40}$$

其中，ΔS^{DD} 和 ΔS^{ND} 表示 D 、N 部分国内最终需求结构的变化，ΔL^{DD} 和 ΔL^{ND} 表示 D 、N 部分国内最终需求水平的变化；ΔS^{PE} 和 ΔS^{NE} 表示 P 、N 部分的贸易结构变化；ΔL^{PE} 和 ΔL^{NE} 表示加工贸易出口和非加工贸易出口总量的变化。

第三节 出口贸易隐含碳分析

一、数据来源

基于区分加工出口的非竞争型能源环境经济投入占用产出表，本章数据来源

于国家统计局编制的 2002 年、2007 年投入产出表，工业统计年度报表，中国海关总署发布的出口和进口的数据（包括分企业特有的进口中间投入和出口总额）。进出口数据集内包括八位 HS 码（海关产品代码）的进出口商品实物量和价值量数据，以及分加工贸易与一般贸易的出口数据。在编制 DPN 占用投入产出表的过程中，本书采用了一些假设：①进口品和国内产品对存货变化有相同的影响，即国内产品、加工贸易、非加工贸易的最初投入结构相同；②进口投入率是通过非加工贸易出口总量数据获得的，剩余部分算在国内使用。DPN 表的详细编制方法与假设参见 Diezenbacher 等（2012）。

一次能源、二次能源的能源消费数据主要来源于《中国能源统计年鉴 2008》、《中国能源统计年鉴 2009》《中国能源统计年鉴 2013》。其中，主要利用能源平衡表做了一步预处理，去掉了二次能源中重复计算的部分。利用 IPCC（2006）公布的温室气体排放清单中的碳排放核算方法以及每个部门分能源品种的碳排放因子数据，可以获得工业生产的碳排放数据。值得注意的是，碳排放数据并未区分三种不同的生产方式（国内生产、加工贸易、非加工贸易）。

二、结果分析

表 4.4 显示了 2002 年和 2007 年我国按最终需求分类的虚拟二氧化碳排放情况。结果表明：①出口对于中国碳排放的影响被高估。由于 2002 年（55.3%）和 2007 年（50.7%）加工出口占出口总值的比例不同，所以虚拟二氧化碳出口的高估结果略有不同：加工出口的比例越高，高估的水平越多。2002～2007 年，虚拟碳排放总量从 2002 年的 26.06 亿吨增加到 2007 年的 47.27 亿吨，国内最终需求导致的虚拟碳排放比例从 71%下降到 65%，而非加工出口导致的虚拟碳排放比例由 13%上升为 23%。通过比较区分加工出口的非竞争型投入产出（DPNHIO）模型和传统的非竞争型投入产出（TIO）模型发现：TIO 模型中 2002 年和 2007 年约有 21%和 30%的生产相关二氧化碳排放可以归因于出口。而这个数字在 DPNHIO 模型中仅为 16%和 28%。②加工出口可以带来更多的增加值和更少的排放。加工出口的碳排放只占出口碳排放的 18%，但是加工出口额占总出口额的 50%以上。表 4.4 表明，加工出口产生的增加值可以占到 33%，但其中 26%的增加值由总出口产生。

表 4.4　2002 年和 2007 年中国虚拟二氧化碳排放结构

年份	变量	DPNHIO				TIO		总量
		F^{DD}	F^{ND}	F^{PE}	F^{NE}	F	E	
2002	CO_2/（吨 CO_2/千元）	1841	362	74	329	2068	538	2606
	占比	71%	14%	3%	13%	79%	21%	100%
	增加值/（吨 CO_2/千元）	10150	550	455	1028	9826	2357	12183
	占比	83%	5%	4%	8%	81%	19%	100%

续表

年份	变量	DPNHIO			TIO			总量
		F^{DD}	F^{ND}	F^{PE}	F^{NE}	F	E	
2007	CO_2/（吨 CO_2/千元）	3069	375	213	1071	3331	1396	4727
	占比	65%	8%	5%	23%	70%	30%	100%
	增加值/（吨 CO_2/千元）	18010	2058	1690	4586	19485	6858	26343
	占比	68%	8%	6%	17%	74%	26%	100%

注：F 为最终需求，E 为出口，则 F^{DD}、F^{ND}、F^{PE}、F^{N} 分别表示为 D 部分生产的国内最终需求、N 部分生产的国内最终需求、P 部分的出口以及 N 部分的出口。

表 4.5 显示了 2002 年和 2007 年生产领域分部门出口的虚拟二氧化碳排放情况。碳排放最高的五个部门主要集中在：部门 5（火电）、部门 20（黑色金属冶炼及压延加工业）、部门 22（普通机械制造业）、部门 29（建筑业）以及部门 32（其他服务业），五部门的虚拟碳排放合计占总虚拟碳排放量的 80%。2007 年，加工出口的碳排放主要来源于电子通信设备制造业（部门 25），非加工出口的碳排放主要来源于黑色金属冶炼及压延加工业和纺织业（部门 14）。这也说明了加工出口主要依赖于电子和通信部门，非加工出口主要依赖于金属冶炼和纺织部门。值得一提的是，2002～2007 年，黑色金属冶炼及压延加工业、普通机械制造业（部门 22）以及建筑业（部门 29）的虚拟碳排放都有较大的增加，但是能源生产部门：煤炭开采和洗选业（部门 1）、石油（部门 2）以及农业（部门 10）由最终需求和出口产生的虚拟碳排放都有所下降。

表 4.5　2002 年和 2007 年生产领域各行业虚拟二氧化碳排放结构（单位：百万吨）

部门代码	2002 年					2007 年					差异（总量）
	F^{DD}	F^{ND}	F^{PE}	F^{NE}	总计	F^{DD}	F^{ND}	F^{PE}	F^{NE}	总计	
1	12	0	0	9	21	5	0	0	5	10	–11
2	0	4	0	12	16	1	0	0	4	5	–11
3	0	0	0	0	0	0	0	0	0	0	0
4	0	1	0	0	1	2	0	0	0	2	1
5	0	207	1	0	208	181	42	1	11	235	27
6	1	1	0	7	9	10	1	2	6	19	10
7	0	1	1	3	5	4	1	1	3	9	4
8	0	0	0	0	0	0	0	0	0	0	0
9	7	2	0	2	11	7	3	0	0	10	–1
10	123	1	0	9	133	100	5	0	5	110	–23
11	0	0	0	1	1	2	0	0	2	4	3
12	1	0	1	3	5	0	0	1	3	4	–1

续表

部门代码	2002 年					2007 年					差异（总量）
	F^{DD}	F^{ND}	F^{PE}	F^{NE}	总计	F^{DD}	F^{ND}	F^{PE}	F^{NE}	总计	
13	77	20	2	10	109	119	37	2	14	172	63
14	14	0	4	33	51	5	1	8	100	114	63
15	27	2	6	18	53	43	14	8	46	111	58
16	3	6	2	7	18	19	3	6	23	51	33
17	7	2	6	5	20	4	2	11	17	34	14
18	29	12	8	31	80	32	15	2	84	133	53
19	1	26	3	23	53	10	1	1	55	67	14
20	0	0	2	15	17	20	5	3	255	283	266
21	25	1	2	18	46	33	5	10	60	108	62
22	88	35	2	15	140	203	44	3	73	323	183
23	63	11	1	5	80	125	57	5	30	217	137
24	38	0	4	13	55	99	35	16	62	212	157
25	50	0	6	7	63	25	35	100	30	190	127
26	2	0	3	3	8	0	1	16	10	27	19
27	11	0	2	3	16	17	4	1	15	37	21
28	2	7	0	0	9	8	0	0	0	8	–1
29	753	0	0	3	756	1325	15	0	9	1349	593
30	79	0	2	32	113	129	6	3	91	229	116
31	78	1	14	22	115	97	22	14	22	155	40
32	349	21	1	22	393	444	22	0	35	501	108
总计	1840	361	73	331	2605	3069	376	214	1070	4729	2124

注：部门分类见附录 4.1。

表 4.6 结果列显示的是随着时间的变化，五个因素对 EI 的影响情况。每一行表示对于最终需求的不同分解方式。例如，在其他影响因素保持不变的前提下，工业排放强度变化，会导致 EI 变化为原来的 56.5%。EI 的减少主要由工业排放强度和非加工生产的最终需求导致，加工出口水平也会在一定程度上导致 EI 的减少。

表 4.6　2002 年和 2007 年能源强度变化的影响因素与 SDA 结果

影响因素	结果
ΔH	0.565
ΔA_V	1.100
ΔB	1.291
ΔS^{DD}	1.093

续表

影响因素	结果
ΔL^{DD}	1.081
ΔS^{ND}	0.943
ΔL^{ND}	0.990
ΔS^{PE}	1.003
ΔL^{PE}	0.972
ΔS^{NE}	1.015
ΔL^{NE}	0.958
ΔEI	**0.839**

注：结果值大于 1 表示对于 EI 的增加有正向作用，反之为负向作用。

根据 SDA 的结果，分析 2002 年和 2007 年对 EI 驱动影响的变化，得出了如下结论。

第一，结果表明相对于工业排放强度和最终需求水平（如出口）的影响，结构变化对于能源强度的影响较小。如表 4.6 所示，2002～2007 年中国能源强度减少的主要驱动因素是工业排放强度。这说明采用提高能源效率的方式解决经济增长和能源使用的矛盾，可以增加更多的社会福利。经济衰退并未影响能源需求的提升，也说明目前能源效率有少量的下滑。可以通过提升能源生产率，即增加每单位能源消耗所产生的价值，重铸能源效率，从而改变下滑的现状。

第二，表 4.6 中的分解结果并没有体现虚拟出口碳排放的影响。除了工业排放强度这一因素，其他所有的驱动因素（结构性和水平性）都对增加国内能源强度产生了负向作用。但是在分析虚拟碳排放结果时，可以发现，最终需求的水平（包括国内最终需求）以及非加工生产最终需求的结构是导致国内能源强度下降的促进因素。这就表明，虚拟出口碳排放占总排放的比例减少，意味着资源密集型和高污染型工业产品在总出口的占比在逐年下降。此外，全球化也导致了消费者更容易购买到国外产品，主要是中国制造的产品。

第三，分解结果表明，出口结构的变化也导致了排放强度和虚拟出口碳排放的增加。这也体现出，资源密集型工业占出口的比例有所下降，但是在这些行业中的出口结构正在逐年恶化，以至于增加了能源强度。从 DPNHIO 模型中可以看到，纺织服装、鞋、帽制造业的加工出口比例下降了 5%，仪器仪表文化办公用机械制造业和批发零售贸易业、餐饮业的加工出口比例下降了 3%，而批发零售贸易业、餐饮业在非加工出口的占比下降了 6%。另外，电子通信设备制造业的加工出口比例增加了 17%，黑色金属冶炼及压延加工业在非加工出口的占比增加了 7%。

三、结论及政策建议

Weber 等的研究表明，2005 年出口可以解释 33%与生产相关的二氧化碳排放，区分加工贸易的非竞争型计算却仅为 12.6%。裴建锁（2009）利用 Peters 的方法，计算得到 2002 年利用区分加工贸易的非竞争型计算，比一般非竞争表计算的出口排放高估了 60%。而本章的计算则表明，两种方法的计算结果，无论是能耗还是相关二氧化碳排放仅被高估了 10%左右。这与本章采用的基础能源数据有关。

实证分析得到的主要结论如下。首先是为加工出口的生产方式正名。虽然近几年加工出口被认为是“为他人作嫁衣裳”的生产方式，技术含量低、附加值少，但实际上加工出口生产方式不仅在我国出口总额中占有主要份额，而且是低能耗、低污染、低排放的生产方式，节能潜力极大。其次是为出口品正名。由于我国是能源消耗和进出口大国，所以能源消耗越来越多地被归咎于出口的生产。本章的计算显示，我国能耗的 77%归咎于国内需求，而不是出口。因此节能减排工作的重点，还应更加关注国内产业结构的调整和国内企业的技术革新。此外，虽然能耗约 30%归咎于出口，但是通过完全进出口的计算，我国仍然是能耗的完全净进口国，但为虚拟二氧化碳净出口国。再次是为能源二氧化碳排放正名。Peters 和裴建锁的计算认为工业企业和生活能源使用过程产生的二氧化碳就是一个国家的二氧化碳排放总量，但实际上能源二氧化碳仅为二氧化碳排放总量的近 80%，因此多数学者所研究的二氧化碳排放量并非总量而是能源二氧化碳或生产能源二氧化碳排放量。最后为一般非竞争型计算的出口高估正名。裴建锁计算了 2002 年二氧化碳的排放量，认为采用区分加工贸易的非竞争型比一般非竞争型计算的出口引致的二氧化碳排放高估了近 60%。但根据本章的分析和计算，采用区分加工贸易的非竞争型和一般非竞争型计算出口引致的二氧化碳排放量的主要差异是由于能源消耗实物数据的不同。Peters 计算的二氧化碳排放量主要根据“终端能耗+损失量+电力和热力中间投入量”的原则得到，但根据能源消耗量和使用量定义的不同（具体见第二章能源投入产出模型），应依据“终端能耗+损失量+二次能源的中间损失量的原则得到”。因此，计算结果表明，一般非竞争型计算，由于出口消耗的能源和排放的二氧化碳分别被高估 10%和 9%，远低于 60%。

根据 SDA 的结果，也得到了一些政策启示。首先，结构的变化和最终需求的水平（如出口）对排放强度的变化起到了较小的影响，相比而言，内在的工业排放效率才是影响排放强度降低的重要因素。此外，减排政策在关注内在工业排放效率的同时，更要注意行业间的关系以及间接影响。其次，包括生产模式、工业结构、最终需求结构、消费结构和贸易结构在内的结构调整仍是减排的一个主要挑战。即使资源密集型产品的出口比例有所下降，出口结构依然较为恶化，这给能源强度的下降带来了一些阻力。政策制定者应该更关注长期的行业间的结构调整和地区间的产业转型，而不是只局限于短期的行业间生产效率的提升。同时，政策制定者应更加重视出口结构的调整，优化加工出口和非加工出口的占比，限制高能源强度型产品，如钢铁的出口，鼓励增加值高、污染少的产品，如信息技术产品的出口。最后，增加值率较低是我国生产模式的一个主要问题。为了改善环境状况、提高增加值水平，可以继续加强产业升级，加大对增加值提升潜力较大和排放效率较好的行业的重视程度，如农业，批发零售贸易业、餐饮业，以及交通运输仓储及邮电通信业。

参 考 文 献

裴建锁. 2009. 基于投入占用产出模型的中国对外贸易研究. 北京：中国科学院博士学位论文.

Dietzenbacher E，Pei J，Yang C. 2012. Trade，production fragmentation，and China's carbon dioxide emissions. Journal of Environmental Economics and Management，64（1）：88-101.

Johnson R C，Noguera G. 2012. Accounting for intermediates：Production sharing and trade in value added. Journal of international Economics，86（2）：224-236.

Ma H，Wang Z，Zhu K. 2015. Domestic content in China's exports and its distribution by firm ownership. Journal of Comparative Economics，43（1）：3-18.

Peters G P，Andrew R，Lennox J. 2011. Constructing an environmentally-extended multi-regional input-output table using the GTAP database. Economic Systems Research，23（2）：131-152.

Weber C L，Peters G P，Guan D，et al. 2008. The contribution of Chinese exports to climate change. Energy Policy，36（9）：72-77.

WTO-UNEP. 2009. Trade and Climate Change//U-W Report Switzerland：Secretariat.

附录 4.1　本章投入产出部门分类

代码	部门	代码	部门
1	煤炭开采和洗选业	11	黑色金属矿采选业
2	石油	12	非金属矿及其他矿采选业
3	天然气	13	食品加工和食品制造业
4	水电	14	纺织业
5	火电	15	纺织服装、鞋、帽制造业
6	石油及核燃料加工业	16	木材加工及家具制造业
7	炼焦业	17	造纸及纸制品业
8	热力	18	化学原料与化学制品
9	燃气生产和供应业	19	非金属矿物制品
10	农业	20	黑色金属冶炼及压延加工业

续表

代码	部门	代码	部门
21	金属制品业	27	其他制造业
22	普通机械制造业	28	水的生产和供应业
23	交通运输设备制造业	29	建筑业
24	电气机械及器材制造业	30	交通运输仓储及邮电通信业
25	电子通信设备制造业	31	批发零售贸易业、餐饮业
26	仪器仪表文化办公用机械制造业	32	其他服务业

附录 4.2　两极分解展开式

第一极：

$$
\begin{aligned}
&\mathrm{EI}_{t-1}/\mathrm{EI}_t\\
&=\frac{H_{t-1}B_{t-1}\left(S^{\mathrm{DD}}L^{\mathrm{DD}}+S^{\mathrm{ND}}L^{\mathrm{ND}}+S^{\mathrm{PE}}L^{\mathrm{PE}}+S^{\mathrm{NE}}L^{\mathrm{NE}}\right)_{t-1}}{H_tB_{t-1}\left(S^{\mathrm{DD}}L^{\mathrm{DD}}+S^{\mathrm{ND}}L^{\mathrm{ND}}+S^{\mathrm{PE}}L^{\mathrm{PE}}+S^{\mathrm{NE}}L^{\mathrm{NE}}\right)_{t-1}}\\
&\times\frac{H_tB_{t-1}\left(S^{\mathrm{DD}}L^{\mathrm{DD}}+S^{\mathrm{ND}}L^{\mathrm{ND}}+S^{\mathrm{PE}}L^{\mathrm{PE}}+S^{\mathrm{NE}}L^{\mathrm{NE}}\right)_{t-1}}{H_tB_t\left(S^{\mathrm{DD}}L^{\mathrm{DD}}+S^{\mathrm{ND}}L^{\mathrm{ND}}+S^{\mathrm{PE}}L^{\mathrm{PE}}+S^{\mathrm{NE}}L^{\mathrm{NE}}\right)_{t-1}}\\
&\times\frac{H_tB_t\left(S^{\mathrm{DD}}L^{\mathrm{DD}}+S^{\mathrm{ND}}L^{\mathrm{ND}}+S^{\mathrm{PE}}L^{\mathrm{PE}}+S^{\mathrm{NE}}L^{\mathrm{NE}}\right)_{t-1}}{H_tB_tS_t^{\mathrm{DD}}L_{t-1}^{\mathrm{DD}}+H_tB_t\left(S^{\mathrm{ND}}L^{\mathrm{ND}}+S^{\mathrm{PE}}L^{\mathrm{PE}}+S^{\mathrm{NE}}L^{\mathrm{NE}}\right)_{t-1}}\\
&\times\frac{H_tB_tS_t^{\mathrm{DD}}L_{t-1}^{\mathrm{DD}}+H_tB_t\left(S^{\mathrm{ND}}L^{\mathrm{ND}}+S^{\mathrm{PE}}L^{\mathrm{PE}}+S^{\mathrm{NE}}L^{\mathrm{NE}}\right)_{t-1}}{H_tB_tS_t^{\mathrm{DD}}L_t^{\mathrm{DD}}+H_tB_t\left(S^{\mathrm{ND}}L^{\mathrm{ND}}+S^{\mathrm{PE}}L^{\mathrm{PE}}+S^{\mathrm{NE}}L^{\mathrm{NE}}\right)_{t-1}}\\
&\times\frac{H_tB_tS_t^{\mathrm{DD}}L_t^{\mathrm{DD}}+H_tB_t\left(S^{\mathrm{ND}}L^{\mathrm{ND}}+S^{\mathrm{PE}}L^{\mathrm{PE}}+S^{\mathrm{NE}}L^{\mathrm{NE}}\right)_{t-1}}{H_tB_tS_t^{\mathrm{DD}}L_t^{\mathrm{DD}}+H_tB_tS_t^{\mathrm{ND}}L_{t-1}^{\mathrm{ND}}+H_tB_t\left(S^{\mathrm{PE}}L^{\mathrm{PE}}+S^{\mathrm{NE}}L^{\mathrm{NE}}\right)_{t-1}}\\
&\times\frac{H_tB_tS_t^{\mathrm{DD}}L_t^{\mathrm{DD}}+H_tB_tS_t^{\mathrm{ND}}L_{t-1}^{\mathrm{ND}}+H_tB_t\left(S^{\mathrm{PE}}L^{\mathrm{PE}}+S^{\mathrm{NE}}L^{\mathrm{NE}}\right)_{t-1}}{H_tB_tS_t^{\mathrm{DD}}L_t^{\mathrm{DD}}+H_tB_tS_t^{\mathrm{ND}}L_t^{\mathrm{ND}}+H_tB_t\left(S^{\mathrm{PE}}L^{\mathrm{PE}}+S^{\mathrm{NE}}L^{\mathrm{NE}}\right)_{t-1}}\\
&\times\frac{H_tB_tS_t^{\mathrm{DD}}L_t^{\mathrm{DD}}+H_tB_tS_t^{\mathrm{ND}}L_t^{\mathrm{ND}}+H_tB_t\left(S^{\mathrm{PE}}L^{\mathrm{PE}}+S^{\mathrm{NE}}L^{\mathrm{NE}}\right)_{t-1}}{H_tB_tS_t^{\mathrm{DD}}L_t^{\mathrm{DD}}+H_tB_tS_t^{\mathrm{ND}}L_t^{\mathrm{ND}}+H_tB_tS_t^{\mathrm{PE}}L_{t-1}^{\mathrm{PE}}+H_tB_t\left(S^{\mathrm{NE}}L^{\mathrm{NE}}\right)_{t-1}}
\end{aligned}
$$

$$\times \frac{H_t B_t S_t^{\mathrm{DD}} L_t^{\mathrm{DD}} + H_t B_t S_t^{\mathrm{ND}} L_t^{\mathrm{ND}} + H_t B_t S_t^{\mathrm{PE}} L_{t-1}^{\mathrm{PE}} + H_t B_t \left(S^{\mathrm{NE}} L^{\mathrm{NE}}\right)_{t-1}}{H_t B_t S_t^{\mathrm{DD}} L_t^{\mathrm{DD}} + H_t B_t S_t^{\mathrm{ND}} L_t^{\mathrm{ND}} + H_t B_t S_t^{\mathrm{PE}} L_t^{\mathrm{PE}} + H_t B_t \left(S^{\mathrm{NE}} L^{\mathrm{NE}}\right)_{t-1}}$$

$$\times \frac{H_t B_t S_t^{\mathrm{DD}} L_t^{\mathrm{DD}} + H_t B_t S_t^{\mathrm{ND}} L_t^{\mathrm{ND}} + H_t B_t S_t^{\mathrm{PE}} L_t^{\mathrm{PE}} + H_t B_t \left(S^{\mathrm{NE}} L^{\mathrm{NE}}\right)_{t-1}}{H_t B_t S_t^{\mathrm{DD}} L_t^{\mathrm{DD}} + H_t B_t S_t^{\mathrm{ND}} L_t^{\mathrm{ND}} + H_t B_t S_t^{\mathrm{PE}} L_t^{\mathrm{PE}} + H_t B_t S_t^{\mathrm{NE}} L_{t-1}^{\mathrm{NE}}}$$

$$\times \frac{H_t B_t S_t^{\mathrm{DD}} L_t^{\mathrm{DD}} + H_t B_t S_t^{\mathrm{ND}} L_t^{\mathrm{ND}} + H_t B_t S_t^{\mathrm{PE}} L_t^{\mathrm{PE}} + H_t B_t S_t^{\mathrm{NE}} L_{t-1}^{\mathrm{NE}}}{H_t B_t S_t^{\mathrm{DD}} L_t^{\mathrm{DD}} + H_t B_t S_t^{\mathrm{ND}} L_t^{\mathrm{ND}} + H_t B_t S_t^{\mathrm{PE}} L_t^{\mathrm{PE}} + H_t B_t S_t^{\mathrm{NE}} L_t^{\mathrm{NE}}}$$

$$\times \frac{A_{\mathrm{V}_t} B_t \left(S^{\mathrm{DD}} L^{\mathrm{DD}} + S^{\mathrm{ND}} L^{\mathrm{ND}} + S^{\mathrm{PE}} L^{\mathrm{PE}} + S^{\mathrm{NE}} L^{\mathrm{NE}}\right)_t}{A_{\mathrm{V}_{t-1}} B_t \left(S^{\mathrm{DD}} L^{\mathrm{DD}} + S^{\mathrm{ND}} L^{\mathrm{ND}} + S^{\mathrm{PE}} L^{\mathrm{PE}} + S^{\mathrm{NE}} L^{\mathrm{NE}}\right)_t}$$

$$\times \frac{A_{\mathrm{V}_{t-1}} B_t \left(S^{\mathrm{DD}} L^{\mathrm{DD}} + S^{\mathrm{ND}} L^{\mathrm{ND}} + S^{\mathrm{PE}} L^{\mathrm{PE}} + S^{\mathrm{NE}} L^{\mathrm{NE}}\right)_t}{A_{\mathrm{V}_{t-1}} B_{t-1} \left(S^{\mathrm{DD}} L^{\mathrm{DD}} + S^{\mathrm{ND}} L^{\mathrm{ND}} + S^{\mathrm{PE}} L^{\mathrm{PE}} + S^{\mathrm{NE}} L^{\mathrm{NE}}\right)_t}$$

$$\times \frac{A_{\mathrm{V}_{t-1}} B_{t-1} \left(S^{\mathrm{DD}} L^{\mathrm{DD}} + S^{\mathrm{ND}} L^{\mathrm{ND}} + S^{\mathrm{PE}} L^{\mathrm{PE}} + S^{\mathrm{NE}} L^{\mathrm{NE}}\right)_t}{A_{\mathrm{V}_{t-1}} B_{t-1} S_{t-1}^{\mathrm{DD}} L_t^{\mathrm{DD}} + A_{\mathrm{V}_{t-1}} B_{t-1} \left(S^{\mathrm{ND}} L^{\mathrm{ND}} + S^{\mathrm{PE}} L^{\mathrm{PE}} + S^{\mathrm{NE}} L^{\mathrm{NE}}\right)_t}$$

$$\times \frac{A_{\mathrm{V}_{t-1}} B_{t-1} S_{t-1}^{\mathrm{DD}} L_t^{\mathrm{DD}} + A_{\mathrm{V}_{t-1}} B_{t-1} \left(S^{\mathrm{ND}} L^{\mathrm{ND}} + S^{\mathrm{PE}} L^{\mathrm{PE}} + S^{\mathrm{NE}} L^{\mathrm{NE}}\right)_t}{A_{\mathrm{V}_{t-1}} B_{t-1} S_{t-1}^{\mathrm{DD}} L_{t-1}^{\mathrm{DD}} + A_{\mathrm{V}_{t-1}} B_{t-1} \left(S^{\mathrm{ND}} L^{\mathrm{ND}} + S^{\mathrm{PE}} L^{\mathrm{PE}} + S^{\mathrm{NE}} L^{\mathrm{NE}}\right)_t}$$

$$\times \frac{A_{\mathrm{V}_{t-1}} B_{t-1} S_{t-1}^{\mathrm{DD}} L_{t-1}^{\mathrm{DD}} + A_{\mathrm{V}_{t-1}} B_{t-1} \left(S^{\mathrm{ND}} L^{\mathrm{ND}} + S^{\mathrm{PE}} L^{\mathrm{PE}} + S^{\mathrm{NE}} L^{\mathrm{NE}}\right)_t}{A_{\mathrm{V}_{t-1}} B_{t-1} S_{t-1}^{\mathrm{DD}} L_{t-1}^{\mathrm{DD}} + A_{\mathrm{V}_{t-1}} B_{t-1} S_{t-1}^{\mathrm{ND}} L_t^{\mathrm{ND}} + A_{\mathrm{V}_{t-1}} B_{t-1} \left(S^{\mathrm{PE}} L^{\mathrm{PE}} + S^{\mathrm{NE}} L^{\mathrm{NE}}\right)_t}$$

$$\times \frac{A_{\mathrm{V}_{t-1}} B_{t-1} S_{t-1}^{\mathrm{DD}} L_{t-1}^{\mathrm{DD}} + A_{\mathrm{V}_{t-1}} B_{t-1} S_{t-1}^{\mathrm{ND}} L_t^{\mathrm{ND}} + A_{\mathrm{V}_{t-1}} B_{t-1} \left(S^{\mathrm{PE}} L^{\mathrm{PE}} + S^{\mathrm{NE}} L^{\mathrm{NE}}\right)_t}{A_{\mathrm{V}_{t-1}} B_{t-1} S_{t-1}^{\mathrm{DD}} L_{t-1}^{\mathrm{DD}} + A_{\mathrm{V}_{t-1}} B_{t-1} S_{t-1}^{\mathrm{ND}} L_{t-1}^{\mathrm{ND}} + A_{\mathrm{V}_{t-1}} B_{t-1} \left(S^{\mathrm{PE}} L^{\mathrm{PE}} + S^{\mathrm{NE}} L^{\mathrm{NE}}\right)_t}$$

$$\times \frac{A_{\mathrm{V}_{t-1}} B_{t-1} S_{t-1}^{\mathrm{DD}} L_{t-1}^{\mathrm{DD}} + A_{\mathrm{V}_{t-1}} B_{t-1} S_{t-1}^{\mathrm{ND}} L_{t-1}^{\mathrm{ND}} + A_{\mathrm{V}_{t-1}} B_{t-1} \left(S^{\mathrm{PE}} L^{\mathrm{PE}} + S^{\mathrm{NE}} L^{\mathrm{NE}}\right)_t}{A_{\mathrm{V}_{t-1}} B_{t-1} S_{t-1}^{\mathrm{DD}} L_{t-1}^{\mathrm{DD}} + A_{\mathrm{V}_{t-1}} B_{t-1} S_{t-1}^{\mathrm{ND}} L_{t-1}^{\mathrm{ND}} + A_{\mathrm{V}_{t-1}} B_{t-1} S_{t-1}^{\mathrm{PE}} L_t^{\mathrm{PE}} + A_{\mathrm{V}_{t-1}} B_{t-1} \left(S^{\mathrm{NE}} L^{\mathrm{NE}}\right)_t}$$

$$\times \frac{A_{\mathrm{V}_{t-1}} B_{t-1} S_{t-1}^{\mathrm{DD}} L_{t-1}^{\mathrm{DD}} + A_{\mathrm{V}_{t-1}} B_{t-1} S_{t-1}^{\mathrm{ND}} L_{t-1}^{\mathrm{ND}} + A_{\mathrm{V}_{t-1}} B_{t-1} S_{t-1}^{\mathrm{PE}} L_t^{\mathrm{PE}} + A_{\mathrm{V}_{t-1}} B_{t-1} \left(S^{\mathrm{NE}} L^{\mathrm{NE}}\right)_t}{A_{\mathrm{V}_{t-1}} B_{t-1} S_{t-1}^{\mathrm{DD}} L_{t-1}^{\mathrm{DD}} + A_{\mathrm{V}_{t-1}} B_{t-1} S_{t-1}^{\mathrm{ND}} L_{t-1}^{\mathrm{ND}} + A_{\mathrm{V}_{t-1}} B_{t-1} S_{t-1}^{\mathrm{PE}} L_{t-1}^{\mathrm{PE}} + A_{\mathrm{V}_{t-1}} B_{t-1} \left(S^{\mathrm{NE}} L^{\mathrm{NE}}\right)_t}$$

$$\times \frac{A_{\mathrm{V}_{t-1}} B_{t-1} S_{t-1}^{\mathrm{DD}} L_{t-1}^{\mathrm{DD}} + A_{\mathrm{V}_{t-1}} B_{t-1} S_{t-1}^{\mathrm{ND}} L_{t-1}^{\mathrm{ND}} + A_{\mathrm{V}_{t-1}} B_{t-1} S_{t-1}^{\mathrm{PE}} L_{t-1}^{\mathrm{PE}} + A_{\mathrm{V}_{t-1}} B_{t-1} \left(S^{\mathrm{NE}} L^{\mathrm{NE}}\right)_t}{A_{\mathrm{V}_{t-1}} B_{t-1} S_{t-1}^{\mathrm{DD}} L_{t-1}^{\mathrm{DD}} + A_{\mathrm{V}_{t-1}} B_{t-1} S_{t-1}^{\mathrm{ND}} L_{t-1}^{\mathrm{ND}} + A_{\mathrm{V}_{t-1}} B_{t-1} S_{t-1}^{\mathrm{PE}} L_{t-1}^{\mathrm{PE}} + A_{\mathrm{V}_{t-1}} B_{t-1} S_{t-1}^{\mathrm{NE}} L_t^{\mathrm{NE}}}$$

$$\times \frac{A_{\mathrm{V}_{t-1}} B_{t-1} S_{t-1}^{\mathrm{DD}} L_{t-1}^{\mathrm{DD}} + A_{\mathrm{V}_{t-1}} B_{t-1} S_{t-1}^{\mathrm{ND}} L_{t-1}^{\mathrm{ND}} + A_{\mathrm{V}_{t-1}} B_{t-1} S_{t-1}^{\mathrm{PE}} L_{t-1}^{\mathrm{PE}} + A_{\mathrm{V}_{t-1}} B_{t-1} S_{t-1}^{\mathrm{NE}} L_t^{\mathrm{NE}}}{A_{\mathrm{V}_{t-1}} B_{t-1} S_{t-1}^{\mathrm{DD}} L_{t-1}^{\mathrm{DD}} + A_{\mathrm{V}_{t-1}} B_{t-1} S_{t-1}^{\mathrm{ND}} L_{t-1}^{\mathrm{ND}} + A_{\mathrm{V}_{t-1}} B_{t-1} S_{t-1}^{\mathrm{PE}} L_{t-1}^{\mathrm{PE}} + A_{\mathrm{V}_{t-1}} B_{t-1} S_{t-1}^{\mathrm{NE}} L_{t-1}^{\mathrm{NE}}}$$

第二极：

$$\mathrm{EI}_{t-1}/\mathrm{EI}_{t}$$

$$=\frac{H_{t-1}B_{t}\left(S^{\mathrm{DD}}L^{\mathrm{DD}}+S^{\mathrm{ND}}L^{\mathrm{ND}}+S^{\mathrm{PE}}L^{\mathrm{PE}}+S^{\mathrm{NE}}L^{\mathrm{NE}}\right)_{t}}{H_{t}B_{t}\left(S^{\mathrm{DD}}L^{\mathrm{DD}}+S^{\mathrm{ND}}L^{\mathrm{ND}}+S^{\mathrm{PE}}L^{\mathrm{PE}}+S^{\mathrm{NE}}L^{\mathrm{NE}}\right)_{t}}$$

$$\times\frac{H_{t-1}B_{t-1}\left(S^{\mathrm{DD}}L^{\mathrm{DD}}+S^{\mathrm{ND}}L^{\mathrm{ND}}+S^{\mathrm{PE}}L^{\mathrm{PE}}+S^{\mathrm{NE}}L^{\mathrm{NE}}\right)_{t}}{H_{t-1}B_{t}\left(S^{\mathrm{DD}}L^{\mathrm{DD}}+S^{\mathrm{ND}}L^{\mathrm{ND}}+S^{\mathrm{PE}}L^{\mathrm{PE}}+S^{\mathrm{NE}}L^{\mathrm{NE}}\right)_{t}}$$

$$\times\frac{H_{t-1}B_{t-1}S_{t-1}^{\mathrm{DD}}L_{t}^{\mathrm{DD}}+H_{t-1}B_{t-1}\left(S^{\mathrm{ND}}L^{\mathrm{ND}}+S^{\mathrm{PE}}L^{\mathrm{PE}}+S^{\mathrm{NE}}L^{\mathrm{NE}}\right)_{t}}{H_{t-1}B_{t-1}\left(S^{\mathrm{DD}}L^{\mathrm{DD}}+S^{\mathrm{ND}}L^{\mathrm{ND}}+S^{\mathrm{PE}}L^{\mathrm{PE}}+S^{\mathrm{NE}}L^{\mathrm{NE}}\right)_{t}}$$

$$\times\frac{H_{t-1}B_{t-1}S_{t-1}^{\mathrm{DD}}L_{t-1}^{\mathrm{DD}}+H_{t-1}B_{t-1}\left(S^{\mathrm{ND}}L^{\mathrm{ND}}+S^{\mathrm{PE}}L^{\mathrm{PE}}+S^{\mathrm{NE}}L^{\mathrm{NE}}\right)_{t}}{H_{t-1}B_{t-1}S_{t-1}^{\mathrm{DD}}L_{t}^{\mathrm{DD}}+H_{t-1}B_{t-1}\left(S^{\mathrm{ND}}L^{\mathrm{ND}}+S^{\mathrm{PE}}L^{\mathrm{PE}}+S^{\mathrm{NE}}L^{\mathrm{NE}}\right)_{t}}$$

$$\times\frac{H_{t-1}B_{t-1}S_{t-1}^{\mathrm{DD}}L_{t-1}^{\mathrm{DD}}+H_{t-1}B_{t-1}S_{t-1}^{\mathrm{ND}}L_{t}^{\mathrm{ND}}+H_{t-1}B_{t-1}\left(S^{\mathrm{PE}}L^{\mathrm{PE}}+S^{\mathrm{NE}}L^{\mathrm{NE}}\right)_{t-1}}{H_{t-1}B_{t-1}S_{t-1}^{\mathrm{DD}}L_{t-1}^{\mathrm{DD}}+H_{t-1}B_{t-1}\left(S^{\mathrm{ND}}L^{\mathrm{ND}}+S^{\mathrm{PE}}L^{\mathrm{PE}}+S^{\mathrm{NE}}L^{\mathrm{NE}}\right)_{t}}$$

$$\times\frac{H_{t-1}B_{t-1}S_{t-1}^{\mathrm{DD}}L_{t-1}^{\mathrm{DD}}+H_{t-1}B_{t-1}S_{t-1}^{\mathrm{ND}}L_{t-1}^{\mathrm{ND}}+H_{t-1}B_{t-1}\left(S^{\mathrm{PE}}L^{\mathrm{PE}}+S^{\mathrm{NE}}L^{\mathrm{NE}}\right)_{t-1}}{H_{t-1}B_{t-1}S_{t-1}^{\mathrm{DD}}L_{t-1}^{\mathrm{DD}}+H_{t-1}B_{t-1}S_{t-1}^{\mathrm{ND}}L_{t}^{\mathrm{ND}}+H_{t-1}B_{t-1}\left(S^{\mathrm{PE}}L^{\mathrm{PE}}+S^{\mathrm{NE}}L^{\mathrm{NE}}\right)_{t-1}}$$

$$\times\frac{H_{t-1}B_{t-1}S_{t-1}^{\mathrm{DD}}L_{t-1}^{\mathrm{DD}}+H_{t-1}B_{t-1}S_{t-1}^{\mathrm{ND}}L_{t-1}^{\mathrm{ND}}+H_{t-1}B_{t-1}S_{t-1}^{\mathrm{PE}}L_{t}^{\mathrm{PE}}+H_{t-1}B_{t-1}\left(S^{\mathrm{NE}}L^{\mathrm{NE}}\right)_{t}}{H_{t-1}B_{t-1}S_{t-1}^{\mathrm{DD}}L_{t-1}^{\mathrm{DD}}+H_{t-1}B_{t-1}S_{t-1}^{\mathrm{ND}}L_{t-1}^{\mathrm{ND}}+H_{t-1}B_{t-1}\left(S^{\mathrm{PE}}L^{\mathrm{PE}}+S^{\mathrm{NE}}L^{\mathrm{NE}}\right)_{t-1}}$$

$$\times\frac{H_{t-1}B_{t-1}S_{t-1}^{\mathrm{DD}}L_{t-1}^{\mathrm{DD}}+H_{t-1}B_{t-1}S_{t-1}^{\mathrm{ND}}L_{t-1}^{\mathrm{ND}}+H_{t-1}B_{t-1}S_{t-1}^{\mathrm{PE}}L_{t-1}^{\mathrm{PE}}+H_{t-1}B_{t-1}\left(S^{\mathrm{NE}}L^{\mathrm{NE}}\right)_{t}}{H_{t-1}B_{t-1}S_{t-1}^{\mathrm{DD}}L_{t-1}^{\mathrm{DD}}+H_{t-1}B_{t-1}S_{t-1}^{\mathrm{ND}}L_{t-1}^{\mathrm{ND}}+H_{t-1}B_{t-1}S_{t-1}^{\mathrm{PE}}L_{t}^{\mathrm{PE}}+H_{t-1}B_{t-1}\left(S^{\mathrm{NE}}L^{\mathrm{NE}}\right)_{t}}$$

$$\times\frac{H_{t-1}B_{t-1}S_{t-1}^{\mathrm{DD}}L_{t-1}^{\mathrm{DD}}+H_{t-1}B_{t-1}S_{t-1}^{\mathrm{ND}}L_{t-1}^{\mathrm{ND}}+H_{t-1}B_{t-1}S_{t-1}^{\mathrm{PE}}L_{t-1}^{\mathrm{PE}}+H_{t-1}B_{t-1}S_{t-1}^{\mathrm{NE}}L_{t}^{\mathrm{NE}}}{H_{t-1}B_{t-1}S_{t-1}^{\mathrm{DD}}L_{t-1}^{\mathrm{DD}}+H_{t-1}B_{t-1}S_{t-1}^{\mathrm{ND}}L_{t-1}^{\mathrm{ND}}+H_{t-1}B_{t-1}S_{t-1}^{\mathrm{PE}}L_{t-1}^{\mathrm{PE}}+H_{t-1}B_{t-1}\left(S^{\mathrm{NE}}L^{\mathrm{NE}}\right)_{t}}$$

$$\times\frac{H_{t-1}B_{t-1}S_{t-1}^{\mathrm{DD}}L_{t-1}^{\mathrm{DD}}+H_{t-1}B_{t-1}S_{t-1}^{\mathrm{ND}}L_{t-1}^{\mathrm{ND}}+H_{t-1}B_{t-1}S_{t-1}^{\mathrm{PE}}L_{t-1}^{\mathrm{PE}}+H_{t-1}B_{t-1}S_{t-1}^{\mathrm{NE}}L_{t-1}^{\mathrm{NE}}}{H_{t-1}B_{t-1}S_{t-1}^{\mathrm{DD}}L_{t-1}^{\mathrm{DD}}+H_{t-1}B_{t-1}S_{t-1}^{\mathrm{ND}}L_{t-1}^{\mathrm{ND}}+H_{t-1}B_{t-1}S_{t-1}^{\mathrm{PE}}L_{t-1}^{\mathrm{PE}}+H_{t-1}B_{t-1}S_{t-1}^{\mathrm{NE}}L_{t}^{\mathrm{NE}}}$$

$$\times\frac{A_{\mathrm{V}_{t}}B_{t-1}\left(S^{\mathrm{DD}}L^{\mathrm{DD}}+S^{\mathrm{ND}}L^{\mathrm{ND}}+S^{\mathrm{PE}}L^{\mathrm{PE}}+S^{\mathrm{NE}}L^{\mathrm{NE}}\right)_{t-1}}{A_{\mathrm{V}_{t-1}}B_{t-1}\left(S^{\mathrm{DD}}L^{\mathrm{DD}}+S^{\mathrm{ND}}L^{\mathrm{ND}}+S^{\mathrm{PE}}L^{\mathrm{PE}}+S^{\mathrm{NE}}L^{\mathrm{NE}}\right)_{t-1}}$$

$$\times\frac{A_{\mathrm{V}_{t}}B_{t}\left(S^{\mathrm{DD}}L^{\mathrm{DD}}+S^{\mathrm{ND}}L^{\mathrm{ND}}+S^{\mathrm{PE}}L^{\mathrm{PE}}+S^{\mathrm{NE}}L^{\mathrm{NE}}\right)_{t-1}}{A_{\mathrm{V}_{t}}B_{t-1}\left(S^{\mathrm{DD}}L^{\mathrm{DD}}+S^{\mathrm{ND}}L^{\mathrm{ND}}+S^{\mathrm{PE}}L^{\mathrm{PE}}+S^{\mathrm{NE}}L^{\mathrm{NE}}\right)_{t-1}}$$

$$
\times\frac{A_{V_t}B_tS_t^{DD}L_{t-1}^{DD}+A_{V_t}B_t\left(S^{ND}L^{ND}+S^{PE}L^{PE}+S^{NE}L^{NE}\right)_{t-1}}{A_{V_t}B_t\left(S^{DD}L^{DD}+S^{ND}L^{ND}+S^{PE}L^{PE}+S^{NE}L^{NE}\right)_{t-1}}
$$

$$
\times\frac{A_{V_t}B_tS_t^{DD}L_t^{DD}+A_{V_t}B_t\left(S^{ND}L^{ND}+S^{PE}L^{PE}+S^{NE}L^{NE}\right)_{t-1}}{A_{V_t}B_tS_t^{DD}L_{t-1}^{DD}+A_{V_t}B_t\left(S^{ND}L^{ND}+S^{PE}L^{PE}+S^{NE}L^{NE}\right)_{t-1}}
$$

$$
\times\frac{A_{V_t}B_tS_t^{DD}L_t^{DD}+A_{V_t}B_tS_t^{ND}L_{t-1}^{ND}+A_{V_t}B_t\left(S^{PE}L^{PE}+S^{NE}L^{NE}\right)_{t-1}}{A_{V_t}B_tS_t^{DD}L_t^{DD}+A_{V_t}B_t\left(S^{ND}L^{ND}+S^{PE}L^{PE}+S^{NE}L^{NE}\right)_{t-1}}
$$

$$
\times\frac{A_{V_t}B_tS_t^{DD}L_t^{DD}+A_{V_t}B_tS_t^{ND}L_t^{ND}+A_{V_t}B_t\left(S^{PE}L^{PE}+S^{NE}L^{NE}\right)_{t-1}}{A_{V_t}B_tS_t^{DD}L_t^{DD}+A_{V_t}B_tS_t^{ND}L_{t-1}^{ND}+A_{V_t}B_t\left(S^{PE}L^{PE}+S^{NE}L^{NE}\right)_{t-1}}
$$

$$
\times\frac{A_{V_t}B_tS_t^{DD}L_t^{DD}+A_{V_t}B_tS_t^{ND}L_t^{ND}+A_{V_t}B_tS_t^{PE}L_{t-1}^{PE}+A_{V_t}B_t\left(S^{NE}L^{NE}\right)_{t-1}}{A_{V_t}B_tS_t^{DD}L_t^{DD}+A_{V_t}B_tS_t^{ND}L_t^{ND}+A_{V_t}B_t\left(S^{PE}L^{PE}+S^{NE}L^{NE}\right)_{t-1}}
$$

$$
\times\frac{A_{V_t}B_tS_t^{DD}L_t^{DD}+A_{V_t}B_tS_t^{ND}L_t^{ND}+A_{V_t}B_tS_t^{PE}L_t^{PE}+A_{V_t}B_t\left(S^{NE}L^{NE}\right)_{t-1}}{A_{V_t}B_tS_t^{DD}L_t^{DD}+A_{V_t}B_tS_t^{ND}L_t^{ND}+A_{V_t}B_tS_t^{PE}L_{t-1}^{PE}+A_{V_t}B_t\left(S^{NE}L^{NE}\right)_{t-1}}
$$

$$
\times\frac{A_{V_t}B_tS_t^{DD}L_t^{DD}+A_{V_t}B_tS_t^{ND}L_t^{ND}+A_{V_t}B_tS_t^{PE}L_t^{PE}+A_{V_t}B_tS_t^{NE}L_{t-1}^{NE}}{A_{V_t}B_tS_t^{DD}L_t^{DD}+A_{V_t}B_tS_t^{ND}L_t^{ND}+A_{V_t}B_tS_t^{PE}L_t^{PE}+A_{V_t}B_t\left(S^{NE}L^{NE}\right)_{t-1}}
$$

$$
\times\frac{A_{V_t}B_tS_t^{DD}L_t^{DD}+A_{V_t}B_tS_t^{ND}L_t^{ND}+A_{V_t}B_tS_t^{PE}L_t^{PE}+A_{V_t}B_tS_t^{NE}L_t^{NE}}{A_{V_t}B_tS_t^{DD}L_t^{DD}+A_{V_t}B_tS_t^{ND}L_t^{ND}+A_{V_t}B_tS_t^{PE}L_t^{PE}+A_{V_t}B_tS_t^{NE}L_{t-1}^{NE}}
$$

第五章

乘法结构分解技术

经济发展常常需要关注能源强度、物价指数等指数型指标，对于这样的指标很难采用传统的结构分解技术（即加法分解法），许多学者则通过将指数型指标转换成算术型指标来处理，这样不可避免地存在许多问题。本章提出指数型指标结构分解方法的基本模型和一般解法，指出指数型指标更适于采用乘法分解方法，同时能够得到相对解和绝对解，兼顾分析经济指标的相对性和绝对性。

第一节 乘法分解法的基本模型和一般解

一、研究背景

SDA 技术是目前投入产出技术领域普遍使用的量化分析工具，它在描述因素的时间序列变化方面有着突出的优势，基本思路是将经济结构中某一重要因素的变动分解成有关自变量各种形式的变动，以测度各自变量对因变量变动贡献的大小。目前，SDA 模型已经广泛应用于经济系统的各个领域，特别是国外学者最早做出了相关工作并取得了很多经典的结果，如能源（Lin and Polenske，1995；Dietzenbacher and Stage，2006）、经济增长（Dietzenbacher and Los，2000；Liu and Saal，2001）、价格机制的变动（Fujikam and Milana，2002）、国际贸易（Hitomi et al.，2000）、废弃物污染（De Haan，2001；Kagawa and Inamura，2004）等。此外，许多统计方面的专家关注因素分解的方法（IDA 方法），Zhou 和 Ang 在 2008 年提出了 Laspeyres 和 Divisia 指数法，解决了交叉项问题，并将其应用到环境问题（Zhou and Ang，2008a；2008b）；Liu 和 Saal 在 2001 年应用八种方法研究了工业能源强度的影响变化；Ang（2004）又提出了广义 Fisher 指数法，并研究了部门能源强度。但是，基于投入产出技术研究结构分解方法和应用的文献却很少，而且多集中于加法分解方法的研究和证明，例如，Dietzenbacher 和 Los 在 2000 年研究了结构分解技术的变量独立性问题；李景华（2004）分别给出了加法分解法的两极解和一般解。而投入产出中乘法分解法最早则是由 Dietzenbacher 和 Los 在 1998 年提出的，并进行了两极分解。

实际中，加法分解法在分解效率、强度、弹性系数等指数型指标时，往往遇到分解困难或因素缺乏连续性等问题，基于此，本章在投入占用产出模型的基础上，将 Dietzenbacher 和 Los（1998）提出的两极乘法分解法扩展到多因素一般解法，并将其与加法分解方法进行比较。

本章将一般的结构分解技术称为加法分解法，以便与乘法分解法区别。加法分解法是将经济系统中某一因变量的变化分解成若干自变量变动的和，每一自变量的变动结果取自其权数不同时所有情况下的加法平均值。

一般而言，若 x_i（$i=1,2,\cdots,n$）是 n 个独立的自变量，以 t 和 0 表示报告期与基期，表达式为

$$y = x_1 x_2 \cdots x_n = \prod_{i=1}^{n} x_i \tag{5.1}$$

则其中一种基期分解可表示为

$$\begin{aligned}\Delta y &= y_t - y_0 = x_{1t}x_{2t}x_{3t}\cdots x_{nt} - x_{10}x_{20}x_{30}\cdots x_{n0} \\ &= \Delta x_1 x_{20}\cdots x_{n0} + x_{1t}\Delta x_2 \cdots x_{n0} + \cdots + x_{1t}x_{2t}\cdots \Delta x_i \cdots x_{n0} \\ &\quad + \cdots + x_{1t}x_{2t}\cdots \Delta x_n\end{aligned} \tag{5.2}$$

经济意义可以表示为：某一指标的变化量或变动值，等于其他影响因素不变时，单一影响因素变化量之和。例如，销售额增加 10 万元，等于销售量不变时，由价格变动引起的销售额增加 7 万元，以及价格不变时，由销售量增加引起的销售额增加 3 万元。

二、乘法分解法的定义和转化性

本节在 Dietzenbacher 和 Los（1998）提出的两极乘法分解法的基础上进行扩展，不仅给出了乘法分解法的经济定义，而且补充了不同形式指标的乘法分解法一般解的严格数学证明和基本模型。这使得乘法分解法从指标形式到分解方式，从绝对意义到相对意义形成了系统完整的方法体系。本节乘法分解法是指：在经济系统中，为定量分析某种现象变动的影响因素，将某一因变量指标的变化分解成几个影响因素变化的乘积形式，并在一定条件下测定各因素的影响程度。分解结果等于若干自变量变动的乘积形式，每一影响因素的期望值等于不同分解方式

的几何均值。每一影响因素变动的影响值表现为该自变量对因变量的综合变化率，即相对影响程度，对应该变化率的分子分母之差，表示为自变量对因变量的绝对影响值。也就是说，乘法分解法既可以得到除法形式表示的影响因素的相对变化率，也可以得到分子分母之差表示的绝对值的变化，对加法分解法来说亦然，也就是本节提出的乘法分解法和加法分解法的相互转化性。

若因变量表达式形同式（5.1），则乘法分解法表达式为

$$\mathrm{I}y=\frac{y_t}{y_0}=\frac{x_{1t}x_{2t}\cdots x_{nt}}{x_{10}x_{20}\cdots x_{n0}} \tag{5.3}$$

从基期开始分解：

$$\mathrm{I}y_0=\frac{x_{1t}x_{20}\cdots x_{n0}}{x_{10}x_{20}\cdots x_{n0}}\cdot\frac{x_{1t}x_{2t}\cdots x_{n0}}{x_{1t}x_{20}\cdots x_{n0}}\cdots\cdots\frac{x_{1t}x_{2t}\cdots x_{(n-1)t}x_{n0}}{x_{1t}x_{2t}\cdots x_{(n-1)0}x_{n0}}\cdot\frac{x_{1t}x_{2t}\cdots x_{(n-1)t}x_{nt}}{x_{1t}x_{2t}\cdots x_{(n-1)t}x_{n0}} \tag{5.4}$$

经济意义可以表示为：某一指标的变动程度或变化率，等于其他影响因素不变时，每一影响因素变化率之积。例如，销售额增加 2 倍，等于销售量不变时，由价格变动引起的销售额增加 1.5 倍，以及价格不变时，由销售量增加引起的销售额增加 50%。

令式（5.4）中每一个独立的子集$\left\{\dfrac{x_{1t}x_{2t}\cdots x_{it}x_{(i+1)0}\cdots x_{n0}}{x_{1t}x_{2t}\cdots x_{i0}x_{(i+1)0}\cdots x_{n0}}\right\}=\mathrm{I}y_{0x_i}$，称为乘法分解法的相对值，表示第$i$个自变量变化的相对值，即反映相对水平。

总量绝对值的变化Δy_{0x_i}应表示为

$$\Delta y_{0x_i}=x_{1t}x_{2t}\cdots x_{it}x_{(i+1)0}\cdots x_{n0}-x_{1t}x_{2t}\cdots x_{i0}x_{(i+1)0}\cdots x_{n0}=x_{1t}x_{2t}\cdots\Delta x_i\cdots x_{n0} \tag{5.5}$$

显然，Δy_{0x_i}与式（5.2）加法分解法中相应自变量变化的绝对值相等。

则乘法分解法的绝对值$\sum_{i=1}^{n}\Delta y_{0x_i}$与加法分解法的关系式为

$$\begin{aligned}\sum_{i=1}^{n}\Delta y_{0x_i}&=(x_{1t}x_{20}\cdots x_{n0}-x_{10}x_{20}\cdots x_{n0})+(x_{1t}x_{2t}\cdots x_{n0}-x_{1t}x_{20}\cdots x_{n0})+\cdots\\&\quad+(x_{1t}x_{2t}\cdots x_{(n-1)t}x_{n0}-x_{1t}x_{2t}\cdots x_{(n-1)0}x_{n0})+(x_{1t}x_{2t}\cdots x_{(n-1)t}x_{nt}-x_{1t}x_{2t}\cdots x_{(n-1)t}x_{n0})\\&=x_{1t}x_{2t}x_{3t}\cdots x_{nt}-x_{10}x_{20}x_{30}\cdots x_{n0}=y_t-y_0=\Delta y\end{aligned} \tag{5.6}$$

从报告期开始分解，相对值表示为

$$\mathrm{I}y_1=\frac{x_{1t}x_{2t}\cdots x_{nt}}{x_{10}x_{2t}\cdots x_{nt}}\cdot\frac{x_{10}x_{2t}\cdots x_{nt}}{x_{10}x_{20}\cdots x_{nt}}\cdots\cdots\frac{x_{10}x_{20}\cdots x_{(n-1)t}x_{nt}}{x_{10}x_{20}\cdots x_{(n-1)0}x_{nt}}\cdot\frac{x_{10}x_{20}\cdots x_{(n-1)0}x_{nt}}{x_{10}x_{20}\cdots x_{(n-1)0}x_{n0}} \tag{5.7}$$

绝对值表示为

$$\sum_{i=1}^{n}\Delta y_{1x_i}=(x_{1t}x_{2t}\cdots x_{nt}-x_{10}x_{2t}\cdots x_{nt})+(x_{10}x_{2t}\cdots x_{nt}-x_{10}x_{20}\cdots x_{nt})+\cdots$$
$$+(x_{10}x_{20}\cdots x_{(n-1)t}x_{nt}-x_{10}x_{20}\cdots x_{(n-1)0}x_{nt})+(x_{10}x_{20}\cdots x_{(n-1)0}x_{nt}-x_{10}x_{20}\cdots x_{(n-1)0}x_{n0})$$
$$=x_{1t}x_{2t}x_{3t}\cdots x_{nt}-x_{10}x_{20}x_{30}\cdots x_{n0}=\Delta y \tag{5.8}$$

若为指数型指标：

$$S=\frac{x_1x_2\cdots x_n}{y_1y_2\cdots y_m},\quad n,m>0 \tag{5.9}$$

则乘法分解法表达式为

$$\mathrm{I}S=\frac{S_t}{S_0}=\frac{x_{1t}x_{2t}\cdots x_{nt}/y_{1t}\cdots y_{mt}}{x_{10}x_{20}\cdots x_{n0}/y_{10}\cdots y_{m0}} \tag{5.10}$$

从基期开始分解：

$$\mathrm{I}S_0=\frac{x_{1t}x_{20}\cdots x_{n0}/y_t}{x_{10}x_{20}\cdots x_{n0}/y_t}\cdot\frac{x_{1t}x_{2t}\cdots x_{n0}/y_t}{x_{1t}x_{20}\cdots x_{n0}/y_t}\cdot\cdots\cdot\frac{x_{1t}x_{2t}\cdots x_{(n-1)t}x_{n0}/y_t}{x_{1t}x_{2t}\cdots x_{(n-1)0}x_{n0}/y_t}$$
$$\cdot\frac{x_{1t}x_{2t}\cdots x_{(n-1)t}x_{nt}/y_t}{x_{1t}x_{2t}\cdots x_{(n-1)t}x_{n0}/y_t}\cdot\frac{x_0/y_{1t}y_{20}\cdots y_{m0}}{x_0/y_{10}y_{20}\cdots y_{m0}}\cdot\cdots\cdot\frac{x_0/y_{1t}y_{2t}\cdots y_{mt}}{x_0/y_{1t}y_{2t}\cdots y_{m0}} \tag{5.11}$$

$$\Delta S_0=\left(\frac{x_{1t}x_{20}\cdots x_{n0}}{y_t}-\frac{x_{10}x_{20}\cdots x_{n0}}{y_t}\right)\quad \text{//由于 } x_1 \text{ 变动，总量绝对额的变化}$$
$$+\left(\frac{x_{1t}x_{2t}\cdots x_{n0}}{y_t}-\frac{x_{1t}x_{20}\cdots x_{n0}}{y_t}\right)\quad \text{//由于 } x_2 \text{ 变动，总量绝对额的变化}$$
$$+\cdots$$
$$+\left(\frac{x_0}{y_{1t}y_{2t}\cdots y_{mt}}-\frac{x_0}{y_{1t}y_{2t}\cdots y_{m0}}\right)\quad \text{//由于 } y_m \text{ 变动，总量绝对额的变化} \tag{5.12}$$

从报告期开始分解，相对变化表示为

$$\mathrm{I}S_1=\frac{x_{1t}x_{2t}\cdots x_{nt}/y_0}{x_{10}x_{2t}\cdots x_{nt}/y_0}\cdot\frac{x_{10}x_{2t}\cdots x_{nt}/y_0}{x_{10}x_{20}\cdots x_{nt}/y_0}\cdot\cdots\cdot\frac{x_{10}x_{20}\cdots x_{(n-1)t}x_{nt}/y_0}{x_{10}x_{20}\cdots x_{(n-1)0}x_{nt}/y_0}$$
$$\cdot\frac{x_{10}x_{20}\cdots x_{(n-1)0}x_{nt}/y_0}{x_{10}x_{20}\cdots x_{(n-1)0}x_{n0}/y_0}\cdot\frac{x_t/y_{1t}y_{2t}\cdots y_{mt}}{x_t/y_{10}y_{2t}\cdots y_{mt}}\cdot\cdots\cdot\frac{x_t/y_{10}y_{20}\cdots y_{mt}}{x_t/y_{10}y_{20}\cdots y_{m0}} \tag{5.13}$$

绝对变化表示为

$$\Delta S_0=\left(\frac{x_{1t}x_{2t}\cdots x_{nt}}{y_0}-\frac{x_{10}x_{2t}\cdots x_{nt}}{y_0}\right)+\left(\frac{x_{10}x_{2t}\cdots x_{nt}}{y_0}-\frac{x_{10}x_{20}\cdots x_{nt}}{y_0}\right)+\cdots+\left(\frac{x_t}{y_{10}y_{20}\cdots y_{mt}}-\frac{x_t}{y_{10}y_{20}\cdots y_{m0}}\right) \tag{5.14}$$

显然，无论什么形式的指标，加法分解法和乘法分解法具有相互转化性。加法分解法的结果与乘法分解法中绝对额变化 ΔS 含义相同，结果一致。若指数型指标改写成算术型指标，则两种分解方法的结果是等价的。乘法分解法除了强调指标总量绝对额的变化，更强调每个影响因素的综合变化率。

三、乘法分解法的一般分解方式

1. 算术型指标

在上面的乘法分解模型中可知，从基期和报告期分别进行分解，各自变量的贡献率和影响值并不相等。

由数学归纳法得到，若 $n=2$，则 $\mathrm{I}y$ 有两种分解方式，表达式为

$$\mathrm{I}y_1=\frac{x_{1t}x_{2t}}{x_{10}x_{2t}}\cdot\frac{x_{10}x_{2t}}{x_{10}x_{20}},\quad \mathrm{I}y_2=\frac{x_{1t}x_{20}}{x_{10}x_{20}}\cdot\frac{x_{1t}x_{2t}}{x_{1t}x_{20}} \tag{5.15}$$

若 $n=3$，则 $\mathrm{I}y$ 有六种分解方式，表达式为

$$\begin{aligned}\mathrm{I}y_1&=\frac{x_{1t}x_{2t}x_{3t}}{x_{10}x_{2t}x_{3t}}\cdot\frac{x_{10}}{x_{10}}\mathrm{I}(x_2x_3)\\ \mathrm{I}y_2&=\frac{x_{1t}x_{2t}x_{3t}}{x_{1t}x_{20}x_{3t}}\cdot\frac{x_{20}}{x_{20}}\mathrm{I}(x_1x_3)\\ \mathrm{I}y_3&=\frac{x_{1t}x_{2t}x_{3t}}{x_{1t}x_{2t}x_{30}}\cdot\frac{x_{30}}{x_{30}}\mathrm{I}(x_1x_2)\end{aligned} \tag{5.16}$$

每一种分解中 $\mathrm{I}(x_ix_j)(i\neq j)$ 又可按 $n=2$ 的情况再分解成 2 种形式，因此当 $n=3$ 时，分解方式应为 $3\times2=6$ 种。

根据数学归纳法，当自变量有更一般的 n 个时，$\mathrm{I}y$ 有 $n!$ 种不同的分解方式，其中形如式（5.16）的表达式有 n 个，可写为

$$\mathrm{I}y_i=\frac{x_{1t}x_{2t}\cdots x_{it}\cdots x_{(n-1)t}x_{nt}}{x_{1t}x_{2t}\cdots x_{i0}\cdots x_{(n-1)t}x_{nt}}\cdot\frac{x_{i0}}{x_{i0}}\mathrm{I}(x_1x_2\cdots x_{(i-1)}x_{(i+1)}\cdots x_n) \tag{5.17}$$

而每一种相对值分解式 $\mathrm{I}(x_1x_2\cdots x_{(i-1)}x_{(i+1)}\cdots x_n)$ 又可分解成 $(n-1)!$ 种不同形式。同理，对应于绝对值的分解方式 Δy 也有 $n!$ 种。

2. 指数型指标

由数学归纳法得到，若 $n=1,m=1$，则 $\mathrm{I}S$ 有两种分解方式，表达式为

$$\mathrm{IS}_1=\frac{x_t/y_0}{x_0/y_0}\cdot\frac{x_t/y_t}{x_t/y_0},\quad \mathrm{IS}_2=\frac{x_t/y_t}{x_0/y_t}\cdot\frac{x_0/y_t}{x_0/y_0} \tag{5.18}$$

若 $n=3$，则 IS 有六种分解方式，如 $n=2,m=1$（或 $n=1,m=2$ 不影响分解方式的种类）表达式为

$$\mathrm{IS}_1=\frac{x_{1t}x_{2t}y_{1t}}{x_{10}x_{2t}y_{1t}}\cdot\frac{x_{10}}{x_{10}}\mathrm{I}(x_2y_1) \tag{5.19}$$

$$\mathrm{IS}_2=\frac{x_{1t}x_{2t}y_{1t}}{x_{1t}x_{20}y_{1t}}\cdot\frac{x_{20}}{x_{20}}\mathrm{I}(x_1y_1) \tag{5.20}$$

$$\mathrm{IS}_3=\frac{x_{1t}x_{2t}y_{10}}{x_{1t}x_{2t}y_{1t}}\cdot\frac{y_{10}}{y_{10}}\mathrm{I}(x_1x_2) \tag{5.21}$$

根据数学归纳法，IS 有 $(n+m)!$ 种不同的分解方式，对应于绝对值的分解方式 ΔS 也有 $(n+m)!$ 种。特别的是，当分子（或分母）中有 η 个因素对应等于分母（或分子）中的因素时，不同的分解方式就应该对应有 $(n+m-\eta)!$ 种。例如，指标由各影响因素的矩阵形式表达，$n=2,m=2,\eta=1$，表达式为 $w=\frac{x_1x_2}{y_1x_2}$，分母中有一个因素 x_2 等于分子中的因素 x_2，因此，指标 w 的不同分解方式应该有（2+2−1）！种。

四、乘法分解法一般解的重复项

在 $n!$ 种不同的分解方式中，对于每个不同的自变量来说，都会有一定的重复，即可计算权数相同的项的个数。

若子集为

$$\left\{\frac{x_{a0}x_{(a+1)0}\cdots x_{m0}(x_{it})x_{bt}x_{(b+1)t}\cdots x_{pt}}{x_{a0}x_{(a+1)0}\cdots x_{m0}(x_{i0})x_{bt}x_{(b+1)t}\cdots x_{pt}}\right\},$$

$$n=k+s+1;n,k,s\geqslant 0;x_m\neq x_p;\forall a\leqslant m\leqslant a+k-1;b\leqslant p\leqslant b+s-1$$

即对于第 i 个自变量的子集，有 k 个 0 时刻的项和 s 个 t 时刻的项。

当 $k=0$ 时，$s=n-1$，子集为

$$\left\{\frac{(x_{it})x_{bt}x_{(b+1)t}\cdots x_{pt}}{(x_{i0})x_{bt}x_{(b+1)t}\cdots x_{pt}}\right\}$$

按照公式的推导过程，与之相同的子集应有 $(n-1)!$ 个。

那么当 $k=1$ 时，$s=n-2$，子集为

$$\left\{\frac{x_{a0}(x_{it})x_{bt}x_{(b+1)t}\cdots x_{pt}}{x_{a0}(x_{i0})x_{bt}x_{(b+1)t}\cdots x_{pt}}\right\}$$

同理与之相同的子集为 $(n-2)!$ 个。

那么当 $k=n-1$ 时，$s=0$，子集为

$$\left\{\frac{x_{a0}x_{(a+1)0}\cdots x_{m0}(x_{it})}{x_{a0}x_{(a+1)0}\cdots x_{m0}(x_{i0})}\right\}$$

与 $k=0$ 的情况类似，与之相同的子集应有 $(n-1)!$ 个。

因此，相对值中可归纳出一般的相同项个数为

$$z=k!s! \tag{5.22}$$

同理，绝对值的各自变量分解后的对应子集也存在 $k!s!$ 个重复项。

五、乘法分解法的一般解

1. 算术型指标

根据上述模型的分析，因变量 Iy 的相对值一般解应为

$$\mathrm{I}y=\prod_{i=1}^{n}E(\mathrm{I}x_i) \tag{5.23}$$

$$E(\mathrm{I}x_i)=\prod_k\prod_s\left(\frac{x_{1t}x_{2t}\cdots x_{it}\cdots x_{(n-1)t}x_{nt}}{x_{1t}x_{2t}\cdots x_{i0}\cdots x_{(n-1)t}x_{nt}}\right)^{\frac{k!s!}{n!}} \tag{5.24}$$

同理，绝对值的一般解应为

$$\Delta y=\sum_{i=1}^{n}E(\Delta x_i) \tag{5.25}$$

$$E(\Delta x_i)=\sum_k\sum_s\frac{k!s!}{n!}x_{1t}x_{2t}\cdots(\Delta x_i)\cdots x_{(n-1)t}x_{nt} \tag{5.26}$$

则当 $n=4$ 时，乘法分解法的相对值一般解就应为

$$\mathrm{I}y=(3-27)\times(3-28)\times(3-29)\times(3-30)$$

$$E(\mathrm{I}x_1)=\left(\frac{x_{1t}x_{20}x_{30}x_{40}}{x_{10}x_{20}x_{30}x_{40}}\right)^{1/4}\cdot\left(\frac{x_{1t}x_{2t}x_{3t}x_{4t}}{x_{10}x_{2t}x_{3t}x_{4t}}\right)^{1/4}\cdot\left(\frac{x_{1t}x_{2t}x_{30}x_{4t}}{x_{10}x_{2t}x_{30}x_{4t}}\right)^{1/12}\cdot\left(\frac{x_{1t}x_{20}x_{3t}x_{4t}}{x_{10}x_{20}x_{3t}x_{4t}}\right)^{1/12}$$
$$\cdot\left(\frac{x_{1t}x_{2t}x_{3t}x_{40}}{x_{10}x_{2t}x_{3t}x_{40}}\right)^{1/12}\cdot\left(\frac{x_{1t}x_{20}x_{30}x_{4t}}{x_{10}x_{20}x_{30}x_{4t}}\right)^{1/12}\cdot\left(\frac{x_{1t}x_{2t}x_{30}x_{40}}{x_{10}x_{2t}x_{30}x_{40}}\right)^{1/12}\cdot\left(\frac{x_{1t}x_{20}x_{3t}x_{40}}{x_{10}x_{20}x_{3t}x_{40}}\right)^{1/12} \tag{5.27}$$

$$E(\mathrm{I}x_2)=\left(\frac{x_{10}x_{2t}x_{30}x_{40}}{x_{10}x_{20}x_{30}x_{40}}\right)^{1/4}\cdot\left(\frac{x_{1t}x_{2t}x_{3t}x_{4t}}{x_{1t}x_{20}x_{3t}x_{4t}}\right)^{1/4}\cdot\left(\frac{x_{1t}x_{2t}x_{30}x_{4t}}{x_{1t}x_{20}x_{30}x_{4t}}\right)^{1/12}\cdot\left(\frac{x_{10}x_{2t}x_{3t}x_{4t}}{x_{10}x_{20}x_{3t}x_{4t}}\right)^{1/12}$$
$$\cdot\left(\frac{x_{1t}x_{2t}x_{3t}x_{40}}{x_{1t}x_{20}x_{3t}x_{40}}\right)^{1/12}\cdot\left(\frac{x_{10}x_{2t}x_{30}x_{4t}}{x_{10}x_{20}x_{30}x_{4t}}\right)^{1/12}\cdot\left(\frac{x_{1t}x_{2t}x_{30}x_{40}}{x_{1t}x_{20}x_{30}x_{40}}\right)^{1/12}\cdot\left(\frac{x_{10}x_{2t}x_{3t}x_{40}}{x_{10}x_{20}x_{3t}x_{40}}\right)^{1/12}\tag{5.28}$$

$$E(\mathrm{I}x_3)=\left(\frac{x_{10}x_{20}x_{3t}x_{40}}{x_{10}x_{20}x_{30}x_{40}}\right)^{1/4}\cdot\left(\frac{x_{1t}x_{2t}x_{3t}x_{4t}}{x_{1t}x_{2t}x_{30}x_{4t}}\right)^{1/4}\cdot\left(\frac{x_{10}x_{2t}x_{3t}x_{4t}}{x_{10}x_{2t}x_{30}x_{4t}}\right)^{1/12}\cdot\left(\frac{x_{1t}x_{20}x_{3t}x_{4t}}{x_{1t}x_{20}x_{30}x_{4t}}\right)^{1/12}$$
$$\cdot\left(\frac{x_{1t}x_{2t}x_{3t}x_{40}}{x_{1t}x_{2t}x_{30}x_{40}}\right)^{1/12}\cdot\left(\frac{x_{10}x_{20}x_{3t}x_{4t}}{x_{10}x_{20}x_{30}x_{4t}}\right)^{1/12}\cdot\left(\frac{x_{10}x_{2t}x_{3t}x_{40}}{x_{10}x_{2t}x_{30}x_{40}}\right)^{1/12}\cdot\left(\frac{x_{1t}x_{20}x_{3t}x_{40}}{x_{1t}x_{20}x_{30}x_{40}}\right)^{1/12}\tag{5.29}$$

$$E(\mathrm{I}x_4)=\left(\frac{x_{10}x_{20}x_{30}x_{4t}}{x_{10}x_{20}x_{30}x_{40}}\right)^{1/4}\cdot\left(\frac{x_{1t}x_{2t}x_{3t}x_{4t}}{x_{1t}x_{2t}x_{3t}x_{40}}\right)^{1/4}\cdot\left(\frac{x_{1t}x_{2t}x_{30}x_{4t}}{x_{1t}x_{2t}x_{30}x_{40}}\right)^{1/12}\cdot\left(\frac{x_{1t}x_{20}x_{3t}x_{4t}}{x_{1t}x_{20}x_{3t}x_{40}}\right)^{1/12}$$
$$\cdot\left(\frac{x_{10}x_{2t}x_{3t}x_{4t}}{x_{10}x_{2t}x_{3t}x_{40}}\right)^{1/12}\cdot\left(\frac{x_{1t}x_{20}x_{30}x_{4t}}{x_{1t}x_{20}x_{30}x_{40}}\right)^{1/12}\cdot\left(\frac{x_{10}x_{2t}x_{30}x_{4t}}{x_{10}x_{2t}x_{30}x_{40}}\right)^{1/12}\cdot\left(\frac{x_{10}x_{20}x_{3t}x_{4t}}{x_{10}x_{20}x_{3t}x_{40}}\right)^{1/12}\tag{5.30}$$

绝对值的一般解应为

$$\Delta y=(3-31)+(3-32)+(3-33)+(3-34)$$

令 d 不同时等于 t 或 0，具体表示为

$$E(\mathrm{I}x_1)=(\Delta x_1x_{20}x_{30}x_{40})^{1/4}+(\Delta x_1x_{2t}x_{3t}x_{4t})^{1/4}+\sum(\Delta x_1x_{2d}x_{3d}x_{4d})^{1/12}\tag{5.31}$$
$$E(\mathrm{I}x_2)=(\Delta x_2x_{10}x_{30}x_{40})^{1/4}+(\Delta x_2x_{1t}x_{3t}x_{4t})^{1/4}+\sum(\Delta x_2x_{1d}x_{3d}x_{4d})^{1/12}\tag{5.32}$$
$$E(\mathrm{I}x_3)=(\Delta x_3x_{10}x_{20}x_{40})^{1/4}+(\Delta x_3x_{1t}x_{2t}x_{4t})^{1/4}+\sum(\Delta x_3x_{1d}x_{2d}x_{4d})^{1/12}\tag{5.33}$$
$$E(\mathrm{I}x_4)=(\Delta x_4x_{10}x_{20}x_{30})^{1/4}+(\Delta x_4x_{1t}x_{2t}x_{3t})^{1/4}+\sum(\Delta x_4x_{1d}x_{2d}x_{3d})^{1/12}\tag{5.34}$$

2. 指数型指标

根据上述指数型指标乘法分解法的分析，指数型指标 IS 的相对值一般解应为

$$\mathrm{I}S=\prod_{i=1}^{n}E(\mathrm{I}x_i/y_i)\tag{5.35}$$

$$E(\mathrm{I}x_i/y_i)=\prod_{k}\prod_{s}\left(\frac{x_tx_{it}/y_t}{x_tx_{i0}/y_t}\right)^{\frac{k!s!}{(n+m)!}}\tag{5.36}$$

同理，绝对值的一般解应为

$$\Delta S=\sum_{i=1}^{n}E(\Delta x_i/y_i)\tag{5.37}$$

$$E(\Delta x_i / y_i) = \sum_k \sum_s \frac{k!s!}{(n+m)!}[x_t(\Delta x_i) / y_t] \tag{5.38}$$

当$n=1,m=1$时，表达式同式（5.18），则相对值一般解为$\text{I}S = E(\text{I}x/y) \times E(x/\text{I}y)$，

$$E(\text{I}x/y) = \left(\frac{x_t/y_0}{x_0/y_0}\right)^{1/2} \cdot \left(\frac{x_t/y_t}{x_0/y_t}\right)^{1/2} \tag{5.39}$$

$$E(x/\text{I}y) = \left(\frac{x_t/y_t}{x_t/y_0}\right)^{1/2} \cdot \left(\frac{x_0/y_t}{x_0/y_0}\right)^{1/2} \tag{5.40}$$

绝对值一般解为$\Delta S = E(\Delta x / y) \times E(x / \Delta y)$，

$$E(\Delta x / y) = \frac{1}{2}\left(\frac{x_t}{y_0} - \frac{x_0}{y_0}\right) + \frac{1}{2}\left(\frac{x_t}{y_t} - \frac{x_0}{y_t}\right) \tag{5.41}$$

$$E(x / \Delta y) = \frac{1}{2}\left(\frac{x_t}{y_t} - \frac{x_t}{y_0}\right) + \frac{1}{2}\left(\frac{x_0}{y_t} - \frac{x_0}{y_0}\right) \tag{5.42}$$

可见，乘法分解法在分解指数型指标时，确实具有加法分解法所不具备的优势，而且由乘法分解法得到的绝对值，比采用加法分解法更加简便和工整。当然在算术型指标分解时，根据衡量目的不同，通常也采用不同的方法：侧重影响因素的相对变化时多采用乘法分解法，而侧重影响因素对总量的绝对变化时多采用加法分解法。

六、乘法分解法与加法分解法的比较

乘法分解法与加法分解法都可以达到精确解，而且两种方法都存在数量相同的不同分解式以及重复解，对于一般形式的指标来说，分解方式也可以互相转换。尽管如此，两种方法在形式、含义、计算结果和分解难易程度等方面还是存在一定差别的。

1. 乘法分解法与加法分解法在含义上的差异

乘法分解法主要是利用不同影响因素在不同时期的比较，以比率的形式表达因素变化率，其自变量变动本身就表示自变量对因变量变化的贡献率。而加法分解法则利用不同时期的绝对数量差来反映因素的变化绝对值。每个变量对因变量的贡献率要通过计算各种变动量占总变动量的比重来衡量。

2. 乘法分解法与加法分解法分解难易程度的不同

当因变量可以用一般乘积形式表示时，乘法分解法与加法分解法的分解难易程度相当，都能很容易地分解出所要研究的对应因素的变化，而且分解形式可以

相互转化。但是，当因变量为能源强度指标、经济增长率、消费物价指数等指数形式时，加法分解法就有一定难度，在不改变分解因素形式，甚至减少因素个数的条件下，乘法分解法能更容易地分解，同时得到相对值和绝对值。

第二节　能源强度的结构分解分析

一、基本投入产出模型

建立实物价值型能源投入产出表，见表 5.1。

表 5.1　实物价值型能源投入产出表基本表式

投入＼产出		中间需求	最终需求					总产出
		1, 2, …, n	消费	资本形成总额	出口（+）	进口（−）	其他	
中间投入	1 2 ⋮ n 小计	X_{ij} (E_{ij})	Y_{fc} (E_{fc}) f_c	Y_s (E_s) f_s	Y_x (E_x) f_x	Y_i (E_i) f_i	Y_ε (E_ε) f_ε	X_i
最初投入	折旧							
	工资等							
	利税							
	小计	V_j						
总投入		X_j						

由价值行，

$$AX + Y = X \tag{5.43}$$

其中，X 为总产出列向量，Y 为最终需求列向量，A 为价值型投入产出表的直接消耗系数矩阵。则

$$X = (I - A)^{-1} Y \tag{5.44}$$

$(I - A)^{-1}$ 为完全需要系数矩阵，即 Leontief 逆矩阵 L。

设最终需求可分解成消费、资本形成总额、出口、进口和误差项五项，则有

$$B = \left[\frac{Y_{fc}}{f_c}, \frac{Y_s}{f_s}, \frac{Y_x}{f_x}, \frac{Y_i}{f_i}, \frac{Y_\varepsilon}{f_\varepsilon}\right]$$

$$Y = BF \tag{5.45}$$

B 为最终需求结构系数矩阵，其元素 b_{ij} 表示第 j 类最终需求中 i 部门产品的

比重，F 为各类最终需求的列向量，则有

$$X = LBF \tag{5.46}$$

二、能源实物量模型

由实物行，

$$\{e_{ij}\} = \{E_{ij} / X_j\}$$

$$eX + E_y = \mathrm{EI} \tag{5.47}$$

$$E_{\mathrm{y}} = E_{\mathrm{fc}} + E_{\mathrm{s}} + E_{\mathrm{x}} - E_{\mathrm{i}} + E_{\varepsilon} \tag{5.48}$$

其中，e 为实物型能源消耗系数矩阵，表示各部门对各类能源的单位产值能耗，其元素 e_{ij} 表示 j 产品单位产值对 i 能源的消耗量（标准煤），这里 $eX = E_{\mathrm{in}}$ 为中间生产过程中各部门对能源的直接消耗矩阵；EI 为能源部门实物量总产出列向量；E_{y} 为最终需求能源消耗矩阵；E_{fc} 为消费中能源消耗矩阵，包括居民消费和政府消费；E_{s} 为资本形成总额列向量，包括固定资本形成和库存列向量；E_{x} 能源出口列向量；E_{i} 为能源进口列向量；E_{ε} 为其他项列向量；e_{fc}，e_{s}，e_{x}，e_{i}，e_{ε} 分别表示对应各矩阵的元素。因此，能源消耗总量列向量 E 的表达式为

$$E = E_{\mathrm{in}} + E_{\mathrm{fc}}$$

$$E = eX + E_{\mathrm{fc}} \tag{5.49}$$

生活能耗部分可表示为

$$E_{\mathrm{fc}} = hcF \tag{5.50}$$

设经济系统 n 个部门中前 k 个为能源部门，后 $(n-k)$ 个为非能源部门，则定义 h 为最终能源消耗系数矩阵：

$$h = \begin{bmatrix} e_{1\mathrm{fc}} & e_{1\mathrm{s}} & e_{1\mathrm{x}} & e_{1\mathrm{i}} & e_{1\varepsilon} \\ e_{2\mathrm{fc}} & e_{2\mathrm{s}} & e_{2\mathrm{x}} & e_{2\mathrm{i}} & e_{2\varepsilon} \\ \vdots & \vdots & \vdots & \vdots & \vdots \\ e_{k\mathrm{fc}} & e_{k\mathrm{s}} & e_{k\mathrm{x}} & e_{k\mathrm{i}} & e_{k\varepsilon} \end{bmatrix} \begin{bmatrix} f_{\mathrm{c}}^{-1} & & & & \\ & f_{\mathrm{s}}^{-1} & & & \\ & & f_{\mathrm{x}}^{-1} & & \\ & & & f_{\mathrm{i}}^{-1} & \\ & & & & f_{\varepsilon}^{-1} \end{bmatrix} \tag{5.51}$$

其中，$e_{i\mathrm{fc}}$，$e_{i\mathrm{s}}$，$e_{i\mathrm{x}}$，$e_{i\mathrm{i}}$，$e_{i\varepsilon}$ 分别为不同种类能源用于不同的最终需求（消费、资本形成总额、出口、进口和其他项）的数量；f_{c}，f_{s}，f_{x}，f_{i}，f_{ε} 对应各类最终需求总额；c 为由 1 和 0 组成的对角矩阵，对应在居民消费和政府消费对角线上为 1，其他最终需求项为 0。

三、能源强度模型

设 μ 为 k 阶求和行向量，则能源消耗总量的表达式为

$$\mathrm{TE} = \mu(eLBF + hcF) \tag{5.52}$$

根据投入产出表构建 GDP 的表达式如式（5.53）所示：

$$\begin{aligned} \mathrm{GDP} &= V = vX = vLBF \\ \mathrm{GDP} &= \lambda F \end{aligned} \tag{5.53}$$

其中，λ 为 5 阶单位行向量。

可得能源强度 I 为

$$I = \mathrm{TE}/\mathrm{GDP} = \frac{\mu(eLBF + hcF)}{\lambda F} \tag{5.54}$$

如式（5.54）所示，总能源强度的变化可分解成各生产部门能源消耗系数变动（e）、完全需要系数变动（L）、最终需求结构变动（B）、最终需求变动（F）、最终能源消耗系数变动（h）共同作用的结果。

四、反映投入结构作用的 RAS 法

这里需要特别说明的是，直接消耗系数的变化一般来自两个方面：一方面是生产部门生产管理水平提高，真实消耗系数降低，即在相同的投入结构下，生产单位产品的消耗减少；另一方面是投入部门的结构发生变化，即由于原材料的代替和新材料的使用，即使生产管理水平不变，投入结构发生变化也会使生产单位产品的消耗减少。RAS 法是分析直接消耗系数变动的一种常用方法，它假定直接消耗系数变动受两类因素影响：①中间投入结构变化的影响，如钢被塑料代替、铜被铝代替；②真实效率的影响，即由于技术进步和管理水平提高，活劳动减少，对很多材料的消耗系数减少。RAS 法假定：结构影响和效率影响具有部门间一致性。采用上述假定时对结构影响来说，各部门所消耗的钢材都有相同的比例，如 10%被塑料代替。对效率影响来说，所有的中间投入由于技术和经济因素都降低 5%。

因此在分析中，上述影响因素中能源消耗系数 e 和技术系数 L，均可以继续分解为结构和效率的变化。能源消耗系数的变化反映直接消耗系数，可以看作中间投入结构的调整，即以节能产品代替原投入品，导致能耗下降，以及真实能源效率提高共同作用的结果；而技术系数即 Leontief 逆矩阵，含义为单位最终使用增加对生产的完全需要，所以也可以将其分解成生产完全需要结构的变化与真实技术进步的共同结果。其中，生产完全需要结构的变化可以理解为，最终使用的增加导致对某

部门产品的生产需要增加，因此该部门产品在生产中的完全需要比例增大。

因此报告期的能源消耗系数 e_1 和技术系数 L_1 还可以进一步表示为

$$\begin{aligned} e_1 &= R_{e1} e_0 S_{e1} \\ L_1 &= R_{l1} L_0 S_{l1} \end{aligned} \tag{5.55}$$

其中，R_e、R_l 分别表示中间投入结构与生产完全需要结构效应；S_e、S_l 分别表示真实能源消耗系数与真实技术进步效应。

五、乘法分解法因素分解模型

本节采用乘法分解法的两极解，即分别用基期和报告期各作一次分解，从两极的分解结果中求取平均值作为分解值。令能源强度在 0 时期（基期）到 1 时期（报告期）变化。以报告期为基准，则能源强度的一极 SDA 分解为

$$\begin{aligned} \frac{I_{11}}{I_{10}} = &\frac{\mu(e_1L_1B_1+h_1c)F_1}{\mu(e_0L_1B_1+h_1c)F_1} \times \frac{\mu(e_0L_1B_1+h_1c)F_1}{\mu(e_0L_0B_1+h_1c)F_1} \times \frac{\mu(e_0L_0B_1+h_1c)F_1}{\mu(e_0L_0B_0+h_1c)F_1} \\ &\times \frac{\mu(e_0L_0B_0+h_1c)F_1}{\mu(e_0L_0B_0+h_0c)F_1} \times \frac{\mu(e_0L_0B_0+h_0c)F_1}{\mu(e_0L_0B_0+h_0c)F_0} \times \frac{\lambda F_0}{\lambda F_1} \end{aligned} \tag{5.56}$$

以基期为基准，有

$$\begin{aligned} \frac{I_{01}}{I_{00}} = &\frac{\mu(e_1L_0B_0+h_0c)F_0}{\mu(e_0L_0B_0+h_0c)F_0} \times \frac{\mu(e_1L_1B_0+h_0c)F_0}{\mu(e_1L_0B_0+h_0c)F_0} \times \frac{\mu(e_1L_1B_1+h_0c)F_0}{\mu(e_1L_1B_0+h_0c)F_0} \\ &\times \frac{\mu(e_1L_1B_1+h_1c)F_0}{\mu(e_1L_1B_1+h_0c)F_0} \times \frac{\mu(e_1L_1B_1+h_1c)F_1}{\mu(e_1L_1B_1+h_1c)F_0} \times \frac{\lambda F_0}{\lambda F_1} \end{aligned} \tag{5.57}$$

则

$$\frac{I_1}{I_0} = (1.1)\times(1.2)\times(1.3)\times(1.4)\times(1.5)$$

其中，$(1.1)=\sqrt{\frac{\mu(e_1L_1B_1+h_1c)F_1}{\mu(e_0L_1B_1+h_1c)F_1} \times \frac{\mu(e_1L_0B_0+h_0c)F_0}{\mu(e_0L_0B_0+h_0c)F_0}}$，表示能源消耗系数的变动；

$(1.2)=\sqrt{\frac{\mu(e_0L_1B_1+h_1c)F_1}{\mu(e_0L_0B_1+h_1c)F_1} \times \frac{\mu(e_1L_1B_0+h_0c)F_0}{\mu(e_1L_0B_0+h_0c)F_0}}$，表示技术系数的变动；

$(1.3)=\sqrt{\frac{\mu(e_0L_0B_1+h_1c)F_1}{\mu(e_0L_0B_0+h_1c)F_1} \times \frac{\mu(e_1L_1B_1+h_0c)F_0}{\mu(e_1L_1B_0+h_0c)F_0}}$，表示最终需求部门结构的变动；

$(1.4)=\sqrt{\frac{\mu(e_0L_0B_0+h_0c)F_1}{\mu(e_0L_0B_0+h_0c)F_0} \times \frac{\lambda F_0}{\lambda F_1} \times \frac{\mu(e_1L_1B_1+h_1c)F_1}{\mu(e_1L_1B_1+h_1c)F_0} \times \frac{\lambda F_0}{\lambda F_1}}$，表示最终需求规模的变动；

$$(1.5)=\sqrt{\frac{\mu(e_0L_0B_0+h_1c)F_1}{\mu(e_0L_0B_0+h_0c)F_1}\times\frac{\mu(e_1L_1B_1+h_1c)F_0}{\mu(e_1L_1B_1+h_0c)F_0}}$$，表示最终能源消耗系数的变动。

1. 数据来源

根据分解结果，我们需要上述五个因素的数据，数据来源于两类表：一类是国家统计局以 2000 年价格为基准编制的 1987～2005 年的中国投入产出可比价序列表；另一类是本书以《中国能源统计年鉴》的实物量数据为依据，编制的实物价值型能源投入产出表的实物部分。序列表中将最终需求分为八类：①农村居民消费；②城镇居民消费；③政府消费；④固定资本形成；⑤库存增加；⑥出口；⑦进口；⑧其他。为了结合实物表数据，将序列表划分为 23 个部门（见附录 5.1），其中前 8 个部门为能源部门：煤炭、石油、天然气、水电（含核电）为一次能源部门；火电、成品油（包括燃料油、汽油、柴油和煤油）、焦炭、热力和燃气及其他能源为二次能源部门。实物表中一次能源部门和非能源部门消费量采用终端消费与损失量的合计形式，二次能源部门采用终端消费、损失量和中间投入转化合计的形式。

2. 结果分析

1）三种方法的计算结果比较

表 5.2 为利用国家统计局公布的 1987～2005 年序列投入产出表计算的生产领域的能源强度 $I=E/\text{GDP}=\mu eLBF/\lambda F$，结果表明乘法分解法一般解与两极解的结果存在极小的差异，但是不影响定性结果的判断，同时，乘法分解法与加法法的结果也是一致的。

表 5.2　乘法分解法的最终解

			1987～1992 年	1992～1997 年	1997～2002 年	2002～2005 年
e'	Ie'	指数法	0.904541	0.592802	0.690715	0.876195
	Ie'	两极解	0.90257	0.59611	0.68671	0.87459
	$\Delta e'$	加法法	-1.1×10^{-5}	-5.8×10^{-5}	-2.6×10^{-5}	-8.2×10^{-6}
L	IL	指数法	0.842609	1.156032	1.024154	1.158378
	IL	两极解	0.84255	1.14172	1.02336	1.15587
	ΔL	加法法	-2.3×10^{-5}	1.88×10^{-5}	1.85×10^{-6}	9.03×10^{-6}
B	IB	指数法	1.045439	1.071931	0.981699	1.004451
	IB	两极解	1.04781	1.07856	0.99426	1.01131
	ΔB	加法法	6.5×10^{-6}	8.66×10^{-6}	-1.4×10^{-6}	2.59×10^{-7}
F	IF	指数法	0.989542	1.027523	1.013973	1.009916
	IF	两极解	0.98953	1.02828	1.00779	1.00707
	ΔF	加法法	-1.6×10^{-6}	3.01×10^{-6}	1.08×10^{-6}	6.29×10^{-7}
I	I_1/I_0	指数法	0.788474	0.754811	0.704156	1.029592
	ΔI	加法法	-3×10^{-5}	-2.7×10^{-5}	-2.5×10^{-5}	1.74×10^{-6}

2）能源强度结果分析

根据上述建立的分解模型以及编制的能源投入产出序列表，结果见表 5.3～表 5.5。

表 5.3　能源强度指标因素影响值

影响因素	1987～1992 年	1992～1997 年	1997～2002 年	2002～2005 年
能源消耗系数	0.936	0.643	0.735	0.909
技术系数	0.904	1.133	1.071	1.130
最终需求结构	1.044	1.139	1.073	1.029
最终需求	0.976	1.005	0.906	0.998
最终能源消耗系数	0.957	0.945	0.969	1.010
能源强度变化	0.825	0.787	0.742	1.065

表 5.4　能源强度因素分解的贡献率　　（单位：%）

影响因素	1987～1992 年	1992～1997 年	1997～2002 年	2002～2005 年
能源消耗系数	35	264	108	−120
技术系数	52	−99	−29	171
最终需求结构	−24	−103	−30	38
最终需求	13	−4	38	−3
最终能源消耗系数	23	41	13	13

表 5.5　能源消耗系数、技术系数的影响因素

影响因素	1987～1992 年	1992～1997 年	1997～2002 年	2002～2005 年
中间投入结构	0.655	0.576	0.729	0.903
真实能耗系数	1.429	1.116	1.009	1.006
能源消耗系数	0.936	0.643	0.735	0.909
生产完全需要结构	0.915	1.081	1.046	1.133
真实技术系数	0.987	1.048	1.025	0.998
技术系数	0.904	1.133	1.071	1.130

表 5.3 和表 5.5 中数值大于 1 表示因素的变化有导致能源强度上升的作用，数值小于 1 则表示因素的变化有促使能源强度下降的作用。表 5.4 中正值表示因素的变化与当年能源强度的变化同方向；负值表示与能源强度变化相反。由此得出以下结论。

（1）投入结构的变动是影响我国能源强度变化的最主要因素。中间投入结构和生产完全需要结构分别表示能源产品与非能源产品投入结构。由表 5.3 和表 5.5 可知，中间投入结构是我国能源强度降低的最重要的原因，始终促使能源强度下降，但有逐渐减弱的趋势。中间投入结构变动主要受到替代作用和价格的影响。一方面，随着新能源技术的日臻成熟，以及水电和核电业的迅速发展，清洁能源开始逐步替代化石能源。另一方面，在矿石燃料中，煤炭仍是最经济的能源，所以消费结构比重一直不低于 70%，把不同燃料折算成单位发热量价格，按民用电为 100%，则我国煤炭、重油、发电用天然气、民用天然气的比价为 9.6∶33.6∶43.9∶41.5。而受产业结构的影响，我国第二产业比重过大且发展迅速，内部如建材、钢铁、有色、化工等能源相关部门发展更快，涉及行业更广，生产完全需要结构的变化表现出了对能源强度的消极作用，而且趋势逐渐增强。需求增加对生产中铁矿石、电力、水泥、燃气、仪器仪表等产品的完全需要增加，行业发展蓬勃，但高能耗、低水平的小型企业泛滥，降低了整个行业的技术水平，造成了巨大的能源浪费。

（2）真实效率的变动对能源强度的实际影响很小。在众多文献中分析指出，真实能耗系数是导致中国 20 世纪 80 年代和 90 年代能源强度降低最主要的因素。但本书利用 RAS 法从能源消耗系数降低的根本原因分析，认为真实能源效率并没有提高，反而导致能源强度上升，然而其消极作用表现出越来越弱的趋势。也就是说各行业每增加一单位产值，消耗的能源并没有明显减少，行业内部能源效率没有明显提高。虽然个别企业和行业推广了新技术及设备，但受到价格和成本等因素的影响，企业不愿意淘汰耗能的落后设备，更不愿意引进价格过高的国外先进技术，因此生产链中往往出现大量的瓶颈行业，限制了整个部门能耗效率的提高。而产业之间也是如此，整体效率不高。从表 5.4 也可以验证，真实技术系数的影响也不大。

（3）中间投入结构和最终需求结构的变动对能源强度的影响是始终如一的。结合表 5.3 和表 5.4，众多因素对能源强度的影响都出现不同程度的波动，只有中间投入结构和最终需求结构变动始终如一。中间投入结构始终促使能源强度降低，而最终需求结构变动始终导致能源强度上升。随着生活水平的提高，居民消费对汽车、住房、家用电器等的消费增加，明显替代了过去以衣、食为主的消费模式，带动了相关产业生产增加，能耗上升。同时，消费结构的升级也带动了钢铁、建材等高能耗行业投资结构和出口结构的增加，因此，最终需求结构始终导致能耗增长。

（4）生产完全需要结构和最终需求结构的变动是导致 2002～2005 年我国能源强度反向上升最主要的原因。表 5.3 和表 5.5 显示，生产完全需要结构和需求结构变动的影响成为造成 2002～2005 年我国能源强度上升最为重要的原因。2002～

2005 年“十五”期间，我国经济的粗放型增长模式虽然带来了国民经济的大幅度增长，但也使得整个工业增长和城市建设出现了失控的现象。例如，“十五”期间是我国公路基础设施建设发展最快的时期。启动了新中国成立以来规模最大的农村道路改善工程。2003～2005 年共建成农村公路 35.2 万公里，其中沥青路和水泥路 19.2 万公里，超过 1949～2002 年 53 年农村公路建设里程之和。基础建设的急速扩张要求生产提供更多的高耗能产品。

参考文献

李景华. 2004. 中国第三产业投入产出分析：1987—2005//中国投入产出分析应用论文集粹. 北京：中国统计出版社.

Ang B W. 2004. Decomposition analysis for policy making in energy：which is the preferred method? Energy Policy，32：1131-1139.

De Haan M. 2001. A structural decomposition analysis of pollution in the netherlands. Economic Systems Research，13（2）：181-196.

Dietzenbacher E，Los B. 1998. Structural decomposition techniques：Sense and sensitivity. Economic Systems Research，10（4）：307-24.

Dietzenbacher E，Los B. 2000. Structural decomposition analyses with dependent determinants. Economic Systems Research，4（12）：497-514.

Dietzenbacher E，Stage J. 2006. Mixing oil and water? Using hybrid input-output tables in a structural decomposition analysis. Economic Systems Research，1（18）：85-95.

Fujikawa K，Milana C. 2002. Input-output decomposition analysis of sectoral price gaps between Japan and China. Economic Systems Research，1（14）：59-79.

Hitomi K，Okuyama Y，Geoffrey J D，et al. 2000. The role of interregional trade in generating change in the regional economies of Japan，1980-1990. Economic Systems Research，4（12）：515-537.

Kagawa S，Inamura H. 2004. A simple multi-regional input-output account for waste analysis. Economic Systems Research，1（16）：3-22.

Lin X，Polenske K R. 1995. Input-output anatomy of China's energy use changer in the 1980s. Economic Systems Research，（7-1）：67-83.

Liu A，Saal D S. 2001. Structural Change in Apartheid-era South Africa：1975—1993. Economic Systems Research，3（13）：235-257.

Zhou P，Ang B W. 2008a. Decomposition of aggregate CO_2 emissions：A production-theoretical approach. Energy Economics，30：1054-1067.

Zhou P，Ang B W. 2008b. Linear programming models for measuring economy-wide energy efficiency performance. Energy Policy，36：2911-2916.

附录 5.1 本章序列投入产出表部门分类

代码	部门	代码	部门
1	煤炭开采和洗选业	13	木材加工及家具制造业
2	石油开采业	14	纸印刷及文教用品业
3	天然气开采业	15	化学工业
4	水电生产业	16	非金属矿物制品业
5	火电生产业	17	金属冶炼及压延业
6	石油及核燃料加工业	18	金属制品业
7	炼焦业	19	机械、电气、电子设备业
8	热力、燃气、水的生产供应业	20	其他工业
9	农业	21	建筑业
10	其他矿产采选业	22	运输邮电仓储业
11	食品饮料和烟草制造业	23	其他服务业
12	纺织业		

第六章

基于能源投入占用产出模型的我国碳减排成本曲线的估计

二氧化碳减排成本是研究减排量、减排目标和碳交易等气候变化问题的基础，是解决中国自愿减排承诺下的低碳减排路径选择的重要衡量指标。为了在减排经济成本最小的目标下完成减排目标，应在减排期内制订合理的减排目标和可行的减排方案，特别是要考虑技术进步因素对减排成本的动态影响，选择成本最小的低碳减排策略。长期来看，减排目标的实现主要是依靠科技进步和结构优化，但是短期内的减排则只能依靠限制高排放部门的发展来实现，短期内的强制减排必然需要付出较大的经济代价。由于不同国家所处经济发展阶段、产业结构、能源消费结构以及资源禀赋的不同，其减排行动需要付出的代价存在巨大差异；即使在同一个国家，从历史规律来看，随着减排技术的提高和经济发展阶段的不同，减排成本也存在动态演变。为了实现我国提出的“到2020年单位GDP二氧化碳排放要在2005年基础上降低40%～45%，到2030年单位GDP二氧化碳排放要在2005年基础上降低60%～65%”的碳强度减排目标，我国政府采取了持续的节能减排的财政政策。2008～2014年我国用于节能环保的财政增量支出占每年的中央财政增量收入的比例年均约为 4.33%[①]，这意味着每年增收的中央财政中被节能减排成本抵消掉的部分非常可观，而且随着减排力度的加大，该比例还将继续增大。因此在减排成本的基础上研究科学的碳减排策略，不仅具有重要的理论价值，而且可以有效地支撑气候变化领域的国际合作，具有较强的现实意义。

---

① 比例为作者根据中华人民共和国财政部网站公布的《中央公共财政支出预算/决算表》计算得到的，http://yss.mof.gov.cn/zhengwuxinxi/caizhengshuju/index.html。

第一节　边际减排成本研究的模型方法

一、边际减排成本

二氧化碳边际减排成本是指额外减少一单位二氧化碳排放量所引起的经济总量的减少，是二氧化碳减排的机会成本。影子价格是指有限资源或产品在最优分配、合理利用条件下，对社会目标的边际贡献或边际收益。其理论基础是边际效用价值，反映资源稀缺性，该方法最早由苏联经济学家 Kantorovitch 和荷兰经济学家 Jan Tinbergen 提出并进行了研究。由于影子价格与边际成本均反映了资源或产品的机会成本，所以本章以影子价格刻画边际减排成本，利用线性规划对偶问题研究二氧化碳减排的边际成本，通过建立和求解资源优化配置的线性规划模型，来推求总体最优情况下的减排量约束对应的拉格朗日乘子，即影子价格，拟合出边际减排成本曲线。

二、静态边际减排成本曲线估计模型

目标函数为增加值（GDP）最大化：

$$\max \quad V=\sum_{j=1}^{n} a_{vj} X_j, \quad j=1,2,\cdots,24 \tag{6.1}$$

约束条件包括投入产出约束、总产值约束、二氧化碳排放量约束、出口约束和进口约束：

$$\text{s.t.}\begin{cases} AX+Y+E-I \leqslant X \\ X^{\mathrm{l}} \leqslant X \leqslant X^{\mathrm{h}} \\ \sum a_{cj} X_j \leqslant C \\ 0 \leqslant E \leqslant E^{\mathrm{h}} \\ 0 \leqslant I \leqslant I^{\mathrm{h}} \end{cases} \tag{6.2}$$

其中，V 为国民经济中各部门增加值总量，即 GDP；X 为总产出列向量，X_j 为第 j 部门的总产出，X^{h}、X^{l} 分别为总产出的上、下界向量；A 为直接消耗系数矩阵；Y 为最终产品列向量，包括消费和投资；E 为出口列向量，E^{h} 为出口上界向量；I 为进口向量，I^{h} 为进口上界向量；a_{vj} 为增加值系数；a_{cj} 为第 j 部门的单位产值碳排放量，即直接碳排放系数；C 为二氧化碳排放量。

定义 6.1 直接消耗系数，表示各部门对各类产品的单位产值的消耗，其元素 a_{ij} 表示 j 产品单位产值对 i 产品的消耗，即

$$a_{ij} = X_{ij}/X_j, \quad i,j = 1,2,\cdots,n \tag{6.3}$$

定义 6.2 增加值系数，a_{vj} 表示生产单位产值的 j 产品中所包含的增加值，即

$$a_{vj} = V_j/X_j \tag{6.4}$$

定义 6.3 直接碳排放系数，a_{cj} 表示生产单位产值 j 产品直接排放的二氧化碳，即

$$a_{cj} = C_j/X_j \tag{6.5}$$

考虑到二氧化碳减排量本身的稀缺性，本章中拟合的边际减排成本曲线为指数形式，初始值为正值。经过模型的测算和拟合，得到边际减排成本函数如下：

$$\mathrm{MC} = a^{1+R} \tag{6.6}$$

其中，MC 表示减少每吨二氧化碳的边际减排成本；R 表示减排率；a 表示初始边际减排成本及广义技术进步因子。

三、基于技术进步的动态减排成本曲线估计模型

基于静态减排成本曲线的估计，建立技术进步型边际减排成本函数，实现对减排成本曲线趋势的预测估计。本书利用科布-道格拉斯生产函数，建立国民生产总值、劳动力、资本投入与技术进步参数的关系。根据国家统计局经验值，一般选择劳动力替代弹性 $\alpha = 0.35$，资本替代弹性 $\beta = 0.65$。采用 1989～2008 年共 20 年的数据，每年的资本存量选取工业企业流动资产年平均余额与固定资产净值年平均余额之和，劳动力选择年末从业人员人数，计算可以得到每年的技术进步参数 AI。

对技术进步参数做单位根 ADF 检验，说明原序列平稳，可以建立自相关函数。进一步拟合技术进步率的自相关函数，经过相关性检验，得到滞后一期和二期的偏自相关系数都明显不为 0。同时对残差进行 LM 检验，接受原假设（原假设不存在相关性），回归方程直到 2 阶滞后不存在序列相关。对 ARMA 模型的残差序列进行白噪声检验（随机性检验），滞后期＞1，残差序列的样本自相关系数近似

为 0。因此建立 ARMA（2，1）模型，得到技术进步率的自回归模型如下：

$$\dot{\mathrm{AI}}(t) = -0.502722\,\dot{\mathrm{AI}}(t-1) - 0.423859\,\dot{\mathrm{AI}}(t-2) + 0.917580\varepsilon(t-1) + \varepsilon(t) \quad (6.7)$$

其中，$\dot{\mathrm{AI}}(t) = \mathrm{AI}(t)/\mathrm{AI}(t-1)$ 表示第 t 期的技术进步率；$\dot{\mathrm{AI}}(t-1)$ 和 $\dot{\mathrm{AI}}(t-2)$ 分别表示滞后一期和二期的技术进步率；$\varepsilon(t)$ 表示白噪声。

四、趋势照常情景下的二氧化碳排放预测

基准期（BAU）下二氧化碳排放率的预测，是在无减排政策的趋势照常情景下，由于经济系统自身固有的技术进步，一定经济增长必然产生的二氧化碳排放。本书利用协整-误差修正模型（ECM）来建立基准期情景下排放率的测算模型，测度 GDP 增长率 $x(t)$与二氧化碳排放增长率 $y(t)$之间的稳定关系。

分别对我国 1978～2009 年二氧化碳排放增长率和 GDP 增长率进行 ADF 单位根检验，得到这两个原序列均为非稳定序列，但二阶差分为平稳序列，判定都具有 2 阶单整的性质。利用 EG 两步法进行检验，对两变量滞后一期的数值 $y(-1)$和 $x(-1)$进行最小二乘回归，并对残差序列做单位根检验，ADF 检验认为估计残差序列为平稳序列，表明二氧化碳排放增长率和 GDP 增长率具有协整关系。

GDP 增长率与二氧化碳排放增长率之间的误差修正模型表示如下：

$$\Delta y(t) = -0.0000803 + 0.440810\Delta x(t) - 0.948003\mathrm{ECM}(t-1) + \mu(t) \quad (6.8)$$

其中，Δy 表示二阶差分后的二氧化碳排放增长率；Δx 表示二阶差分后的 GDP 增长率；ECM 为误差修正项，即反映了 GDP 增长率、二氧化碳排放增长率的短期波动偏离它们长期均衡关系的程度；$\mu(t)$为白噪声。同时得到基准期的 GDP 增长率对应的二氧化碳排放增长率，见表 6.1。结果表明，经济增长率越大，能源需求越大，因此二氧化碳排放增长率也越大；而随着技术进步和产业结构的优化，能源利用效率不断提高，排放的增长速度 y 低于经济的增长速度 x（即 $0<y<x<1$），两者之间长期维持一种稳定的正相关关系。

表 6.1　基准情景下二氧化碳排放增长率与 GDP 增长率的关系（单位：%）

GDP 增长率	9	8	7
二氧化碳排放增长率	6.85	6.41	5.96

五、减排策略成本优化模型

为了实现 2020 年低碳强度减排目标，以更少的经济损失实现减排目标，需要

基于动态减排成本曲线的预测，建立减排策略的成本优化模型。减排成本是指技术进步型边际减排成本曲线对减排量的积分。本书以减排成本最小为目标，构建减排策略成本优化模型，提出非等量递增减排策略，该策略使得2010～2020年减排成本之和较小。模型建立目标函数为减排成本最小：

$$\min \quad K_t = \int_{u_t^1}^{u_t^2} \mathrm{MC}(R_t)\mathrm{d}D(u_t) \tag{6.9}$$

$$\text{s.t.}\begin{cases} h_t = (1+y_t)/(1+x_t)-1, & 0<y_t<x_t<1 \\ (1+h_t) = (1+\xi)^{t-1}(1+h_0), & -1<h_t<1 \\ D_T = \left\{[(1+h_0)(1+x)]^t(1+\xi)^{t-1}-(1+y)^t\right\}u_0 \\ D,u>0 \\ \xi>0 \end{cases}$$

目标函数说明如下。

减排后二氧化碳排放量u_t^1；趋势照常情境下二氧化碳排放量u_t^2；二氧化碳减排量$D_t(D_t=u_t^2-u_t^1)$；对应的减排率为$R_t(R_t=D_t/u_t\times 100)$；$K_t$表示第$t$年减排成本；边际减排成本函数$\mathrm{MC}(R_t)$是减排率$R$的函数。

约束条件说明如下。

（1）根据基准期情境的研究结果，碳强度减排目标与GDP增长率和二氧化碳排放增长率之间存在如下的转换关系：

$$h_t = (1+y_t)/(1+x_t)-1, \quad 0<y_t<x_t<1 \tag{6.10}$$

其中，h_t表示第t年碳强度减排目标；y_t表示第t年二氧化碳排放增长率；x_t表示第t年GDP增长率。

（2）从减排目标来看，假定各年强度减排目标之间存在稳定的增长关系：

$$(1+h_t) = (1+\xi)^{t-1}(1+h_0), \quad -1<h_t<1 \tag{6.11}$$

其中，h_0表示2010年为初始年的减排目标；h_t表示2011～2020年强度减排目标；ξ表示减排后各年实际排放量的平均增长率。

那么，在给定的最终目标$\bar{h}$下，h_0可表示为

$$(1+h_0) = [\bar{h}/(1+\xi)^{1+2+\cdots+t}]^{1/t} = [\bar{h}/(1+\xi)^{t(t-1)/2}]^{1/t} \tag{6.12}$$

则对应[40%，45%]的碳强度目标，h_0可表示为

$$(1+h_0) = [\bar{h}_{4045}/(1+\xi)^{55}]^{1/11} \tag{6.13}$$

（3）令u_0表示2010年的二氧化碳排放量。在一定的GDP增长率下，累计减排量D_T可以写成

$$D_T = \left\{[(1+h_0)(1+x)]^t(1+\xi)^{t-1}-(1+y)^t\right\}u_0 \tag{6.14}$$

令$M=[(1+h_0)(1+x)]^t$，$S=(1+y)^t$，则减排成本可以简化为如下公式：

$$K_T(D)=\mathrm{MC}\times D_T=a^{1+[M(1+\xi)^{t-1}-S]}[M(1+\xi)^{t-1}-S]u_0 \tag{6.15}$$

求解式（6.15）的一阶偏导数，并令其为零，简化后求导结果表示如下：

$$\frac{\mathrm{d}K_T}{\mathrm{d}\xi}=\ln a\times M+1=S\times\ln a=0 \tag{6.16}$$

分别将 M 和 S 代入式（6.14），可得到

$$(1+h_0)=\left[(1+y)^t-\frac{1}{\ln a}\right]^{1/t}\left(\frac{1}{1+x}\right) \tag{6.17}$$

从而得到令总减排成本最小的 h_0，令减排成本最小的 ξ，以及各年非等量的碳强度减排目标。

第二节　减排策略成本优化模型的实证分析

一、国际减排成本曲线比较分析

本章实证分析主要选取中国、智利、印度尼西亚、墨西哥四个发展中国家以及美国、澳大利亚、加拿大、韩国四个发达国家进行减排成本的国际比较。这些国家的排放水平差异很大，其中由于中国和美国的排放总量与经济规模远大于其他国家，所以要对其减排成本进行单独比较。选取 2005 年为基准年，不同国家的投入产出表均来自 OECD①，能源平衡表来自 GTAP（global trade analysis project）数据库。模型中生产部门划分为 24 个，其他数据来源包括：IPCC 报告估算的二氧化碳排放因子、国际能源署的二氧化碳排放数据和世界银行的 GDP 数据②。

基于各国边际减排成本曲线，测算各国减排的宏观经济损失，比较结果表明，减排等量的二氧化碳，发展中国家所要付出的成本并不比发达国家少，甚至比某些发达国家更多。从静态角度分析，发展中国家所要付出的宏观经济减排损失明显高于发达国家（图 6.1）。例如，分别减少 10 万吨和 50 万吨二氧化碳，发展中国家的宏观经济代价分别为：墨西哥（0.18%，1.39%）、印度尼西亚（0.27%，2.21%）；发达国家分别为：澳大利亚（0.18%，1.34%）、加拿大（0.11%，0.74%）、韩国（0.13%，0.88%）。

---

① OECD 2011 年 1 月 10 日公布：http: //www.oecd.org/document/3/0，3343，en_2649_34445_38071427_1_1_1_1，00.html.

② 各国 GDP 增速情景设定依据世界银行历史数据估算：智利 5%、墨西哥 5%、印度尼西亚 7%、澳大利亚 4%、加拿大 3%、韩国 5%。

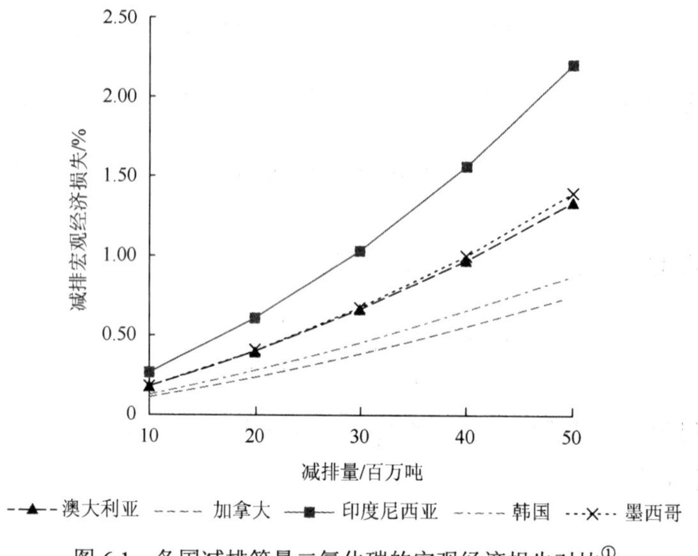

图 6.1　各国减排等量二氧化碳的宏观经济损失对比①

从中、美两国比较来看（图 6.2），减排等量的二氧化碳，美国的边际减排成本大于中国。如果减排 2 亿吨二氧化碳，美国和中国的边际减排成本分别为 139 美元/吨二氧化碳和 51 美元/吨二氧化碳。但从中、美两国的宏观经济损失来看，美国减排 2 亿吨和 10 亿吨二氧化碳的宏观经济损失分别相当于其 2005 年 GDP 的 0.22%和 0.38%，而中国减排 2 亿吨和 10 亿吨二氧化碳的宏观经济损失

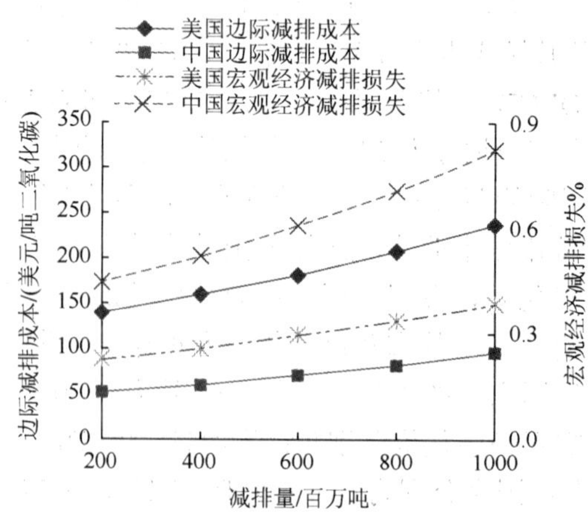

图 6.2　中国和美国减排等量二氧化碳的宏观经济损失对比

① 智利减排等量二氧化碳的宏观经济损失远大于其他国家，因此图中未显示。美国的经济体量比较大，因此没有放在此图中，而是与中国单独进行比较，见图 6.2。

分别占 2005 年 GDP 的 0.45%和 0.82%。因此，减排等量的二氧化碳对中国的宏观经济损失要远大于美国，而且随着减排量的增加，对中国的宏观经济影响将更大。

二、我国减排成本曲线的动态演变规律

数据来源主要如下：①国家统计局公布的 1987～2007 年的可比价投入产出表，生产部门分为 42 个；②能源消耗量数据来源于国家统计局公布的历年《中国能源统计年鉴》及第二次经济普查数据；③二氧化碳排放系数主要根据《2006 年 IPCC 国家温室气体清单指南》以及国家统计局编制的《中国能源统计年鉴》中公布的计算公式和相关数据。

研究结果表明（图 6.3 和图 6.4），等量减排下历年边际减排成本的动态演化趋势中，边际减排成本、减排量和时间存在动态相关关系。无论从绝对量还是从相对量减排来看，边际减排成本曲线均呈现出了逐年递减的趋势，主要体现了技术进步的效果，随着减排技术水平的提高，减排行动更加容易。减排 8 亿吨二氧化碳，1987 年的成本高达 1449 元/吨二氧化碳，1992 年、1997 年、2002 年和 2007 年的成本逐年有所减少，依次为 1355 元/吨二氧化碳、1308 元/吨二氧化碳、1218 元/吨二氧化碳和 864 元/吨二氧化碳。在技术进步的趋势下，减排等量的二氧化碳，较晚减排付出的成本可以相对低一些，因此适当推迟减排行动开始的时间可以一定程度上降低付出的代价。特别是我国正处于技术进步和经济发展的快速增长期，适当推迟减排行动能够获得推广成本更低而效果更好的先进减排技术，对我国经济是有利的。

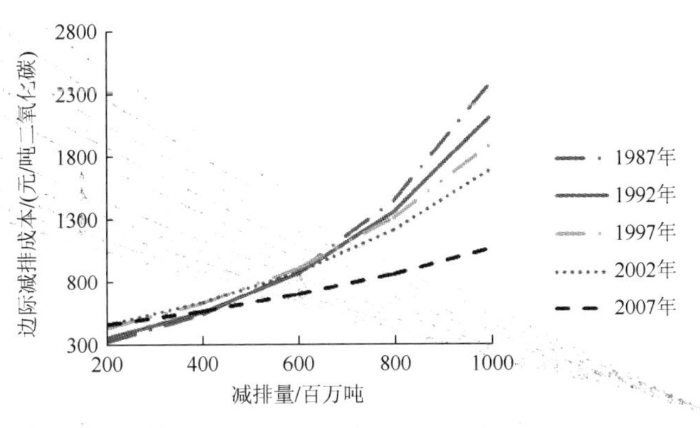

图 6.3　历年边际减排成本的动态演变实证结果

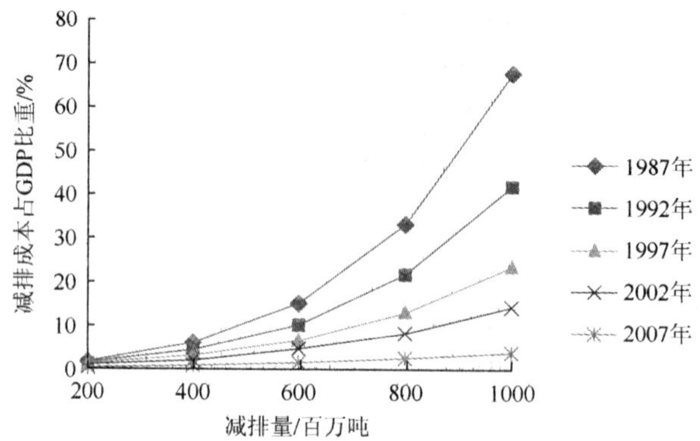

图 6.4　等量减排的宏观经济损失的实证结果

三、我国减排成本曲线趋势预测

考虑到生产函数与成本函数的对偶性，根据历年边际减排成本函数中参数 a 的变化率与生产函数中技术进步率的拟合发现，相关系数达到 0.999，因此可以认为生产函数中的技术进步参数 A 与边际减排成本函数中的参数 a 的变化率是一致的。因此，可以由技术进步型动态减排成本估计模型对参数 a 进行预测，得到 2010～2020 年技术进步型边际减排成本曲线的演化趋势，预测结果如图 6.5 所示。

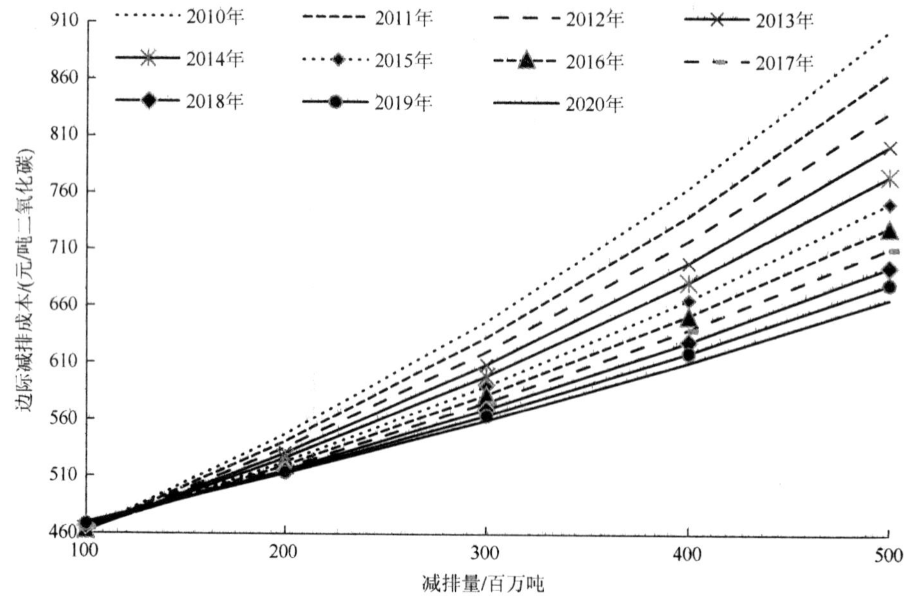

图 6.5　技术进步型边际减排成本预测

四、实现 2020 年减排目标的策略分析

所谓等量减排目标，是将 2020 年的减排目标按照几何平均值换算，各年实现相等的碳强度下降目标；非等量减排目标是相对于等量减排目标而言，各年减排目标随一定的变化率而增长或降低。其中，随变化率逐年增加的减排目标称为非等量递增减排目标，反之为非等量递减减排目标。正如上面的实证研究结果所示，由于技术进步的作用，边际减排成本曲线呈现一定的动态特点，较晚开始减排的成本较小。因此，本书提出六种减排策略情景，见表 6.2。与制订等量减排目标相比，采用非等量递增减排目标的减排成本相对较小，各年非等量递增减排目标见表 6.3。

表 6.2　六种减排策略情景

总减排目标	情景	年均减排目标
实现 2020 年比 2005 年碳强度降低 45%	递增 45	减排期内，各年减排目标递增，初始年目标 1.19%
	递减 45	减排期内，各年减排目标递减，初始年目标 5.75%
	45	减排期内，各年减排目标相同，年均减排目标 3.85%
实现 2020 年比 2005 年碳强度降低 40%	递增 40	减排期内，各年减排目标递增，初始年目标 1.13%
	递减 40	减排期内，各年减排目标递减，初始年目标 5.00%
	40	减排期内，各年减排目标相同，年均减排目标 3.09%

表 6.3　各年非等量递增强度减排目标　（单位：%）

年份	各年减排（40%减排目标）	各年减排（45%减排目标）
2010	1.82	1.80
2011	2.07	2.22
2012	2.33	2.63
2013	2.58	3.04
2014	2.83	3.44
2015	3.09	3.85
2016	3.34	4.25
2017	3.59	4.66
2018	3.84	5.06
2019	4.09	5.45
2020	4.34	5.85

从减排策略模拟下的减排量来看，图 6.6 表明在实现 40%碳强度目标下，采用非等量递增、非等量递减和等量策略下各年的二氧化碳排放量［图 6.6（a)］，

以及与基准期相比各年分别实现的减排量［图 6.6（b）］。二氧化碳排放量从大到小依次为：基准期、非等量递减策略、等量策略和非等量递增策略。从各年减排量来看，非等量递增的减排策略下各年的减排量逐渐增加，非等量递减策略下减排量逐年减少，而等量策略的减排量也逐年增加，但增速小于非等量递增策略；从各年累计减排量来看，三种策略最后一年减排量相等，但是非等量递增策略各年的累计减排量小于等量策略和非等量递减策略，因此非等量递增策略除最后一年外的减排压力最小。

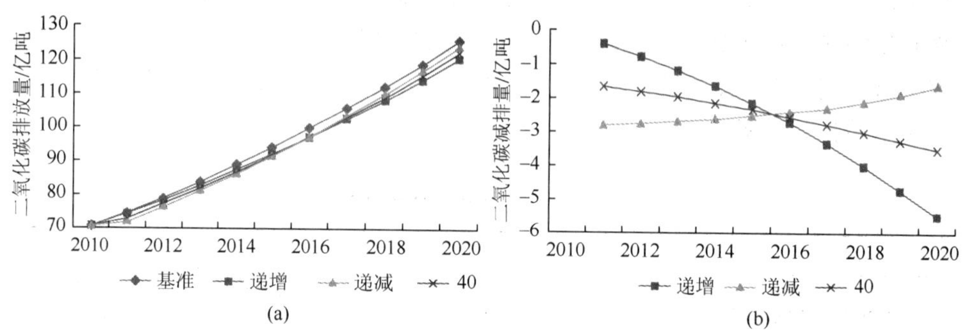

图 6.6　2010～2020 年各年二氧化碳排放量和减排量

“递增”指实现 40%目标的非等量递增策略；“递减”指实现 40%目标的非等量递减策略；“40”指等量策略；“基准”指基准期情景

从六种政策情景模拟下的减排成本来看（图 6.7），在 2010～2020 年，递增的非等量强度减排目标比等量减排目标情景下的减排成本更低。相反，非等量递减

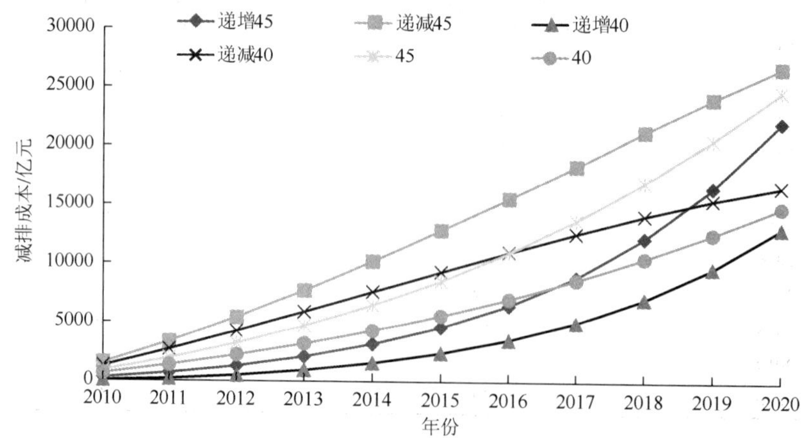

图 6.7　2010～2020 年实现减排目标下的各年累计减排成本

“递增 40”“递增 45”分别指实现 40%、45%目标的非等量递增策略；“递减 40”“递减 45”分别指实现 40%、45%目标的非等量递减策略；“40”“45”分别指实现 40%、45%目标的等量策略

策略的减排成本最大，高于非等量递增减排和等量减排；减排 40%目标下，2020 年底三种情景（顺序依次为非等量递增策略、等量策略、非等量递减策略）累计减排成本依次占当年 GDP 的 1.78%、2.02%和 2.26%；减排 45%目标下，2020 年底三种情景累计减排成本分别占当年 GDP 的 3.00%、3.36%和 3.64%。因此，从经济成本的角度来看，实现 2020 年底的减排目标，各年应该制订非等量递增的减排目标策略。这主要是由于随着减排技术的逐渐成熟，越晚开始减排的边际成本和减排成本越低，而减排目标也应该遵循该规律，采用成本最小的方案，在保证宏观经济损失最小的情况下，采取非等量递增的减排策略。

五、结论与建议

本章基于投入产出-计量优化组合模型，分别从静态和动态角度研究了国内外二氧化碳减排成本曲线估计，并预测了技术进步型减排成本曲线的演化，从定量和定性相结合的角度提出了非等量递增的减排策略，得到了四点有意义的结论及建议：①边际减排成本随减排量的增加而递增。无论是发展中国家还是发达国家，边际减排成本都呈现逐量递增的趋势，减排量越大，减少单位二氧化碳付出的成本也越大，相对的减排也越困难。②二氧化碳减排成本曲线动态演变规律具有技术进步的特点。从我国的实证结果来看，边际减排成本曲线的动态演化体现了技术进步的成果，技术进步型成本函数能更加准确地刻画不同时期、不同减排目标下的减排成本，为合理制定减排策略，选择减排时机提供了很好的分析工具。③逐年递增的减排策略可以显著减少我国的整体减排成本。无论从边际减排成本还是从宏观经济减排损失来看，我国的减排成本曲线都显著地体现了技术进步的作用，说明较晚开始减排付出的经济成本相对较小。因为我国正处于快速发展的时期，随着技术进步，较晚开始减排，则可供选择的减排技术更多，边际成本更低，企业的减排潜力更大，减排也就变得更加容易。而发达国家已经完成了工业化过程，这种优势并不明显。④实现碳强度减排目标的优化策略是非等量递增的减排策略。通过比较 2020 年底分别实现 40%和 45%的减排目标所要付出的减排成本发现，实现 45%的减排目标需要付出更大的成本。非等量递增的减排策略不仅使得减排成本更低，而且使得相对宏观经济损失更小，有利于 2020 年底减排目标的实现。

参 考 文 献

陈文颖，高鹏飞，何建坤. 2004a. 未来二氧化碳减排对中国经济的影响. 清华大学学报（自然科学版），44（6）：744-747.

陈文颖，高鹏飞，何建坤. 2004b. 用中国 MARKAL-MACRO 模型研究碳减排对中国能源系统的影响. 清华大学学报（自然科学版），44（3）：342-346.

范英，张晓兵，朱磊. 2010. 基于多目标规划的中国二氧化碳减排的宏观经济成本估计. 气候变化研究进展，6（2）：130-135.

范英. 2011. 温室气体减排的成本、路径与政策研究. 北京：科学出版社：112-151.

韩一杰，刘秀丽. 2010. 中国二氧化碳减排的减排成本测算. 管理评论，22（6）：100-105.

李陶，陈林菊，范英. 2010. 基于非线性规划的我国省区碳强度减排配额研究. 管理评论，22（6）：54-60.

刘明磊，朱磊，范英. 2011. 我国省级碳排放绩效评价及边际减排成本估计：基于非参数距离函数方法. 中国软科学，3：106-114.

沈可挺，徐嵩龄. 2002. 中国实施 CDM 项目的 CO_2 减排资源：一种经济-技术-能源-环境条件下 CGE 模型的评估. 中国软科学，7：109-114.

王灿，陈吉宁，邹骥. 2005. 基于 CGE 模型的 CO_2 减排对中国经济的影响. 清华大学学报（自然科学版），45（12）：1621-1624.

杨浩彦. 2000. 台湾地区与能源使用相关的二氧化碳减量成本估计：多目标规划分析法之应. 人文及社会科学集刊，12（3）：459-494.

Berk M M，den Elzen M G J. 2001. Options for differentiation of future commitments in climate policy：How to realise timely participation to meet stringent climate goals?. Climate Policy，1（4）：465-480.

Blanchard O，Criquil，Kitous A. 2002. After the Hague，Bonn and Marrakech：The future international market for emissions permits and the issue of hot air.

Chen W. 2005. The costs of mitigating carbon emissions in China：Findings from China MARKAL-MACRO modeling. Energy Policy，33：885-896.

Criquil P，Mmima S，Viguiel L. 1999. Marginal abatement costs of CO_2 emission reductions，geographical flexibility and concrete ceilings：An assessment using the POLES model. Energy Policy，27：585-601.

Ellerman D A，Decaux A. 1998. Analysis of Post-Kyoto CO_2 Emission Trading Using Marginal Abatement Curves// Massachusetts Institute of Technology. MIT Joint Program on the Science and Policy of Global Change，Report 40.

Elzen J，Moor G. 2002. Evaluating the Bonn-Marrakesh Agreement. Climate Policy，2：111-117.

Eyckmans J，Vanregemorter D，Steenberghe V. 2001.Is Kyoto fatally flawed? An analysis with MacGEM//Energy，Transport and Environment Working Paper Series No. 2001-18. Center For Economic Studies，Katholieke University Leuven，Leuven Belgium.

Gruetter J. 2000. CERT（Carbon Emission Reduction Trading）Model. http：//www.ghgmarket.info[2016-08-15].

Hsu Y，Chou F Y. 2000. Integrated planning for mitigating CO_2 emissions in Taiwan：A multi-objective programming approach. Energy Policy，28：519-523.

Jennifer M，Sergey P，John R. 2012. Marginal Abatement Cost and Marginal Welfare Costs for Greenhouse Gas Emissions Reductions：Results from the EPPA Model Environmental Modeling & Assessment，17（4）：325-336.

Loeschl A，Zhang Z X. 2003. The economic and environmental implications of the US repudiation of the Kyoto Protocol and the subsequent deals in Bonn and Marrakech. Weltwirtschaftliches Archiv，138（4）：711-746.

Lucas P L，Elzen J，Vuuren D P. 2002. Multi-gas abatement analysis of the Marrakech Accords. Paper prepared for the conference on Global Trading.

Maddison D. 1995. A Cost Benefit Analysis of Slowing Climate Change Energy Policy，23（4-5）：337-346.

Manne A S，Richels R G. 1991. Global CO_2 emissions reduction：The impact of rising energy costs. The Energy Journal，12（1）：87-107.

Nordhaus W D. 1991. The cost of slowing climate change：A survey. Energy Journal，12：37-65.

Rose A，Steven B. 1993. The efficiency and equity of marketable permits for CO_2 emissions. Resource and Energy Economics，15：117-146.

Steenberghe V. 2002. CO_2 abatement costs and permit's price：Exploring the impact of banking and the role of future commitment//Paper prepared for the conference on Global Trading.

The World Bank. 2004. Clean Development Mechanism in China. 2nd ed. Washington.

Zhang Z X. 1996. Cost-effective analysis of carbon abatement options in China's electricity sector. Energy Sources，20：385-405.

第七章

基于能源投入占用产出局部闭模型的高铁建设投资的短期效应综合评估

当前中国，传统铁路发展远不能满足各行业对综合交通运输体系的需求，中国政府正在加大对高铁行业的规划与投资，2004 年、2008 年、2016 年国家铁路局相继颁布《中长期铁路网规划》及调整。从 2008 年 8 月第一条高铁京津城际通车运营，到 2015 年底，中国高速铁路运营里程已达 1.9 万公里，位居世界第一。2016 年 6 月，沪昆高铁最西段——贵州至云南段实现“滇黔”牵手，沪昆高铁完成全线贯通，在中国高速铁路“四纵四横”运输网络画上最后一笔。目前，中国已经拥有全世界最大规模以及最高运营速度的高铁网络，高铁与其他铁路共同构成的快速客运网可基本覆盖全国 50 万以上人口城市。以时间为轴形成的新经济圈，推动了产业的空间布局，加速了产业结构调整，提高了就业率，提高了区域间劳动力、资本、自然资源等配置效率，促进了区域经济协调发展。

在中国政府大力发展建设高铁网络的当下，综合评估中国高铁建设投资给国民经济和环境带来的影响具有十分重要的现实意义，基于此，本章主要从投入产出视角研究分析中国高铁投资给国民经济、居民就业和环境影响等层面带来的冲击效应，并在此基础上分析其内在含义。

第一节　高铁建设投资的短期效应综合评估的模型方法

一、高铁投入产出局部闭模型

在传统投入产出表基础上，本书做了如下调整（表 7.1）：①将（农村和城镇）

居民消费分解为内生消费和外生消费两个部分，其中由当期收入决定的消费定义为内生消费（分解方法将在后面给出）；②区分了高铁设备制造业和高铁基础建设业两个部门；③对进口品进行了区分，得到了非竞争型投入产出表。

表 7.1　高铁投资投入产出局部闭模型结构表

投入＼产出		中间使用							最终使用			外生收入	总产出
		s_1	…	s_n	高铁设备制造业	高铁基础建设业	农村居民部门	城镇居民部门	农村居民部门	城镇居民部门	其他最终使用		
国内中间投入	s_1	$Z^{\mathrm{d}}=(z_{ij})_{n\times n}$			U_1^*	HB_1^*	$C_{\mathrm{nc}1}^{\mathrm{en}}$	$C_{\mathrm{cz}1}^{\mathrm{en}}$	$C_{\mathrm{nc}1}^{\mathrm{ex}}$	$C_{\mathrm{cz}1}^{\mathrm{ex}}$	f_1		x_1
	⋮				⋮	⋮	⋮	⋮	⋮	⋮	⋮		⋮
	s_n				U_n^*	HB_n^*	$C_{\mathrm{nc}n}^{\mathrm{en}}$	$C_{\mathrm{cz}n}^{\mathrm{en}}$	$C_{\mathrm{nc}n}^{\mathrm{ex}}$	$C_{\mathrm{cz}n}^{\mathrm{ex}}$	f_n		x_n
	高铁设备制造业	U_1	…	U_n	U_{n+1}^{**}	U_{n+2}					f_{n+1}		x_{n+1}
	高铁基础建设业	HB_1	…	HB_n	HB_{n+1}	HB_{n+2}^{**}					f_{n+2}		x_{n+2}
	农村居民部门	$I_{\mathrm{nc}1}^{\mathrm{en}}$	…	$I_{\mathrm{nc}n}^{\mathrm{en}}$	$I_{\mathrm{nc}\,n+1}^{\mathrm{en}}$	$I_{\mathrm{nc}\,n+2}^{\mathrm{en}}$						I_1	x_{n+3}
	城镇居民部门	$I_{\mathrm{cz}\,1}^{\mathrm{en}}$	…	$I_{\mathrm{cz}\,n}^{\mathrm{en}}$	$I_{\mathrm{cz}\,n+1}^{\mathrm{en}}$	$I_{\mathrm{cz}\,n+2}^{\mathrm{en}}$						I_2	x_{n+4}
其他增加值		$\bar{V}_1$	…	$\bar{V}_n$	$\bar{V}_{n+1}$	$\bar{V}_{n+2}$							
居民所得税和家庭储蓄							V_{nc}	V_{cz}					
进口		m_1	…	m_n	m_{n+1}	m_{n+2}	m_{n+3}	m_{n+4}					
总投入		x_1	…	x_n	x_{n+1}	x_{n+2}	x_{n+3}	x_{n+4}					

从表 7.1 可以得到如下等式关系。

行平衡：

$$\sum_{j=1}^{n} z_{ij}^{d}+U_i^*+\mathrm{HB}_i^*+C_{\mathrm{nc}i}^{\mathrm{en}}+C_{\mathrm{nc}i}^{\mathrm{ex}}+C_{\mathrm{cz}i}^{\mathrm{en}}+C_{\mathrm{cz}i}^{\mathrm{ex}}+f_i=x_i,\quad i=1,2,\cdots,n \tag{7.1}$$

$$\sum_{j=1}^{n} U_j+U_{n+1}^{**}+U_{n+2}+f_{n+1}=x_{n+1} \tag{7.2}$$

$$\sum_{j=1}^{n} \mathrm{HB}_j+\mathrm{HB}_{n+1}+\mathrm{HB}_{n+2}^{**}+f_{n+2}=x_{n+2} \tag{7.3}$$

$$\sum_{j=1}^{n+2} I_{\mathrm{nc}j}^{\mathrm{en}}+I_1=x_{n+3} \tag{7.4}$$

$$\sum_{j=1}^{n+2} I_{\mathrm{cz}j}^{\mathrm{en}}+I_2=x_{n+4} \tag{7.5}$$

列平衡：

$$\sum_{i=1}^{n} z_{ij}^{\mathrm{d}} + U_j + \mathrm{HB}_j + I_{\mathrm{nc}j}^{\mathrm{en}} + I_{\mathrm{cz}j}^{\mathrm{en}} + \bar{V}_j + m_j = x_j, \quad j=1,2,\cdots,n \tag{7.6}$$

$$\sum_{i=1}^{n} U_i^{*} + U_{n+1}^{**} + \mathrm{HB}_{n+1} + I_{\mathrm{nc}\,n+1}^{\mathrm{en}} + I_{\mathrm{cz}\,n+1}^{\mathrm{en}} + \bar{V}_{n+1} + m_{n+1} = x_{n+1} \tag{7.7}$$

$$\sum_{i=1}^{n} \mathrm{HB}_i^{*} + U_{n+2} + \mathrm{HB}_{n+2}^{**} + I_{\mathrm{nc}\,n+2}^{\mathrm{en}} + I_{\mathrm{cz}\,n+2}^{\mathrm{en}} + \bar{V}_{n+2} + m_{n+2} = x_{n+2} \tag{7.8}$$

$$\sum_{i=1}^{n} C_{\mathrm{nc}i}^{\mathrm{en}} + \sum_{i=1}^{n} C_{\mathrm{nc}i}^{\mathrm{ex}} + m_{n+3} + V_{\mathrm{nc}} = x_{n+3} \tag{7.9}$$

$$\sum_{i=1}^{n} C_{\mathrm{cz}i}^{\mathrm{en}} + \sum_{i=1}^{n} C_{\mathrm{cz}i}^{\mathrm{ex}} + m_{n+4} + V_{\mathrm{cz}} = x_{n+4} \tag{7.10}$$

其中，$Z^{\mathrm{d}} = (z_{ij})_{n\times n}$ 表示 n 部门之间的中间投入矩阵；U_j 表示部门 j 对高铁设备制造业的直接消耗量，U_i^{*} 表示高铁设备制造业对部门 i 的直接消耗量，U^{**} 表示高铁设备制造业部门内部的投入，$U_{n+1}^{**} = U_{n+1} = U_{n+1}^{*}$；$\mathrm{HB}_j$ 表示部门 j 对高铁基础建设业的直接消耗量，HB_i^{*} 表示高铁基础建设业对部门 i 的直接消耗量，HB_{n+2}^{**} 表示高铁基础建设业部门内部的投入，$\mathrm{HB}_{n+2}^{**} = \mathrm{HB}_{n+2} = \mathrm{HB}_{n+2}^{*}$，另外 $U_{n+2} = \mathrm{HB}_{n+1}^{*}, \mathrm{HB}_{n+1} = U_{n+2}^{*}$；$I_{\mathrm{nc}\,j}^{\mathrm{en}}$ 表示农村居民在部门 j 所获得内生收入额，$I_{\mathrm{cz}\,j}^{\mathrm{en}}$ 表示城镇居民在部门 j 所获得内生收入额；$C_{\mathrm{nc}\,i}^{\mathrm{en}}$ 表示农村居民对部门 i 商品的内生消费量，$C_{\mathrm{nc}\,i}^{\mathrm{ex}}$ 表示农村居民对部门 i 商品的外生消费量；$C_{\mathrm{cz}\,i}^{\mathrm{en}}$ 表示城镇居民对部门 i 商品的内生消费量，$C_{\mathrm{cz}\,i}^{\mathrm{ex}}$ 表示城镇居民对部门 i 商品的外生消费量；$\bar{V}_j$ 表示第 j 部门其他增加值，即部门 j 增加值减去居民内生收入所剩余部分；m_j 表示部门 j 对进口商品的直接消耗量；f_i 表示部门 i 的其他最终使用部分，包括政府消费、固定资本形成和出口；V_{nc}、V_{cz} 分别表示农村居民和城镇居民的居民所得税与家庭储蓄；x_i 表示第 i 部门总产出，x_{n+1}、x_{n+2} 分别表示高铁设备制造业、高铁基础建设业总产出，x_{n+3}、x_{n+4} 分别表示农村居民部门和城镇居民部门的总收入；在本模型中，假设居民部门对高铁设备制造业和高铁基础建设业产出产品没有消费，同时居民部门之间所形成的劳动服务，在投入产出表中居民服务部门已经刻画，因此在本模型中设定此阴影部分为零。

在模型中，可以得到直接消耗矩阵 $A^{\mathrm{d}} = (a_{ij}^{\mathrm{d}})_{n\times n}$，其中，$a_{ij}^{\mathrm{d}} = z_{ij}^{\mathrm{d}} / x_j$；高铁设备制造业列向中间消耗向量 $A_{U*}^{\mathrm{d}} = (u_i^{*\mathrm{d}})_{(n+2)\times 1}$，其中，$u_i^{*\mathrm{d}} = U_i^{*} / x_{n+1}$；行向中间投入向量 $A_U^{\mathrm{d}} = (u_j^{\mathrm{d}})_{1\times(n+2)}$，其中，$u_j^{\mathrm{d}} = U_j / x_j$。高铁设备制造业对自身、高铁基础建设业中间投入系数分别记为 A_{Un+1}^{d}、A_{Un+2}^{d}；高铁基础建设业列向中间消耗向量为 $A_{\mathrm{HB}^*}^{\mathrm{d}} = (\mathrm{hb}_i^{*\mathrm{d}})_{(n+2)\times 1}$，其中，$\mathrm{hb}_i^{*\mathrm{d}} = \mathrm{HB}_i^{*} / x_{n+2}$；行向中间投入向量 $A_{\mathrm{HB}}^{\mathrm{d}} = (\mathrm{hb}_j^{\mathrm{d}})_{1\times(n+2)}$，

其中，$\mathrm{hb}_j^{\mathrm{d}}=\mathrm{HB}_j^*/x_j$；高铁基础建设业对自身、高铁基础建设业中间投入系数分别记为 $A_{\mathrm{HB}n+1}^{\mathrm{d}}$、$A_{\mathrm{HB}n+2}^{\mathrm{d}}$；农村居民部门内生收入系数 $W_{\mathrm{nc}}=(w_{\mathrm{nc}\,j})_{1\times(n+2)}$，其中，$w_{\mathrm{nc}\,j}=I_{\mathrm{nc}\,j}^{\mathrm{en}}/x_j$，高铁设备制造业、高铁基础建设业内生收入系数分别记为 $W_{\mathrm{nc}n+1}$、$W_{\mathrm{nc}n+2}$；城镇居民部门内生收入系数 $W_{\mathrm{cz}}=(w_{\mathrm{cz}\,j})_{1\times(n+2)}$，其中，$w_{\mathrm{cz}\,j}=I_{\mathrm{cz}\,j}^{\mathrm{en}}/x_j$，且高铁设备制造业、高铁基础建设业内生收入系数分别记为 $W_{\mathrm{cz}n+1}$、$W_{\mathrm{cz}n+2}$；$c_{\mathrm{nc}}^{\mathrm{d}}=(\alpha_{\mathrm{nc}i}^{\mathrm{d}})_{n\times1}$ 是农村居民对部门 i 国内商品的内生消费系数，其中，$\alpha_{\mathrm{nc}i}^{\mathrm{d}}=C_{\mathrm{nc}i}^{\mathrm{en}}/x_{n+3}$；$c_{\mathrm{cz}}^{\mathrm{d}}=(\alpha_{\mathrm{cz}i}^{\mathrm{d}})_{n\times1}$ 是城镇居民对部门 i 国内商品的内生消费系数，其中，$\alpha_{\mathrm{cz}i}^{\mathrm{d}}=C_{\mathrm{cz}i}^{\mathrm{en}}/x_{n+4}$；由上可得式（7.1）～式（7.5）矩阵形式：

$$\begin{bmatrix} A^{\mathrm{d}} & A_{U^*}^{\mathrm{d}} & A_{\mathrm{HB}^*}^{\mathrm{d}} & c_{\mathrm{nc}}^{\mathrm{d}} & c_{\mathrm{cz}}^{\mathrm{d}} \\ A_U^{\mathrm{d}} & A_{Un+1}^{\mathrm{d}} & A_{Un+2}^{\mathrm{d}} & 0 & 0 \\ A_{\mathrm{HB}}^{\mathrm{d}} & A_{\mathrm{HB}n+1}^{\mathrm{d}} & A_{\mathrm{HB}n+2}^{\mathrm{d}} & 0 & 0 \\ W_{\mathrm{nc}} & W_{\mathrm{nc}n+1} & W_{\mathrm{nc}n+2} & 0 & 0 \\ W_{\mathrm{cz}} & W_{\mathrm{cz}n+1} & W_{\mathrm{cz}n+2} & 0 & 0 \end{bmatrix} \begin{bmatrix} x \\ x_{n+1} \\ x_{n+2} \\ x_{n+3} \\ x_{n+4} \end{bmatrix} + \begin{bmatrix} \tilde{f} \\ f_{n+1} \\ f_{n+2} \\ I_1 \\ I_2 \end{bmatrix} = \begin{bmatrix} x \\ x_{n+1} \\ x_{n+2} \\ x_{n+3} \\ x_{n+4} \end{bmatrix} \tag{7.11}$$

因此，模型最终可表示为

$$x^*=(I-A^*)^{-1}f^*=L^*f^* \tag{7.12}$$

其中，$A^*=\begin{bmatrix} A^{\mathrm{d}} & A_{U^*}^{\mathrm{d}} & A_{\mathrm{HB}^*}^{\mathrm{d}} & c_{\mathrm{nc}}^{\mathrm{d}} & c_{\mathrm{cz}}^{\mathrm{d}} \\ A_U^{\mathrm{d}} & A_{Un+1}^{\mathrm{d}} & A_{Un+2}^{\mathrm{d}} & 0 & 0 \\ A_{\mathrm{HB}}^{\mathrm{d}} & A_{\mathrm{HB}n+1}^{\mathrm{d}} & A_{\mathrm{HB}n+2}^{\mathrm{d}} & 0 & 0 \\ W_{\mathrm{nc}} & W_{\mathrm{nc}n+1} & W_{\mathrm{nc}n+2} & 0 & 0 \\ W_{\mathrm{cz}} & W_{\mathrm{cz}n+1} & W_{\mathrm{cz}n+2} & 0 & 0 \end{bmatrix}$；$x^*=\begin{bmatrix} x \\ x_{n+1} \\ x_{n+2} \\ x_{n+3} \\ x_{n+4} \end{bmatrix}$；$f^*=\begin{bmatrix} \tilde{f} \\ f_{n+1} \\ f_{n+2} \\ I_1 \\ I_2 \end{bmatrix}$；$L^*=(I-A^*)^{-1}$。

通过下列公式可计算得到高铁投资对总产出、GDP、就业、排放的拉动作用：

$$\Delta X=(I-A^*)^{-1}\Delta F \tag{7.13}$$

$$\Delta\mathrm{GDP}=\hat{A}_{\mathrm{GDP}}(I-A^*)^{-1}\Delta F \tag{7.14}$$

$$\Delta W=w(\mathrm{I}-A^*)^{-1}\Delta F \tag{7.15}$$

$$\Delta E=e(\mathrm{I}-A^*)^{-1}\Delta F \tag{7.16}$$

其中，ΔF 为分投入产出部门的新增高铁投资量；ΔX 为高铁投资拉动总产出变化值；$\hat{A}_{\mathrm{GDP}}$ 为 GDP 拉动系数，高铁投资拉动 GDP 增加值 $\Delta\mathrm{GDP}$；ΔW 为高铁投资拉动就业；w 为就业拉动乘数；ΔE 为高铁投资带来的 CO_2 排放；e 为 CO_2 排放拉动系数。

二、居民消费内生化与卡尔曼滤波模型

在利用投入产出模型对居民消费进行研究时，Miyazawa（1976）首先把居民部门消费和劳动者报酬内生到中间流量矩阵的投入产出局部闭模型，但其没有考虑居民消费差异和消费习惯，也没有区分居民收入来源。后续研究者对此有所改进。Batey 等（1987）根据居民消费习惯不同将其分为常住居民和流动居民。Cloutier 和 Thomassin（1994）则将居民按照收入水平分级，研究不同收入水平的居民所具有的不同的消费行为。Wakabayashi 和 Hewings（2007）及 Miller 和 Blair（2009）则从居民家庭人员组成结构入手，分析不同年龄阶层居民家庭、有无孩童家庭的消费行为和消费习惯。之前的研究者均是在闭模型框架下研究居民消费，从居民“消费”模式着手，然后将收入、消费完全内生，分析不同模型情况下居民的消费行为和消费习惯。Chen 等（2016）将居民部门消费分解为内生消费和外生消费。将受商品价格、收入水平、预期收入、家庭结构等因素影响的消费定义为内生消费，且内生消费只受当前总收入的影响。居民受到之前消费模式影响产生的消费为外生消费。

构造投入产出局部闭模型的关键为将居民消费分解为内生消费与外生消费，这需要通过构建消费分解公式实现。本书参考 Chen 等（2016）的方法，将居民消费模型设定如下：

$$C_{\mathrm{nc}_{it}} = \alpha_{\mathrm{nc}_{it}} x_{(n+3)t} + \beta_{\mathrm{nc}_i} C_{\mathrm{nc}_{i(t-1)}} + \varepsilon_{\mathrm{nc}_{it}} \tag{7.17}$$

$$C_{\mathrm{cz}_{it}} = \alpha_{\mathrm{cz}_{it}} x_{(n+4)t} + \beta_{\mathrm{cz}_i} C_{\mathrm{cz}_{i(t-1)}} + \varepsilon_{\mathrm{cz}_{it}} \tag{7.18}$$

其中，$C_{\mathrm{nc}_{it}}$、$C_{\mathrm{cz}_{it}}$ 分别表示农村居民和城镇居民第 t 期对商品 i 的消费额；$x_{(n+3)t}$、$x_{(n+4)t}$ 分别表示第 t 期农村居民总收入和城镇居民总收入；$\alpha_{\mathrm{nc}_{it}}$、$\alpha_{\mathrm{cz}_{it}}$ 为第 t 期农村居民和城镇居民对商品 i 关于当前收入的内生消费系数，其取决于居民未来预期收入、银行利率、人口结构、商品价格、家庭品位等；β_{nc_i}、β_{cz_i} 分别为农村居民、城镇居民对商品 i 消费惯性系数，其取决于前期对消费商品 i 的消费额。

本书利用极大似然估计结合卡尔曼滤波方法对农村居民和城镇居民八大类商品的消费方程进行估计。假设居民的内生消费决策行为为一个随机游走过程：$\alpha_{it} = \alpha_{it-1} + \mu_{it}, \mu_{it} \sim \mathrm{NID}(0, \delta_{\mu_i}^2)$，这意味着居民只有在未来预期收入、银行利率、人口结构、商品价格、家庭品位改变的情况下才会改变其内生消费决策行为，且当期内生消费决策不受前期决策的影响。根据前 $t-1$ 期的统计信息，可以得到 α_{t-1}

最小均方误差估计 $\hat{\alpha}_{it-1}=E_{t-1}(\alpha_{t-1})$。同时，根据第 $t-1$ 期的信息，可以得到 $\hat{\alpha}_{t|t-1}=E_{t-1}(\alpha_{t-1}+\mu_t)$，$\hat{c}_{t|t-1}=\hat{\alpha}_{t|t-1}x_{(n+1)t}+\beta c_{t-1}$。当在居民第 t 期消费时，得到预测误差 $\hat{\varepsilon}=c_t-\hat{c}_{t|t-1}$，则居民消费决策可更新为 $\hat{\alpha}_t=\hat{\alpha}_{t|t-1}+f(\hat{\varepsilon}_t)$。

农村居民消费模型更新如下：

$$C_{\mathrm{nc}_{it}}=\alpha_{\mathrm{nc}_{it}}x_{(n+3)t}+\beta_{nc_i}C_{\mathrm{nc}_{i(t-1)}}+\varepsilon_{\mathrm{nc}_{it}} \tag{7.19}$$

$$\alpha_{\mathrm{nc}_{it}}=\alpha_{\mathrm{nc}_{it-1}}+\mu_{\mathrm{nc}_{it}} \tag{7.20}$$

城镇居民消费模型更新如下：

$$C_{\mathrm{cz}_{it}}=\alpha_{\mathrm{cz}_{it}}x_{(n+4)t}+\beta_{\mathrm{cz}_i}C_{\mathrm{cz}_{i(t-1)}}+\varepsilon_{\mathrm{cz}_{it}} \tag{7.21}$$

$$\alpha_{\mathrm{cz}_{it}}=\alpha_{\mathrm{cz}_{it-1}}+\mu_{\mathrm{cz}_{it}} \tag{7.22}$$

模型中 $\varepsilon_{\mathrm{nc}_{it}}$、$\varepsilon_{\mathrm{cz}_{it}}$、$\mu_{\mathrm{nc}_{it}}$、$\mu_{\mathrm{cz}_{it}}$ 相互独立且服从高斯分布。利用软件 EVIEWS8 对数据进行卡尔曼滤波分析，可以得到 1989～2012 年八大类商品农村内生消费系数 $a_{\mathrm{nc}}^*=(\alpha_{\mathrm{nc}})_{8\times1}$、城镇居民内生消费系数 $a_{\mathrm{cz}}^*=(\alpha_{\mathrm{cz}})_{8\times1}$。

表 7.2 为居民八大类商品内生消费方程参数估计结果，从中可以得出，农村居民和城镇居民消费行为中的消费惯性存在异同：①农村居民在交通通信类、居住类、衣着类商品消费中具有较强的消费惯性。以农村居民对交通通信类商品消费为例，较为落后的交通基础设施环境和交通工具选择导致农村居民相较于城镇居民出行更少（城镇居民交通通信类商品消费惯性较小），同时更加依赖已经形成的交通通信习惯，因此交通通信类商品消费惯性较大。②在食品类商品消费中，农村居民消费惯性系数较小，而城镇居民消费惯性系数较大。这是因为农村居民拥有自己的土地之后，在食品的消费中更多依赖的是自身生产的农产品，而不需要通过购买市场出售的农产品；而城镇居民在食品类商品消费中完全依赖市场商品供给，这导致城镇居民食品类消费惯性系数较大。③在文教娱乐类和其他类商品消费中，城镇居民和农村居民消费惯性系数均较大，说明居民在文教娱乐和其他类商品消费中均具有较强消费惯性，消费行为一旦形成不易改变。④在家庭设备类商品消费中，城镇居民和农村居民消费惯性系数均较小，这是因为随着居民收入增加，居民有更强烈的意愿通过消费此类商品来改善生活状况。⑤而在医疗保健类商品消费中，农村居民和城镇居民的消费惯性系数适中。城镇居民可能拥有更好的医疗资源而形成更强的消费惯性，但总体来说，无论农村居民还是城镇居民，在此类商品的消费惯性适中。

表 7.2　1989～2012 年农村居民、城镇居民八大类商品内生消费方程参数估计结果

项目	农村居民								城镇居民							
商品分类	食品	衣着	居住	家庭设备	医疗保健	交通通信	文教娱乐	其他	食品	衣着	居住	家庭设备	医疗保健	交通通信	文教娱乐	其他
β_i	0.2414	0.5238	0.7500	0.2587	0.4550	0.9140	0.7834	0.7690	0.7716	0.2899	0.5030	0.3670	0.5470	0.3967	0.6954	0.6569
α_{it}																
1989 年	0.3476	0.0123		0.0138					0.1786	0.0402		0.0274				
1990 年	0.3826	0.0123		0.0135					0.1929	0.0445		0.0275				
1991 年	0.3669	0.0126		0.0133					0.1907	0.0469		0.0277				
1992 年	0.3579	0.0127		0.0131					0.1784	0.0511		0.0280				
1993 年	0.3757	0.0129	0.0292	0.0149			0.0124		0.1574	0.0525	0.0476	0.0287			0.0475	
1994 年	0.3539	0.0133	0.0290	0.0157	0.0081	0.0018	0.0124		0.1462	0.0535	0.0477	0.0293	0.0136	0.0114	0.0508	
1995 年	0.3287	0.0134	0.0290	0.0162	0.0081	0.0028	0.0125		0.1384	0.0528	0.0485	0.0295	0.0150	0.0146	0.0609	
1996 年	0.3200	0.0133	0.0290	0.0168	0.0081	0.0035	0.0125		0.1387	0.0521	0.0477	0.0299	0.0188	0.0143	0.0608	
1997 年	0.3058	0.0120	0.0290	0.0159	0.0081	0.0024	0.0126		0.1430	0.0467	0.0480	0.0306	0.0213	0.0172	0.0690	
1998 年	0.2985	0.0110	0.0290	0.0153	0.0081	0.0029	0.0127		0.1386	0.0406	0.0484	0.0316	0.0216	0.0184	0.0752	
1999 年	0.3029	0.0108	0.0290	0.0152	0.0081	0.0036	0.0127	0.0129	0.1400	0.0398	0.0485	0.0318	0.0240	0.0224	0.0807	0.0689
2000 年	0.2941	0.0111	0.0290	0.0140	0.0099	0.0080	0.0128	0.0178	0.1372	0.0392	0.0486	0.0307	0.0305	0.0325	0.0925	0.0607
2001 年	0.2857	0.0113	0.0290	0.0140	0.0094	0.0057	0.0125	0.0180	0.1199	0.0399	0.0458	0.0305	0.0280	0.0282	0.0832	0.0641
2002 年	0.2801	0.0117	0.0290	0.0143	0.0085	0.0063	0.0126	0.0164	0.1425	0.0384	0.0450	0.0263	0.0323	0.0370	0.0892	0.0555
2003 年	0.2731	0.0123	0.0290	0.0143	0.0064	0.0099	0.0126	0.0114	0.1077	0.0384	0.0430	0.0254	0.0305	0.0371	0.0848	0.0438
2004 年	0.2643	0.0131	0.0290	0.0148	0.0068	0.0085	0.0125	0.0118	0.1002	0.0386	0.0397	0.0239	0.0315	0.0410	0.0857	0.0440
2005 年	0.2618	0.0144	0.0290	0.0165	0.0070	0.0118	0.0124	0.0114	0.0988	0.0429	0.0380	0.0241	0.0331	0.0450	0.0821	0.0445
2006 年	0.2457	0.0149	0.0290	0.0171	0.0073	0.0096	0.0119	0.0116	0.0929	0.0433	0.0368	0.0244	0.0289	0.0463	0.0810	0.0448
2007 年	0.2221	0.0154	0.0290	0.0179	0.0073	0.0085	0.0113	0.0121	0.0876	0.0455	0.0349	0.0260	0.0299	0.0506	0.0803	0.0440
2008 年	0.2055	0.0156	0.0290	0.0187	0.0065	0.0072	0.0110	0.0111	0.0770	0.0473	0.0362	0.0263	0.0298	0.0462	0.0768	0.0451
2009 年	0.1965	0.0163	0.0291	0.0205	0.0068	0.0094	0.0110	0.0101	0.0757	0.0477	0.0365	0.0270	0.0286	0.0544	0.0753	0.0455
2010 年	0.1817	0.0173	0.0291	0.0213	0.0069	0.0095	0.0108	0.0091	0.0640	0.0504	0.0335	0.0288	0.0248	0.0591	0.0766	0.0452
2011 年	0.1656	0.0192	0.0291	0.0244	0.0077	0.0110	0.0107	0.0081	0.0638	0.0526	0.0303	0.0286	0.0258	0.0561	0.0802	0.0446
2012 年	0.1622	0.0189	0.0291	0.0236	0.0081	0.0126	0.0109	0.0071	0.0633	0.0496	0.0292	0.0277	0.0254	0.0605	0.0803	0.0450

与此同时，在内生消费行为中，农村居民和城镇居民也存在较大异同：①农村居民和城镇居民在对食品类商品内生消费中，内生消费系数α_{it}均呈现下降趋势，这符合恩格尔系数的走势，居民对生活必需品的消费所占收入的比例随着收入的增加逐渐减小。②农村居民和城镇居民在对交通通信类商品的内生消费中，内生消费系数α_{it}均呈现上升趋势，这说明近年来随着收入的增加和社会交通通信基础建设的发展，居民愿意用当期收入中更多的金额来进行交通通信。③农村居民近年来在衣着类、家庭设备类商品的内生消费中，α_{it}逐渐上升，城镇居民这类商品的内生消费系数较为稳定。但总体来说，相较于农村居民，城镇居民会用更多的当前收入来对衣着类和家庭设备类商品进行消费。④农村居民对食品类的内生消费系数明显高于城镇居民，而城镇居民对文教娱乐类的内生消费系数要明显高于农村居民。这说明，相对于城镇居民，农村居民更倾向于将增加的收入用于食品类消费；相对于农村居民，城镇居民更倾向于将增加的收入用于文教娱乐类消费。⑤在医疗保健类商品内生消费中，城镇居民具有更高的健康保健意识和就医环境，因此相较于农村居民，城镇居民愿意将更多比例的当前收入用于对医疗保健类商品的消费。

得到城镇居民、农村居民对八大类商品的消费后，需要通过构建桥矩阵B将居民八大类商品内生系数同投入产出表居民消费联系起来，以得到投入产出部门所对应商品的内生消费系数。设$c = Bc^*$，其中，$c = (\alpha_i)_{n\times 1}$为投入产出表中部门内生消费系数向量，$n$个部门；$c^* = (\alpha_i^*)_{m\times 1}$为大类商品内生消费系数向量，$m$种大类商品；$B = (b_{ij})_{n\times m}$为连接大类商品与部门之间的桥矩阵。

桥矩阵B的求解步骤如下。

（1）在投入产出表中，校订两类居民消费总量与八大类商品消费总量相等。

（2）初步生成联系投入产出部门和八大类商品相匹配的流量矩阵$R = (r_{ij})_{46\times 8}$，其中，$r_{ij} = \dfrac{y_i^c}{n_i}$，$y_i$是居民部门对部门$i$产品消费量，$n_i$是与部门$i$相匹配的商品大类数，$r_{ij}$是商品消费中，第$j$类商品包含部门$i$中的商品数量。

（3）RAS 法更新。通过匹配行和与列和将原始矩阵不断更新。

（4）得到流量矩阵R，每一列各元数除以每一列元素之和，从而得到桥矩阵B。

得到桥矩阵B后，利用得到的八大类商品内生消费系数乘以桥矩阵B，得到基于投入产出模型的居民对投入产出各部门商品内生消费系数。再通过将居民当期总收入乘以对应投入产出部门的内生消费系数，可以得到居民各部门商品内生消费额，从而将居民部门对各部门商品消费划分为内生消费和外生消费，得到居民消费部分内生化-局部闭投入产出模型。

第二节　高铁建设投资的短期效应综合评估分析

一、数据来源及处理

本章主要基于国家统计局提供的 139 个部门的《2012 年中国投入产出表》，根据需要将投入产出部门调整至 46 个部门，其中将建筑业拆分成高铁基础建设业、传统铁路基础建设业和其他建筑业；将铁路运输设备制造业拆分成高铁设备制造业和传统铁路设备制造业。

农村居民和城镇居民 2012 年分行业收入主要来源于《中国统计年鉴》《中国农业统计年鉴》《中国工业统计年鉴》《中国民营经济发展报告》《中国劳动统计年鉴》《中国乡镇企业及农产品加工业年鉴》《农民工监测调查报告》。其中，外出农民工和本地农民工在各行业取得的收入为“工资性收入”，个体经营和在家务农为“经营性收入”，这两部分之和为农村居民的内生收入。通过《2013 中国统计年鉴》可得农村居民“财产性收入”和“转移性收入”，这两部分之和为农村居民的外生收入。城镇居民分行业内生收入和外生收入可根据居民分行业内生收入和外生收入对应倒减农村居民分行业内生收入和外生收入得到，只有内生消费划入中间流量矩阵中。

2012 年中国高铁投资数据主要来源于《铁道统计公报》《中国铁道年鉴》《中国铁建年鉴》《中国铁路工程总公司年鉴》以及高铁相关部门产业报告、铁道部机车招标资料等。其中，高铁投资主要为设备制造和基础建设两部分，在投入产出表中分别从铁路运输设备制造业、建筑业进行拆分得到高铁设备制造业、高铁基础建设业。总产值核算如下。高铁基础建设业总产值核算中，根据《2012 年建筑业发展统计分析》中 2012 年建筑业总产值中铁路工程总产值占 6.8%，以及《2013 中国铁道年鉴》中 2012 年高速铁路建设项目完成投资占国家铁路和合资铁路大中型项目完成投资的 62.2%的比例进行拆分。高铁设备制造业核算中，本章假设高铁机车设备单价不变，根据《2008 年铁道统计公报》和《2012 年铁道统计公报》中数据可拆分。对高铁基础建设业和高铁设备制造业分行业中间投入的核算，则通过原铁道部经济规划研究院《铁路建设投资对国民经济拉动作用的计算分析》、中国产业信息网《中国高铁产业链分析》、世界银行《中国高铁投资报告》和各行业发布的行业公报数据整理得到。

其中非竞争型投入产出表的进口部分按照进口占国内总需求的比例从中间投入和最终需求中拆分。2012 年中国 CO_2 排放数据根据 2013 年、2015 年《中国能源统计年鉴》和《2006 年 IPCC 国家温室气体清单指南》发布的各种终端燃料 CO_2

排放因子计算得到。就业数据主要来自《2015 中国统计年鉴》和《2013 中国经济普查年鉴》。

二、短期影响分析

根据统计数据可知，2012 年中国高铁投资 6516.34 亿元，假设 2012 年中国高铁投资年限为一年，其中投资所带来的固定资产形成比例为 80%。因此，2012 年投资形成固定资产 5213.07 亿元。建筑业、交通运输设备制造业、通用和专用设备业、通信设备和计算机及其他电子设备制造业占高铁项目建设总投资比例分别为 60%～75%、10%～15%、3%～10%、5%～10%；而传统铁路投资建设中相应的投资比例则为 91.02%、4.71%、2.42%及 1.21%。本书通过分项目加权核算，得到 2012 年高铁总投资中上述部门所占比例为 70%、15%、6.3%、8.7%。

1. 单位高铁投资对国民经济和环境的短期影响

通过模型计算，2012 年中国高铁建设总投资将拉动社会总产出增长 19373.44 亿元，GDP 增长 6296.04 亿元，增加就业 565.23 万人，带来 83.42 百万吨 CO_2 排放。2012 年中国高铁建设每亿元投资将拉动社会总产出增长 3.72 亿元，GDP 增长 1.21 亿元，增加就业 1084 人，同时带来 1.60 万吨 CO_2 排放。本书表 7.3～表 7.5 中行业列表均以高铁投资对总产出影响作为标准进行排序。单位高铁投资建设对国民经济和环境的短期影响详见表 7.3。

表 7.3 单位高铁投资分部门对国民经济和环境的影响

投入产出部门	总产出/亿元	CO_2 排放/万吨	GDP/亿元	就业/人
总拉动	3.72	1.60	1.21	1084
高铁建筑业	0.62	0.04	0.50	260.56
金属冶炼及压延加工业	0.37	0.14	0.01	9.94
金属制品业	0.30	0.01	0.07	74.22
电气机械及器材制造业	0.28	0.00	0.11	57.04
城镇居民	0.22	0.03	0.00	0.00
化学工业	0.22	0.04	0.02	32.68
高铁机车设备制造业	0.18	0.01	0.15	40.24
非金属矿物制品业	0.16	0.18	0.01	61.46
采矿业	0.13	0.05	0.00	29.92
通用设备制造业	0.11	0.01	0.05	24.45
电力、热力的生产和供应业	0.11	0.91	0.00	9.96
通信设备及电子设备制造业	0.11	0.00	0.06	20.33

续表

投入产出部门	总产出/亿元	CO_2排放/万吨	GDP/亿元	就业/人
农村居民	0.10	0.02	0.00	0.00
批发和零售业	0.08	0.01	0.02	61.95
金融业	0.07	0.01	0.01	10.98
其他交通运输及仓储和邮政	0.07	0.07	0.01	25.83
食品和烟草	0.07	0.00	0.02	10.47
石油、炼焦及核燃料加工业	0.07	0.04	0.00	2.15
农林牧渔业	0.07	0.01	0.01	190.26
租赁和商业服务业	0.04	0.00	0.01	27.59
信息传输、计算机服务	0.04	0.00	0.02	15.21
仪器仪表及其他	0.04	0.00	0.02	12.85
造纸印刷及文体用品制造业	0.03	0.00	0.01	9.88
住宿和餐饮业	0.03	0.00	0.01	13.40
纺织业	0.03	0.00	0.00	5.51
其他交通运输设备制造业	0.02	0.00	0.01	3.19
专用设备制造业	0.02	0.00	0.02	4.94
科学技术服务和地质勘查	0.02	0.00	0.01	11.78
纺织服装鞋帽皮革及其制品	0.02	0.00	0.01	9.44
居民服务和其他服务业	0.02	0.00	0.00	5.52
木材加工及家具制造业	0.01	0.00	0.00	4.48
废弃资源加工品	0.01	0.00	0.00	1.23
房地产业	0.01	0.00	0.01	4.61
教育	0.01	0.00	0.01	14.59
铁路运输	0.01	0.01	0.00	2.47
文化、体育和娱乐业	0.01	0.00	0.00	5.14
其他建筑业	0.01	0.00	0.01	2.89
燃气生产和供应业	0.00	0.00	0.00	0.48
水利、环境和公共设施	0.00	0.00	0.00	1.87
水的生产和供应业	0.00	0.00	0.00	1.18
金属制品和设备修理服务业	0.00	0.00	0.00	1.08
公共管理、社会保障	0.00	0.00	0.00	2.05
其他铁路机车设备制造业	0.00	0.00	0.00	0.09
卫生、社会工作	0.00	0.00	0.00	0.38
传统机车设备制造业	0.00	0.00	0.00	0.00
传统铁路建筑业	0.00	0.00	0.00	0.00

从表 7.3 中得知，由于高铁建设对钢轨、混凝土、减振装置、机车涂层、玻璃、电力系统、信号网络等要素需求较大，所以对上游投入行业如高铁建筑业、金属冶炼及压延加工业、非金属矿物制品业、电气机械及器材制造业、金属制品业、化学工业、通用设备制造业等的总产出、GDP、就业等拉动效果明显。以高铁建筑为例，每亿元高铁投资将会拉动高铁建筑业 0.62 亿元总产出增加，0.50 亿元 GDP 增加，新增 261 个就业岗位。与此同时，2012 年高铁投资中每亿元投资将带来 1.60 万吨 CO_2 排放，从表中可以看出电力、热力的生产和供应业排放 $CO_2$0.91 万吨，占单位投资总排放 56.88%，非金属矿物制品业排放 $CO_2$0.18 万吨，占单位投资总排放 11.25%，金属冶炼及压延加工业排放 $CO_2$0.14 万吨，占单位投资总排放 8.75%。高铁建设过程中涉及电力、钢材、水泥等原材料，其投入部门均为高耗能部门，因此高铁建设会带来较多的 CO_2 排放。

2. 三种情景下投资对国民经济和环境的短期影响的比较

进一步对高铁投资、传统铁路投资以及非铁路投资所带来的经济效应和环境效应进行对比分析。本章假设以下三种情景：情景 S，全部投资在高铁设备和建设部门；情景 S1，全部投资在传统铁路设备和建设部门；情景 S2，投资在其他非铁路的固定资产投资部门（按照 2012 年投入产出表中的固定资本形成结构）。三种情景下投资对国民经济和环境的短期影响见表 7.4。

通过对比发现，三种投资情景下投资对经济的拉动作用中，对总产出影响中 S、S1、S2 情景分别拉动总产出增加 19373.44 亿元、17319.83 亿元、17840.55 亿元，呈现 S＞S2＞S1 的趋势，可见高铁投资相较于传统铁路投资和其他社会固定资产投资对社会有更大的拉动作用。在分行业总产出拉动变化中，S 情境在金属冶炼及压延加工业、电气机械及器材制造业、化学工业、高铁机车设备制造业、采矿业，以及电力、热力生产和供应业均大于 S1、S2 情景，这是由于在高铁前期建设中对轨道钢材、混凝土、减振装置等原材料有更大和质量要求更高的需求。三种投资情景对 GDP 的拉动作用和对总产出的拉动作用类似，总拉动影响中也呈现 S＞S2＞S1 的趋势。

在对 CO_2 排放影响中，S、S1、S2 情景分别新增 CO_2 排放 83.42 百万吨、75.93 百万吨、79.72 百万吨。高铁投资所带来的 CO_2 排放最大，这是因为在前期建设中高铁投资对象主要是制造业和建筑业，同时高铁投资在制造业的比例远高于传统铁路投资，而其他社会固定资产投资有 10%左右投入服务业中。因此三种投资情景下，增加 CO_2 排放趋势为 S＞S2＞S1。

在对社会就业的影响中，S、S1、S2 情景分别带动就业增加 565.23 万人、519.69 万人、547.18 万人，也呈现 S＞S2＞S1 的趋势。在分部门就业拉动效应中，高铁建筑业、金属制品业、高铁机车设备制造业等行业高铁投资就业拉动大于传统铁路投资和其他社会固定资产投资。在非金属矿物制品业等行业中，高铁投资对就

表 7.4 三种情景下投资对国民经济和环境的短期影响

项目	总产出/亿元			CO_2 排放/百万吨			GDP/亿元			就业/万人		
情景	S	S1	S2	S	S1	S2	S	S1	S2	S	S1	S2
总拉动	19373.44	17319.83	17840.55	83.42	75.93	79.72	6296.04	6038.50	6101.03	565.23	519.69	547.18
高铁建筑业	3237.13	0.00	0.00	2.24	0.00	0.00	2606.49	0.00	0.00	135.83	0.00	0.00
金属冶炼及压延加工业	1948.55	657.16	1599.74	7.07	4.01	5.81	70.75	60.17	58.09	5.18	4.41	4.25
金属制品业	1586.78	816.42	393.88	0.64	0.33	0.16	356.51	183.43	88.49	38.69	19.91	9.60
电气机械及器材制造业	1462.51	1361.79	542.27	0.20	0.19	0.07	568.55	229.40	210.81	29.73	27.69	11.03
城镇居民	1158.02	1205.17	1202.90	1.52	1.59	1.58	0.00	0.00	0.00	0.00	0.00	0.00
化学工业	1141.38	971.70	949.02	2.15	1.83	1.79	104.21	88.72	86.64	17.04	14.50	14.16
高铁机车设备制造业	914.04	0.00	0.00	0.56	0.00	0.00	779.07	0.00	0.00	20.98	0.00	0.00
非金属矿物制品业	848.61	896.67	827.14	9.16	9.67	8.92	49.87	52.69	48.61	32.04	33.85	31.23
采矿业	669.95	598.67	627.74	2.52	2.25	2.36	10.13	9.06	9.50	15.60	13.94	14.62
通用设备制造业	567.97	781.60	603.77	0.46	0.64	0.49	257.58	354.46	273.81	12.75	17.54	13.55
电力、热力的生产和供应业	563.50	499.41	526.16	47.55	42.15	44.40	16.20	14.36	15.13	5.19	4.60	4.85
通信设备及电子设备制造业	557.97	857.01	282.05	0.04	0.06	0.02	297.85	457.48	150.56	10.60	16.27	5.36
农村居民	504.18	451.58	541.80	1.23	1.10	1.32	0.00	0.00	0.00	0.00	0.00	0.00
批发和零售业	402.28	402.37	578.75	0.29	0.29	0.42	116.36	116.38	167.40	32.30	32.30	46.46
金融业	376.00	357.12	489.97	0.45	0.43	0.59	68.85	65.39	89.71	5.72	5.43	7.46
其他交通运输及仓储和邮政	361.23	349.14	501.30	3.47	3.36	4.82	74.38	71.89	103.22	13.46	13.01	18.69
食品和烟草	356.64	351.19	396.84	0.13	0.13	0.14	109.55	107.88	121.90	5.46	5.37	6.07
石油、炼焦及核燃料加工业	353.87	323.72	389.94	2.09	1.91	2.30	21.52	19.68	23.71	1.12	1.02	1.23
农林牧渔业	344.12	375.19	489.71	0.31	0.33	0.44	72.64	79.20	103.38	99.18	108.14	121.14
租赁和商业服务业	213.09	206.04	263.50	0.23	0.22	0.28	34.95	33.80	43.22	14.38	13.91	17.79
信息传输、计算机服务	206.37	176.48	315.03	0.02	0.01	0.03	92.07	78.73	140.54	7.93	6.78	12.11
仪器仪表及其他	195.84	169.38	65.81	0.09	0.08	0.03	80.67	69.77	27.11	6.70	5.79	2.25

续表

项目	总产出/亿元			CO_2排放/百万吨			GDP/亿元			就业/万人		
情景	S	S1	S2	S	S1	S2	S	S1	S2	S	S1	S2
造纸印刷及文体用品制造业	159.36	158.62	179.93	0.20	0.20	0.23	36.33	36.16	41.02	5.15	5.13	5.81
住宿和餐饮业	134.85	132.82	159.76	0.06	0.06	0.07	27.04	26.63	32.03	6.98	6.88	8.27
纺织业	131.24	134.36	143.24	0.08	0.08	0.09	23.23	23.78	25.35	2.87	2.94	3.14
其他交通运输设备制造业	122.68	127.20	909.57	0.05	0.05	0.35	62.05	64.33	460.01	1.66	1.72	12.33
专用设备制造业	115.22	208.30	540.71	0.04	0.08	0.20	79.37	143.48	372.46	2.58	4.66	12.09
科学技术服务和地质勘查	108.15	108.86	268.57	0.04	0.04	0.11	34.00	34.22	84.43	6.14	6.18	15.25
纺织服装鞋帽皮革及其制品	101.63	106.41	126.44	0.02	0.02	0.03	46.61	48.81	57.99	4.92	5.15	6.12
居民服务和其他服务业	88.80	87.08	108.05	0.05	0.05	0.06	20.49	20.09	24.93	2.88	2.82	3.50
木材加工及家具制造业	78.19	442.92	214.54	0.04	0.20	0.10	23.40	132.56	64.21	2.34	13.24	6.41
废弃资源加工品	75.16	60.79	55.78	0.02	0.01	0.01	0.86	0.70	0.64	0.64	0.52	0.48
房地产业	64.87	62.64	315.85	0.00	0.00	0.01	46.63	45.03	227.06	2.40	2.32	11.71
教育	50.09	51.26	54.27	0.00	0.00	0.00	34.74	35.56	37.64	7.60	7.78	8.24
铁路运输	40.55	38.21	45.04	0.33	0.31	0.37	4.28	4.04	4.76	1.29	1.21	1.43
文化、体育和娱乐业	34.75	34.68	39.29	0.00	0.00	0.00	11.43	11.40	12.92	2.68	2.67	3.03
其他建筑业	31.70	30.11	3018.83	0.02	0.02	2.09	30.06	28.55	2861.96	1.50	1.43	103.25
燃气生产和供应业	18.59	17.88	19.99	0.02	0.02	0.02	4.26	4.10	4.58	0.25	0.24	0.27
水利、环境和公共设施	11.55	10.81	11.92	0.00	0.00	0.00	8.73	8.17	9.01	0.98	0.91	1.01
水的生产和供应业	11.15	10.88	13.05	0.00	0.00	0.01	2.24	2.18	2.62	0.62	0.60	0.72
金属制品和设备修理服务业	11.07	10.41	10.75	0.01	0.01	0.01	（0.24）	（0.23）	（0.24）	0.56	0.53	0.55
公共管理、社会保障	7.59	7.47	10.18	0.00	0.00	0.00	7.31	7.20	9.80	1.07	1.05	1.43
其他铁路机车设备制造业	3.67	3.54	4.50	0.00	0.00	0.00	2.55	2.46	3.13	0.05	0.04	0.06
卫生、社会工作	2.55	2.38	2.97	0.00	0.00	0.00	2.49	2.33	2.90	0.20	0.18	0.23
传统机车设备制造业	0.00	845.17	0.00	0.00	2.22	0.00	0.00	1074.01	0.00	0.00	16.38	0.00
传统铁路建筑业	0.00	2819.21	0.00	0.00	1.95	0.00	0.00	2190.47	0.00	0.00	90.60	0.00

业的拉动小于传统铁路投资，而在通用设备制造业等行业中高铁投资对就业的拉动小于传统铁路投资和其他固定资产投资。

三、三种模型下高铁投资对国民经济和环境的短期影响比较

下面在区分农村居民与城镇居民的投入产出局部闭模型（M）、传统投入产出开模型（M1）、投入产出局部闭模型（M2）三种模型下对比分析高铁投资对国民经济和环境的短期影响，见表 7.5。

从表 7.5 中可以看到，M、M1、M2 三种模型中高铁投资对总产出、CO_2 排放、GDP、就业四个维度总拉动作用中均呈现 M1＜M＜M2。在四个维度层面总拉动作用比较中，M2 模型比 M 模型分别大 5.96%、4.12%、2.46%、6.42%，而 M1 模型比 M 模型分别小 16.99%、11.80%、6.68%、18.79%。这是因为传统投入产出开模型并没有考虑居民“收入-消费”与其他生产部门的联系，将居民部门作为外生部门独立于整个经济体之外，而投入产出局部闭模型将居民部门作为独立部门完全内生至部门中间投入矩阵。而实际上居民部门“收入-消费”关系中只有当期在各部门付出劳动得到劳动者报酬才是居民当期内生收入，同时当期内生收入引致的消费才是当期外生消费，只有内生消费和外生消费构成的居民内生“收入-消费”关系才能将居民部门与其他部门联系起来。M1 模型会缩小居民部门和其他部门之间的经济联系，同时 M2 模型中居民部门完全内生将夸大居民部门和其他部门之间的经济联系。

从行业角度来看，相较于 M 模型，M1 模型分行业拉动作用变化比例最大的十个行业依次为教育（90.10%），纺织服装鞋帽皮革及其制品（70.47%），食品和烟草（60.94%），农林牧渔业（57.48%），文化、体育和娱乐业（56.55%），住宿和餐饮业（50.01%），居民服务和其他服务业（48.01%），燃气生产和供应业（45.99%），纺织业（39.58%），水的生产和供应业（39.20%）；同时，相较于 M 模型，M2 模型分行业拉动作用变化比例最大的十个行业依次为教育（36.53%），纺织服装鞋帽皮革及其制品（26.67%），文化、体育和娱乐业（23.17%），食品和烟草（20.28%），居民服务和其他服务业（19.22%），住宿和餐饮业（19.09%），燃气生产和供应业（18.55%），农林牧渔业（17.71%），水的生产和供应业（15.46%），纺织业（14.86%）。

这说明在第一产业、第二产业、第三产业刻画中，传统投入产出开模型和局部闭模型均有不同程度的缩小与夸大高铁投资使得各部门产生的经济联系和环境影响的作用。因此在生产过程中，部门间乃至整个社会的经济联系和环境影响都得不到较好的描述。而经过改进的居民消费局部内生化投入产出局部闭模型能更好地对这些问题进行刻画。

表 7.5　三种模型中高铁投资对国民经济和环境的短期影响

项目	总产出/亿元			CO_2排放/百万吨			GDP/亿元			就业/万人		
情景	M	M1	M2	M	M1	M2	M	M1	M2	M	M1	M2
总拉动	19373.44	16082.06	20528.29	83.40	73.59	86.84	6296.06	5875.46	6451.14	565.24	459.02	601.51
高铁建筑业	3237.13	3237.13	3237.13	2.24	2.24	2.24	2606.49	2606.49	2606.49	135.83	135.83	135.83
金属冶炼及压延加工业	1948.55	1903.40	1965.68	7.07	6.91	7.13	70.75	69.11	71.37	5.18	5.06	5.23
金属制品业	1586.78	1571.93	1592.35	0.64	0.64	0.65	356.51	353.17	357.76	38.69	38.33	38.82
电气机械及器材制造业	1462.51	1424.92	1476.40	0.20	0.20	0.20	568.55	553.94	573.95	29.73	28.97	30.02
城镇居民	1158.02	0.00	1646.30	1.52	0.00	2.17	0.00	0.00	0.00	0.00	0.00	0.00
化学工业	1141.38	998.05	1193.75	2.15	1.88	2.25	104.21	91.12	108.99	17.04	14.90	17.82
高铁机车设备制造业	914.04	914.04	914.04	0.56	0.56	0.56	779.07	779.07	779.07	20.98	20.98	20.98
非金属矿物制品业	848.61	838.65	852.24	9.16	9.05	9.20	49.87	49.28	50.08	32.04	31.66	32.17
采矿业	669.95	623.81	687.28	2.52	2.34	2.58	10.13	9.44	10.40	15.60	14.52	16.00
通用设备制造业	567.97	555.52	572.71	0.46	0.45	0.47	257.58	251.93	259.73	12.75	12.47	12.85
电力、热力的生产和供应业	563.50	507.39	584.26	47.55	42.82	49.31	16.20	14.59	16.80	5.19	4.67	5.38
通信设备及电子设备制造业	557.97	529.05	569.33	0.04	0.04	0.04	297.85	282.41	303.91	10.60	10.05	10.81
农村居民	504.18	0.00	576.33	1.23	0.00	1.40	0.00	0.00	0.00	0.00	0.00	0.00
批发和零售业	402.28	279.40	448.77	0.29	0.20	0.32	116.36	80.82	129.81	32.30	22.43	36.03
金融业	376.00	332.77	392.11	0.45	0.40	0.47	68.85	60.93	71.80	5.72	5.06	5.97
其他交通运输及仓储和邮政	361.23	294.82	386.06	3.47	2.84	3.71	74.38	60.71	79.49	13.46	10.99	14.39
食品和烟草	356.64	139.31	428.96	0.13	0.05	0.15	109.55	42.79	131.77	5.46	2.13	6.56
石油、炼焦及核燃料加工业	353.87	308.57	370.95	2.09	1.82	2.19	21.52	18.76	22.56	1.12	0.98	1.17
农林牧渔业	344.12	146.33	405.08	0.31	0.13	0.36	72.64	30.89	85.51	99.18	42.18	116.75
租赁和商业服务业	213.09	178.65	226.18	0.23	0.19	0.24	34.95	29.30	37.10	14.38	12.06	15.27
信息传输、计算机服务	206.37	170.95	220.25	0.02	0.01	0.02	92.07	76.26	98.26	7.93	6.57	8.46
仪器仪表及其他	195.84	190.45	197.88	0.09	0.09	0.09	80.67	78.45	81.51	6.70	6.51	6.77
造纸印刷及文体用品制造业	159.36	123.10	173.50	0.20	0.16	0.22	36.33	28.06	39.56	5.15	3.98	5.61

续表

项目	总产出/亿元			CO_2 排放/百万吨			GDP/亿元			就业/万人		
情景	M	M1	M2	M	M1	M2	M	M1	M2	M	M1	M2
住宿和餐饮业	134.85	67.41	160.59	0.06	0.03	0.07	27.04	13.52	32.20	6.98	3.49	8.32
纺织业	131.24	79.30	150.74	0.08	0.05	0.09	23.23	14.04	26.68	2.87	1.74	3.30
其他交通运输设备制造业	122.68	68.28	144.37	0.05	0.03	0.06	62.05	34.53	73.02	1.66	0.93	1.96
专用设备制造业	115.22	109.06	117.47	0.04	0.04	0.04	79.37	75.13	80.92	2.58	2.44	2.63
科学技术服务和地质勘查	108.15	96.53	112.50	0.04	0.04	0.05	34.00	30.34	35.36	6.14	5.48	6.39
纺织服装鞋帽皮革及其制品	101.63	30.01	128.74	0.02	0.01	0.03	46.61	13.76	59.05	4.92	1.45	6.23
居民服务和其他服务业	88.80	46.17	105.87	0.05	0.02	0.06	20.49	10.65	24.43	2.88	1.50	3.43
木材加工及家具制造业	78.19	64.99	83.03	0.04	0.03	0.04	23.40	19.45	24.85	2.34	1.94	2.48
废弃资源加工品	75.16	72.97	76.00	0.02	0.02	0.02	0.86	0.84	0.87	0.64	0.62	0.65
房地产业	64.87	50.83	70.24	0.00	0.00	0.00	46.63	36.54	50.49	2.40	1.88	2.60
教育	50.09	4.96	68.38	0.00	0.00	0.00	34.74	3.44	47.43	7.60	0.75	10.38
铁路运输	40.55	32.30	43.59	0.33	0.26	0.35	4.28	3.41	4.61	1.29	1.02	1.38
文化、体育和娱乐业	34.75	15.10	42.81	0.00	0.00	0.00	11.43	4.96	14.07	2.68	1.16	3.30
其他建筑业	31.70	27.33	33.36	0.02	0.02	0.02	30.06	25.91	31.63	1.50	1.30	1.58
燃气生产和供应业	18.59	10.04	22.03	0.02	0.01	0.02	4.26	2.30	5.05	0.25	0.13	0.30
水利、环境和公共设施	11.55	9.76	12.21	0.00	0.00	0.00	8.73	7.37	9.23	0.98	0.82	1.03
水的生产和供应业	11.15	6.78	12.87	0.00	0.00	0.01	2.24	1.36	2.58	0.62	0.38	0.71
金属制品和设备修理服务业	11.07	10.18	11.40	0.01	0.01	0.01	（0.24）	（0.23）	（0.25）	0.56	0.52	0.58
公共管理、社会保障	7.59	6.53	7.98	0.00	0.00	0.00	7.31	6.29	7.69	1.07	0.92	1.12
其他铁路机车设备制造业	3.67	2.97	3.94	0.00	0.00	0.00	2.55	2.06	2.74	0.05	0.04	0.05
卫生、社会工作	2.55	2.32	2.63	0.00	0.00	0.00	2.49	2.27	2.57	0.20	0.18	0.20
传统机车设备制造业	0.00	0.00	0.00	0.00	0.00	0.00	0.00	0.00	0.00	0.00	0.00	0.00
传统铁路建筑业	0.00	0.00	0.00	0.00	0.00	0.00	0.00	0.00	0.00	0.00	0.00	0.00

另外，Chen 等（2015）研究显示 2002～2013 年中国铁路投资对 GDP 平均拉动乘数为 1.60，表 7.5 中 M、M1 两种模型的高铁投资对 GDP 拉动乘数分别是 1.21、1.24。由于为长期意义上的乘数，所以 CGE 模型得到的乘数大于投入产出局部闭模型得到的短期乘数。

四、结论

高铁作为铁路运输部门的重要组成部分，其发展带来铁路产业本身的技术创新、管理升级和产业优化，不仅丰富了传统交通运输网络，而且为国民经济注入了强大的动力。当前，中国乃至世界范围内掀起一股高铁建设热潮，巨额的高铁投资效应必将对国民经济、能源环境等方面产生巨大影响。

本章利用投入产出局部闭模型就高铁投资对经济、就业和环境的影响进行了综合评估。首先，为刻画城镇居民与农村居民消费行为的异质性，将居民部门划分为农村居民部门和城镇居民部门。其次，投入产出表中区分出高铁设备制造业和高铁基础建设业两个部门，根据新部门投入产出关系，将其刻画至投入产出模型。

从总产出、GDP、就业、CO_2 排放四个维度评估了高铁投资对国民经济和环境的短期影响。相比于传统铁路投资和其他社会固定资产投资，高铁投资对总产出、GDP、就业具有更大的拉动作用：①2012 年中国高铁投资每亿元拉动总产出增加 3.72 亿元，GDP 增长 1.21 亿元，投资总量给国民经济带来总产出增长共 19373.44 亿元、GDP 增长 6296.06 亿元；②在拉动经济增长的同时，高铁投资建设对就业拉动显著，每亿元高铁投资创造 1084 个就业岗位，2012 年因高铁投资新增就业岗位高达 565.24 万个；③2012 年高铁前期基础建设共带来 83.40 百万吨 CO_2 排放，略大于传统铁路投资，这说明高铁前期建设在环境层面处于相对劣势，但考虑到建成运营后高铁的清洁、稳定、高速等特点，高铁投资建设在环境层面的优势才会慢慢显现；④在模型方法上，本章将居民部门划分农村居民和城镇居民，通过分别刻画两类居民部门的内生“收入-消费”关系，刻画了包括居民部门、高铁建设部门在内的投入产出关系。相对于传统局部闭模型，该模型能更好地刻画居民部门和其他部门之间的生产关系。

参考文献

国家铁路局. 2016. 中长期铁路网规划. http：//www.nra.gov.cn/bf/gfxwj2/201607/t20160721_26055.htm[2016-08-15].

黄爱莲. 2011. 高速铁路对区域旅游发展的影响研究——以武广高铁为例. 华东经济管理，（10）：47-49.

林晓言. 2007. 高速动车组的重要经济影响. 中国铁路，（4）：45-47.

孙建波，秦晓斌. 2013. 高铁主导区域投资布局. 资本市场，（5）：99-103.

铁道部. 2004. 中长期铁路网规划. http：//www.nra.gov.cn/zggstl/wggstlghqk/2004/201312/t20131227_4106.html [2016-02-11].

铁道部. 2008. 中长期铁路网规划（2008 年调整）. http：//www.nra.gov.cn/zggstl/wggstlghqk/2008/201312/t20131227_4084.html[2016-02-10].

王刚，龚六堂. 2013. 浅析高速铁路建设投资的产业经济效应. 宏观经济研究，（6）：67-71.

庄序莹，侯敬雯. 2012. 高速铁路、公路建设的财政投资效益研究——基于可计算一般均衡（CGE）模型的分析. 财贸经济，（6）：43-49.

Åkerman J. 2011. The role of high-speed rail in mitigating climate change–the Swedish case Europabanan from a life cycle perspective. Transportation Research Part D：Transport and Environment，16（3）：208-217.

Batey P W J，Madden M，Weeks M J. 1987. Household income and expenditure in extended Input-Output models：A comparative theoretical and empirical analysis. Journal of Regional Science，27（3）：341-356.

Chang B，Kendall A. 2011. Life cycle greenhouse gas assessment of infrastructure construction for California's high-speed rail system. Transportation Research Part D：Transport and Environment，16（6）：429-434.

Chen Q，Dietzenbacher E，Los B，et al. 2016. Modeling the short-run effect of fiscal stimuli on GDP：A new semi-closed input-output model. Economic Modelling，58（11）：52-63.

Chen Z，Xue J，Rose A，et al. 2015. The impact of high-speed rail investment on economic and environmental change in China：A dynamic CGE analysis. Transportation Research Part A Policy & Practice，92：232-245.

Cloutier M L，Thomassin P J. 1994. Closing the Canadian input-output model：Homogeneous vs non-homogeneous household sector specifications. Economic Systems Research，6（4）：397-414.

Miller R E，Blair P D. 2009. Input-Output Analysis：Foundations and Extensions. Cambridge：Cambridge University Press.

Miyazawa K. 1976. Interindustry Analysis and the Structure of Income Distribution[M]//Input-output analysis and the structure of income distribution. Berlin：Springer Berlin Heidelberg.

Monzón A，Ortega E，López E. 2013. Efficiency and spatial equity impacts of high-speed rail extensions in urban areas. Cities，（30）：18-30.

Ollivier G，Sondhi J，Zhou N. 2014. High-speed railways in China：A look at construction costs. China Transport Topics，（9）：1-8.

Wakabayashi M，Hewings G J D. 2007. Life-cycle changes in consumption behavior：Age-specific and regional variations. Journal of Regional Science，47（2）：315-337.

Zheng S，Kahn M E. 2013. China's bullet trains facilitate market integration and mitigate the cost of megacity growth. Proceedings of the National Academy of Sciences，110（14）：E1248-E1253.

第八章

投入产出技术在区域碳排放问题中的研究与应用

近十多年来我国经济保持高速增长，同时由化石能源使用造成的 CO_2 排放也保持较快增长。《BP 世界能源统计年鉴 2016》数据显示，中国仍然是世界上最大的能源消费国，占全球消费量的 23%和全球净增长的 34%，能源消耗量达到 30.14 亿吨标准油，CO_2 排放量达到 91.53 亿吨，经济发展面临日益严峻的能源环境约束。本章基于投入占用产出技术，在区域层面对碳排放问题进行相关研究，为揭示经济发展过程中碳排放结构演变规律、科学合理节能减排奠定基础。

第一节　基于投入占用产出技术的碳排放消费建设比模型

一、基本概念

1. 碳排放消费建设比

发达工业化国家的经济发展史表明，它们都经历了从农业社会到工业社会的长期发展过程。在这个过程中，兴建工业园区、道路、港口、机场等基础设施，广泛应用先进科技，工业体系逐渐形成，城市化程度不断提高。工业化、城市化是一个固定资本积累的过程，需要投入大量的钢材、水泥等高含能产品，间接导致大量的温室气体排放。随着工业化的完成、基础设施的完善，大规模的建设极大地减少，代之以维护、更新、改造，因此用于建设的能源消耗和排放也逐渐降低。另外，随着经济的发展、收入的增加和生活水平的提高，消费逐渐在社会经济活动中占据主导地位，因消费而引发的 CO_2 排放会大量增加。因此，可以合理推测在经济发展和工业化过程中，消费和投资引致的 CO_2 排放与经济发展阶段存在密切关系。Hoffmann（1958）和罗斯托（1962）等的研究成果是本书的理论出发点。

为了研究在经济发展特别是工业化过程中，消费和投资所引发的 CO_2 排放量及其相互关系，本书定义了消费型排放和建设型排放的概念，并提出了反映两者之间比例关系的消费建设比指标。

消费型排放（consumption-based CO_2 emissions，CPE）是指社会最终产品中用于城乡居民和政府消费需求的那部分，在整个生产过程中因直接和间接使用化石能源所产生的 CO_2 排放量。

建设型排放（construction-based CO_2 emissions，CTE）是指社会最终产品中用于全社会固定资本投资需求的那部分，在整个生产过程中因直接和间接使用化石能源所产生的 CO_2 排放量。

由定义可知，消费型排放和建设型排放是由国内的消费和固定资本投资引发的碳排放，若再加上由净出口产品所引发的碳排放（假设进口品是在和国内产品相同的生产条件下生产的），则构成一国的 CO_2 排放总量。消费型排放、建设型排放和净出口型排放构成了一国的 CO_2 排放结构。其中消费型排放和建设型排放是由本国使用最终产品所引发的排放，较好地计量了由本国使用所应该承担的 CO_2 排放量。本节的重点研究是工业化过程中消费型排放和建设型排放的变化规律，即着重考察国内的消费和投资活动所引发的排放，而与国际贸易相关的净出口所引发的排放已有很多学者进行了研究，本节不作探讨。

二氧化碳排放的消费建设比（ratio of consumption to construction，RCC），即

消费建设比=消费型排放/建设型排放

消费建设比反映了由消费和固定资本投资所引发的 CO_2 排放的相对关系。同时，综合考虑了国内最终使用中由消费和固定资本投资所引发的 CO_2 排放，区分了排放总量中由不同原因所引发的排放，体现了需求结构（消费和投资）和排放结构（消费型排放和建设型排放）的特点，使具有不同能源结构的国家仍具有可比性，为研究消费型排放和建设型排放的演变规律提供了基础，为合理评估两种类型的排放提供了可能。

根据 Hoffmann 和罗斯托的研究结果以及本书的分析，可以合理假设：在工业化前期，消费建设比随工业化水平的提高而降低，而当工业化发展到一定程度后，消费建设比又随工业化水平的提高而升高，即消费建设比和工业化水平呈现出“U”形曲线的关系。工业化之前，化石燃料并未大规模使用，该假设并不包括工业化开始之前的经济发展阶段。

2. 工业化

工业化水平是经济发展水平的重要标志，为了研究消费建设比和工业化水平的数量关系，一方面要明确工业化的内涵；另一方面要在明确内涵的基础上对工

业化水平进行量化。

工业化的内涵可以从结构和效率两个角度阐释。结构方面工业化是长期经济结构全面变化的过程。这种结构变化既包括工业份额在GDP中比例上升所引致的产业结构的变化，也包括由此派生出来的需求结构、供给结构、就业结构和城乡人口比例的变化。效率方面，工业化是经济增长的质量和效益提高的过程，也是人们物质生活水平快速提高的过程。

工业化过程中最突出的标志是经济结构的转变和人均收入的增加，具体表现为：制造业在国民经济中的比重增加；从事制造业的就业人员比例不断提高；城市人口比例不断提高；人均收入不断增加。国内外众多学者在研究工业化的衡量指标时，基本都围绕以上几个方面进行。依据前人的研究成果，选取三次产业结构、三次产业劳动力结构、城市化率和人均GDP四个指标构造了一个综合指标来测度工业化水平。

在工业化过程中，第一产业比重持续下降，第二产业比重先上升后下降，第二产业比重上升到最大时表明工业化完成，当其开始下降时社会进入后工业化时代，第三产业比重持续上升，第二、三产业比重之和持续上升，所以选取第二、三产业比重之和计入综合指标；工业化初期劳动力主要由第一产业向第二产业转移，当工业化发展到一定程度后，劳动力开始由第二产业向第三产业转移，同时存在劳动力由第一产业向第三产业转移，第二、三产业劳动力就业比重之和持续上升，所以选择第二、三产业劳动力比重之和计入综合指标；工业化过程中城市化率不断提高，直接计入综合指标；人均GDP除短暂的中断外不断上升，进行极差法归一化后计入综合指标。四类因素的权重参考了陈元江（2005）的研究结论，计算公式如下：

$$\text{ILCI} = 0.4\times(S_1+S_2)+0.1\times(L_1+L_2)+0.2\times C+0.3\times\frac{D-D_{\min}}{D_{\max}-D_{\min}} \quad (8.1)$$

其中，ILCI表示工业化水平综合指标；S_1表示工业增加值占GDP的比例，S_2表示服务业增加值占GDP的比例；L_1表示工业中就业劳动力比例；L_2表示服务业中就业劳动力比例；C表示城市化率，即城市人口占总人口的比例；D表示人均GDP；$D_{\min}$表示样本中人均GDP的最小值；$D_{\max}$表示样本中人均GDP的最大值。

二、碳排放消费建设比模型

基于环境投入产出模型建立核算消费型排放、建设型排放和消费建设比的模型，环境投入产出分析模型在一般投入产出模型的基础上扩展了环境污染物模块，基本表式见表8.1。

表 8.1　环境投入产出表基本表式

投入＼产出		中间需求 1, 2, …, n	最终需求及最终需求领域产生的污染	总产出及产污总量
中间投入	1 2 ⋮ n	z_{ij}	f_i	x_i
最初投入	固定资产折旧	d_j		
	从业人员报酬	w_j		
	生产税净额	t_j		
	营业盈余	s_j		
总投入		x_j		
污染物排放	1 2 ⋮ m	p_{1j} p_{2j} ⋮ p_{mj}	r_1 r_2 ⋮ r_m	q_1 q_2 ⋮ q_m

表 8.1 中，n 表示产出部门数；z_{ij} 表示第 i 部门产品用作第 j 部门的消耗量；f_i 表示第 i 部门最终产品；x_i 表示第 i 部门总产出；d_j 表示第 j 个生产部门固定资产折旧额；w_j 表示第 j 个生产部门从业人员劳动报酬；t_j 表示第 j 个生产部门生产税净额；s_j 表示第 j 个生产部门营业盈余；p_{ij} 表示第 j 部门所排放的第 i 种污染物数量；r_i 表示最终需求领域（如消费、投资、净出口等）所产生的第 i 种污染物数量；q_i 表示第 i 中污染物排放总量；m 表示污染物种类数。

表 8.1 中行平衡关系表示如下。

（1）各部门产品的生产与使用平衡方程：

$$\sum_{j=1}^{n} z_{ij} + f_i = x_i, \quad i = 1,2,\cdots,n \tag{8.2}$$

（2）各种污染的形成方程：

$$\sum_{j=1}^{n} p_{ij} + r_i = q_i, \quad i = 1,2,\cdots,m \tag{8.3}$$

投入产出模型中每个部门总产出的用途可分为中间使用和最终使用，中间使用反映了各部门间的投入产出关系，最终使用则包括消费、投资和净出口。

各部门产品的生产与使用平衡方程用向量形式可表示为

$$X = Z + F \tag{8.4}$$

其中，X 为 n 维列向量，各分量 x_i 表示第 i 部门的总产出；Z 为 n 维方阵，各分量 z_{ij} 表示第 i 部门产出中用于第 j 部门投入的量；F 为 n 维列向量，各分量 f_i 表示第 i 部门的最终产品，可分解为最终消费、固定资本形成、出口和进口四个列向量。

$$Z = A \times X \tag{8.5}$$

其中，A 表示 n 维方阵（投入产出直接消耗系数矩阵），各分量 $a_{ij} = \dfrac{z_{ij}}{x_j}$ 表示第 j 部门单位产出对第 i 部门的消耗量。

$$F = \mathrm{CO} + \mathrm{IN} + \mathrm{EX} - \mathrm{IM} \tag{8.6}$$

其中，CO 表示 n 维列向量，各分量 co_i 表示第 i 部门产品用于最终消费的量，包括居民消费和政府消费；IN 表示 n 维列向量，各分量 in_i 表示第 i 部门产品用于固定资本形成的量，包括固定资本形成和库存变动；EX 表示 n 维列向量，各分量表示 ex_i 表示第 i 部门产品用于出口的量；IM 表示 n 维列向量，各分量 im_i 表示第 i 部门产品的进口量。因此，式（8.4）可以进一步表示为

$$X = A \times X + \mathrm{CO} + \mathrm{IN} + \mathrm{EX} - \mathrm{IM} \tag{8.7}$$

CO_2 排放量表示为

$$\mathrm{CO}_2 = P \times X = P \times (I - A)^{-1} \times (\mathrm{CO} + \mathrm{IN} + \mathrm{EX} - \mathrm{IM}) \tag{8.8}$$

其中，I 表示 n 维单位方阵；P 表示 n 维行向量，各部门产值碳强度，各分量 $p_i = \dfrac{\mathrm{co}_{2_i}}{x_i}$ 即第 i 部门 CO_2 排放量除以第 i 部门的总产出。

消费型排放（CPE）和建设型排放（CTE）的计算公式为

$$\mathrm{CPE} = P \times (I - A)^{-1} \times \mathrm{CO} \tag{8.9}$$

$$\mathrm{CTE} = P \times (I - A)^{-1} \times \mathrm{IN} \tag{8.10}$$

消费建设比（RCC）的计算公式为

$$\mathrm{RCC} = \frac{\mathrm{CPE}}{\mathrm{CTE}} = \frac{P \times (I - A)^{-1} \times \mathrm{CO}}{P \times (I - A)^{-1} \times \mathrm{IN}} \tag{8.11}$$

第二节　工业化过程中碳排放消费建设比的国际比较

国际能源署最新公布的 CO_2 排放数据表明，2012 年全球排放量达到 317.34 亿吨，比 2011 年增加了 3.89 亿吨，比 1990 年增加了 51.3%，全球减排任务艰巨。报告显示，近十年主要发达国家的 CO_2 排放量增长幅度不大，排放总量基本稳定，甚至有所下降；而同期主要发展中国家的 CO_2 排放量都出现了较大幅度的增长。考

察该现象背后的内在原因，研究处于不同工业化发展阶段国家 CO_2 排放的阶段性特征，对于正确评价一国的 CO_2 排放、采取合理的减排措施和相对公平的配额分配具有重要意义。

宏观经济活动主要包括消费、投资、进口和出口，一国的 GDP 总量由消费额、投资额和净出口额构成。相应地，一国的 CO_2 排放总量在一定的假设前提下可以分解为消费型排放、建设型排放和净出口型排放。这三种类型的排放在总排放中的比重，在一定程度上反映了这三种经济活动在国民经济中的地位。消费型排放主要是为了满足生活需要而产生的，建设型排放主要是为了满足生产力发展需要而产生的。

发达国家已经完成了工业化和城市化，生产力发达，基础设施完善，生活水平高，消费占主导，享受型消费比例高。发达国家不再需要大规模的固定资本投资，建设型排放占比相对较低；高消费水平导致了消费型排放占比相对较高；最终使得发达国家具有较高的消费建设比。发展中国家正处于工业化的进程中，需要建设大量的基础设施和工业园区；而消费水平还不高，以生存型和发展型为主。由于发展中国家要进行大规模的固定资本投资，所以会产生较高比例的建设型排放，而低消费水平导致较低比例的消费型排放，最终使得发展中国家具有较低的消费建设比。正如前述相关研究所作出的假设：当工业化发展到一定程度后，消费建设比随着工业化水平的提高而增加。本节的主要目的就是通过实证研究检验该假设的正确性。

研究英国、美国、德国和法国等已经完成工业化的发达国家，在工业化过程中的消费型排放、建设型排放和消费建设比与其工业化水平的关系得出的结论将最具有说服力。但是投入产出表的编制从 20 世纪 60 年代开始才在世界范围内广泛进行，没有覆盖到这些国家的工业化全过程。若假设各个国家将经历相似的工业化过程，选取多个处于不同发展阶段的国家作为研究样本，则同样可以得出令人信服的研究结论。

一、数据来源及处理

实证研究中用到的数据包括投入产出表和相应各部门的 CO_2 排放量。32 个国家 1995 年、2000 年和 2005 年的 48 部门投入产出表，来自于 OECD 数据库。由于 OECD 公布的各个国家能源平衡表数据的质量不能满足要求，所以各部门 CO_2 排放量采用了近似处理。在 GTAP 数据库中，有样本国家 1997 年、2001 年和 2004 年的 57 部门 CO_2 排放量数据。可以合理假设，短期内国民经济各部门的化石能源消耗结构基本保持不变。在此假设的基础上，可以利用 GTAP 数据库中各个国家 1997 年、2001 年和 2004 年各部门的 CO_2 排放结构（各部门 CO_2 排放量数据归一化后得到的向量）近似作为各个国家 1995 年、2000 年和 2005 年各部门的 CO_2 排放结构。此估算过程中将 GTAP 数据库中 57 部门划分和投入产出表中 48 部门划分统一调整为 16 部门。将 16 部门 1995 年、2000 年和 2005 年的 CO_2 排放结构及国际能源署公布的样本国家 1995 年、2000 年和 2005 年化石燃料燃烧 CO_2 排放总量两者相乘可以计算得到调整后的 16 部门投入产出表各部门的 CO_2 排放量。

计算 32 个国家 1995 年、2000 年和 2005 年工业化水平综合指标的数据：人均 GDP（2000 年美元不变价）、产业结构、就业结构、城市人口比例，来源于世界银行世界发展指标数据库。

二、消费建设比与工业化水平的国际比较

依据式（8.11）计算 32 个国家 1995 年、2000 年和 2005 年的消费建设比，见附录 8.1。对各国各自消费建设比取均值后，结果如表 8.2 所示。

由表 8.2 可以看出，消费建设比最小的 5 个国家都是发展中国家，工业化水平低，经济不发达；而作为发达国家代表、工业化程度高的七国集团（G7）除日本外，都属于样本中消费建设比较大的国家。另外处在工业化进程中的国家消费建设比基本都小于 3；已完成工业化处于后工业化时期的国家消费建设比基本都大于 3.3，最高甚至达到 4 以上。这在一定程度上说明消费建设比与工业化水平有很大的相关性。

同时可知，对于工业化过程中的发展中国家和已完成工业化的发达国家，消费和投资引发的 CO_2 排放量存在很大差异。为了发展生产力、完善基础设施，发展中国家相对发达国家而言建设型排放占排放总量的比例更高；而发达国家消费型排放占比比发展中国家高出很多，这说明发达国家的排放主要是为了满足高水平的生活消费所引发的排放。

表 8.2　各国消费建设比

序号	国家	消费建设比	序号	国家	消费建设比
1	中国	1.20	9	西班牙	2.97
2	智利	2.29	10	捷克斯洛伐克	3.01
3	印度	2.31	11	日本	3.03
4	印度尼西亚	2.41	12	匈牙利	3.06
5	土耳其	2.55	13	爱沙尼亚	3.13
6	斯洛文尼亚	2.62	14	奥地利	3.13
7	韩国	2.69	15	澳大利亚	3.22
8	新西兰	2.83	16	墨西哥	3.26

续表

序号	国家	消费建设比	序号	国家	消费建设比
17	葡萄牙	3.31	25	德国	3.96
18	爱尔兰	3.35	26	法国	4.14
19	比利时	3.46	27	荷兰	4.60
20	巴西	3.55	28	瑞典	4.70
21	芬兰	3.58	29	南非	4.75
22	捷克	3.59	30	丹麦	4.84
23	加拿大	3.64	31	美国	5.26
24	意大利	3.78	32	英国	5.87

利用式（8.1）计算了 32 个样本国家的工业化水平综合指标，取均值后结果如表 8.3 所示。

表 8.3　各国工业化水平综合指标

序号	国家	工业化水平综合指标	序号	国家	工业化水平综合指标
1	印度	0.390	17	西班牙	0.720
2	中国	0.466	18	意大利	0.741
3	印度尼西亚	0.478	19	芬兰	0.754
4	土耳其	0.564	20	奥地利	0.771
5	南非	0.605	21	爱尔兰	0.765
6	捷克斯洛伐克	0.620	22	法国	0.777
7	巴西	0.638	23	德国	0.788
8	匈牙利	0.632	24	荷兰	0.792
9	爱沙尼亚	0.641	25	加拿大	0.799
10	墨西哥	0.648	26	澳大利亚	0.804
11	葡萄牙	0.648	27	比利时	0.833
12	斯洛文尼亚	0.648	28	英国	0.836
13	智利	0.664	29	瑞典	0.828
14	捷克	0.665	30	丹麦	0.851
15	韩国	0.711	31	日本	0.864
16	新西兰	0.719	32	美国	0.875

由表 8.3 可以看出，工业化水平综合指标最小的 10 个国家都是发展中国家，而作为发达国家代表、工业化程度高的七国集团（G7）属于样本中工业化水平综合指标比较高的国家。工业化水平低的发展中国家，工业化水平综合指标基本都

小于 0.65，而工业化水平高的发达国家，工业化水平综合指标基本都大于 0.65。可以看出，工业化水平越高的国家，其工业化水平综合指标也越高，本书所定义的工业化水平综合指标反映了工业化水平的高低。

图 8.1 显示了所有样本点各年的消费建设比与工业化水平的关系，各国名称与其简写的对应关系见附录 8.2。由图 8.1 可以直观看出，消费建设比和工业化水平明显正相关。经回归分析可以得到一条二次曲线，见图 8.1 中最长的实线，拟合优度和参数的显著性水平都比较好，回归分析得到的二次型方程如下：

$$y = 3.63x^2 + 1.5$$

（7.65***[①]）（5.46***）

（F：58.46*** 修正 R^2：0.40）

其中，x 为工业化水平综合指标；y 为消费建设比。回归方程从总体上反映了工业化水平越高，则消费建设比也越高的关系。该结果只验证了本书提出的“U”形研究假设的右半部分。主要原因在于可得的研究样本大部分是已完成工业化的发达国家，只有少量处于工业化后期的发展中国家。同时也表明，就各个国家而言，由于样本跨度较短，消费建设比并没有呈现明显的共同趋势，有些国家波动还相当大。这说明短期内消费建设比易受到影响，政府可以据此制定相关的短期减排政策。从总体来看，若发展中国家也将经历与发达国家相似的工业化过程，则消费建设比呈现明显地不断上升趋势，即工业化过程中消费建设比（CO_2 排放结构）会发生规律性变化。

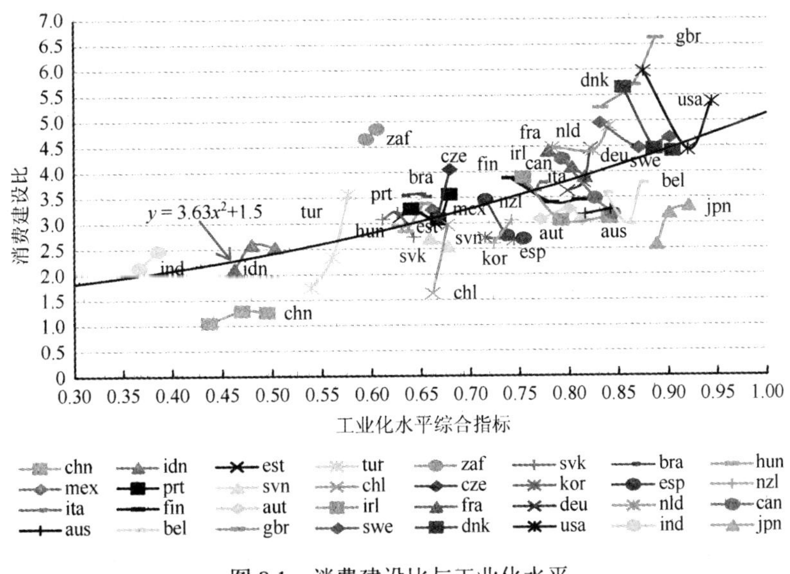

图 8.1 消费建设比与工业化水平

① ***表示 1%的显著水平。

三、消费建设比与人均 GDP 的国际比较

虽然经济增长和工业化水平有很大联系，但对于分析排放问题来说还是不同的。通常使用人均 GDP 指标来衡量经济增长，该指标的增加直接反映了经济的增长。下面研究 32 个国家的 86 个样本点所表现的消费建设比和经济增长的关系，揭示经济增长过程中消费建设比的变化规律，如图 8.2 所示。

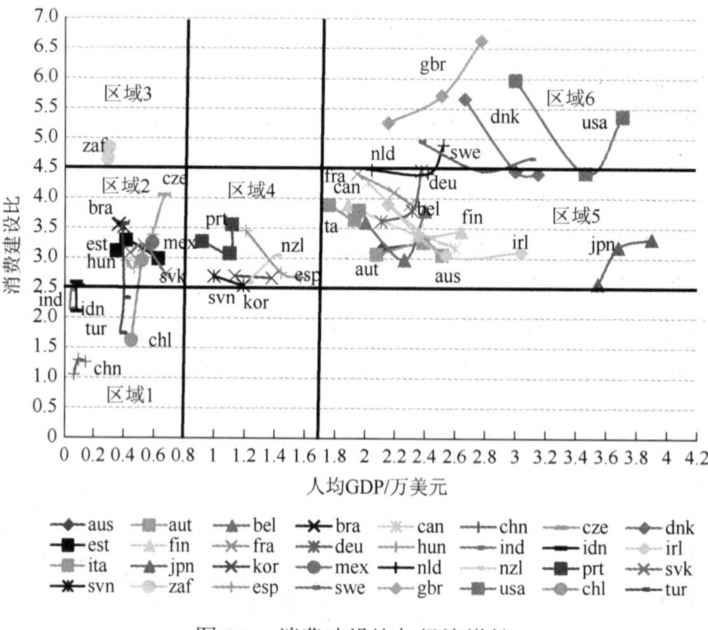

图 8.2　消费建设比与经济增长

由图 8.2 可知，大部分样本的消费建设比分布在 2.5～4.5，以这两个值可以将样本分成三部分；人均 GDP 以 8000 美元和 17000 美元为分界线，也可以将样本分成三部分，这样就可以将所有样本划分为六个区域，如图 8.2 所示。各区域样本的总体特征如表 8.4 所示。

表 8.4　各个区域的总体特征

区域 3：南非； 较高收入发展中国家； 消费建设比均值：4.75，较高； 人均 GDP 均值：2961.57 美元		区域 6：丹麦、瑞典、英国、美国； 高收入发达国家； 消费建设比均值：5.17，较高； 人均 GDP 均值：28840.09 美元

续表

区域 2：巴西、捷克、爱沙尼亚、匈牙利、墨西哥、智利、捷克斯洛伐克；较高收入发展中国家；消费建设比均值：3.13，中等；人均 GDP 均值：5090.50 美元	区域 4：西班牙、新西兰、斯洛文尼亚、韩国、葡萄牙；低收入发达国家；消费建设比均值：2.93，中等；人均 GDP 均值：12225.83 美元	区域 5：澳大利亚、奥地利、比利时、加拿大、芬兰、法国、德国、意大利、爱尔兰、荷兰、日本；中等收入发达国家；消费建设比均值：3.69，中等；人均 GDP 均值：22611.17 美元
区域 1：印度、中国、土耳其、印度尼西亚；低收入发展中国家；消费建设比均值：2.1，较低；人均 GDP 均值：1558.40 美元		

由各区域总体特征可以看出，随着人均 GDP 的提高，消费建设比基本呈上升趋势。随着人均 GDP 的提高消费建设比会逐渐由 2 左右增加到 3 左右再增加到 4 左右。按照联合国 2005 年发达国家和发展中国家名单，对图 8.2 中的国家按照这两类分别研究。

发展中国家：处于区域 1、区域 2、区域 3 的国家都是发展中国家。除了南非消费建设比较高、中国消费建设比较低，印度和印度尼西亚人均 GDP 较低在 350～950 美元，消费建设比在 2.3 左右；其他发展中国家人均 GDP 在 3500～6800 美元，消费建设比在 3 左右。这些国家反映的变化轨迹表明随着人均 GDP 的增加，消费建设比也增加。

发达国家：处于区域 4、区域 5、区域 6 的国家都是发达国家。由表 3.3 可知，当人均 GDP 在 12000 美元左右的时候，消费建设比在 2.9 左右；当人均 GDP 在 22000 美元左右的时候，人均 GDP 在 3.6 左右；当人均 GDP 在 28000 美元左右的时候，消费建设比基本在 4.5 以上。这表明随着人均 GDP 的提高，消费建设比也增加。

四、特殊点分析

由图 8.1 和图 8.2 可以看出，中国、南非、日本和英国是比较特殊的点，样本区间为 1995 年、2000 年和 2005 年。

中国的消费建设比相对比较低，表明其建设型排放相对其他国家占比更高。工业化、城市化的快速发展是导致较多建设型排放的根本原因。人口多、工业基础薄弱的基本国情，要求在工业化、城市化过程中修建大量的公路、铁路、房屋和市政工程等基础设施，以满足生产生活的需要，需要装备先进机器设备，以加速生产技术更新换代，实现资源的有效利用。在 1995～2005 年，中国水泥产量由 4.76 亿吨增加到 10.69 亿吨，钢铁产量由 2.9 亿吨增加到 10.75 亿吨，平均每年完成公路建设 73881.82 公里、铁路建设 1427.27 公里，每年新开工房屋面积由 1995 年的 41948.29 万平方米增加到 2005 年的 68064.44 万平方米，西部大开发等区域均衡发展战略的实施也会引发大量固定资本投资，而这些投资必然引发大量的建设型排放。中国居民的人均收入水平还比较低，绝大部分国民的主要支出仍然是用于满足基本生活需要，对高耗能产品的消费还比较少，所以由消费引发的消费型排放占比较小。比较典型的例证是中国大部分居民洗衣服都是通过晾晒风干，而不是像发达国家居民那样使用烘干机，这种生活方式节约了大量能源，减少了很多排放。较高的固定资本投资需求和较低的消费需求共同导致了中国较低的消费建设比。

南非虽然是中等收入发展中国家，但交通、电力、通信等工业基础设施完善，城市化率达到 56%左右，远高于其他发展中国家；产生较多建设型排放的第二产业占 GDP 的比重已由 1980 年 48.38%的最高峰下降到 2005 年的 31.17%，产生较多消费型排放的第三产业占 GDP 的比重在 65%左右。良好的工业基础、发达的服务业使得南非具有较高的消费建设比。

日本虽然是工业化水平很高的发达国家，但其消费建设比相对比较低，在 3 左右，而其他工业化水平相当的发达国家消费建设比基本都在 4 以上，即日本相对于其他发达国家而言建设型排放占其排放总量的比例更高。日本国土面积小、人口多、城市拥挤等基本国情要求其提供更健全、更密集的基础设施，每年的基础设施投资占国民生产总值的 7%左右，远高于其他发达国家，进而导致了较高的建设型排放。

英国作为早已完成工业化的发达国家，生产力先进、基础设施完善，城市化率在 2005 年达到 89.7%，不再需要大量的固定资本投资，已进入以消费为主的经济发展阶段。第三产业发达，金融业、旅游业在国民经济中占有重要地位，人均 GDP 在 2005 年达到 27754 美元，居民储蓄意愿低。特定的经济发展阶段和经济结构导致了英国相对于其他发达国家具有更高的消费建设比。

五、主要结论与政策建议

1. 主要结论

本章实证研究了碳排放的消费建设比即 CO_2 排放结构，在经济发展中特别是工业化过程中的演变规律，主要得到了以下结论。

第一，消费建设比和工业化水平以及人均 GDP 之间的关系表明，碳排放的消费建设比随着工业化水平的提高和人均 GDP 的提高而增加；该结果验证了在本章第一节提出的“U”形曲线研究假设的右半部分，找到了工业化中期以后 CO_2 排放结构的演变规律，揭示了在经济发展不同阶段 CO_2 排放的结构特征。

第二，发达工业化国家的消费建设比基本都在 3.5～4.5，即消费型排放是建设型排放的 4 倍左右；而发展中国家的消费建设比基本都在 2.5 左右，即消费型排放是建设型排放的 2.5 倍左右。这表明发达国家的 CO_2 排放绝大部分是由消费活动引起的，而发展中国家相对于发达国家而言，建设型排放比例更高。

2. 政策建议

基于以上研究结论，在制定减排政策措施时，可从以下几个方面考虑。

第一，在全球碳排放空间分配规则中考虑消费建设比指标。该指标既可以考虑不同国家所处发展阶段的差异性，又能克服能源结构差异和国际贸易隐含碳转移所带来碳排放的不可比性，能较好地体现公平性。

第二，提高固定资产利用率，延长使用寿命，减少重复建设，通过合理降低投资规模来减少建设型排放。特别是对于消费建设比仍处于“U”形曲线下降阶段的建设型排放较多的发展中国家，应重点提高固定资本投资的质量、效率和使用寿命，提高单位建设型排放的生产力贡献；进行固定资本投资全国总体规划，做好基础设施的总体布局与衔接，减少基础设施和工业产能低效率重复建设带来的低效排放。

第三，推行产品能耗标识和碳含量标识制度，配合消费税优惠政策，引导居民养成绿色低碳的生活消费习惯。特别是对于消费建设比处于“U”形曲线上升阶段的消费型排放较多的发达工业化国家，应重点制定政策措施引导居民转变高耗能、高排放的生活消费方式，推行能耗标识和碳含量标识认证制度。对低能耗、低含碳产品降低消费税，促进居民绿色消费，通过居民的选择倒逼企业绿色生产、积极减排，挖掘消费型排放的减排潜力。

第四，建立累积消费型排放和建设型排放指标、人均累积消费型排放和建设型排放指标。虽然数据基础不足，但是可以尝试基于消费建设比“U”形曲线进行估算。通过这些排放指标，可以考察当前处于不同发展阶段的国家在历史上由居民消费和固定资本投资所产生的碳排放，明确各国因消费和投资活动所应承担的碳排放责任。

第五，加强工业余热回收利用。金属冶炼、水泥、炼焦等高耗能行业的产品生产过程中通常产生大量的余热或者排放高热量的废渣、废气等。在高耗能行业中大力推行合同能源管理，进行余热的有效回收利用，减少直接和间接的化石能源使用，进而减少建设型排放和消费型排放。

第六，建立建筑节能政策体系、广泛应用建筑节能技术措施。在工业化、城市化进程中，大量厂房、房屋的建设导致了大量建设型排放，并且在使用过程中持续不断的能源消耗也会引发可观的消费型排放。各国应加强建筑节能的技术交流与合作，重视建筑节能带来的减排效应。

参 考 文 献

陈元江. 2005. 工业化进程统计测度与质量分析指标体系研究. 武汉大学学报（哲学社会科学版），（11）：819-823.

刘国平，曹莉萍. 2011. 基于福利绩效的碳生产率研究. 软科学，25（1）：71-74.

罗斯托. 1962. 经济成长的阶段——非共产党宣言. 国际关系研究所编译室，译. 北京：商务印书馆.

Blair T. 2008. Breaking the climate deadlock：A global deal for our low-carbon future. http：//www.tonyblairoffice.org/climatechange/pages/reports[2015-05-19].

Hoffmann W G. 1958. Stadien und Typen der Industrialisierung. Manchester：Manchester University Press.

Miller R E. 1966. Interregional feedback effects in input-output models：Some preliminary results. Papers in Regional Science，17（1）：105-125.

The Climate Institute，E3G. 2009. G20 low carbon competitiveness. http：//e3g.org/images/uploads/G20_Low_Carbon_Competitiveness_Report.pdf [2015-05-19].

附录 8.1 各国各年消费建设比

国家	年份	消费建设比	国家	年份	消费建设比
澳大利亚	1999	3.17	爱尔兰	1998	3.90
	2005	3.26		2000	3.05
奥地利	1995	3.07		2005	3.10
	2000	3.27	意大利	1995	3.89
	2005	3.06		2000	3.64
比利时	1995	3.59		2005	3.80
	2000	2.98	韩国	2000	2.71
	2005	3.79		2005	2.67
巴西	1995	3.55	墨西哥	2003	3.26
	2000	3.57	荷兰	1995	4.48
	2005	3.52		2000	4.42
加拿大	1995	4.26		2005	4.90
	2000	3.48	新西兰	1995	2.60
	2005	3.18		2002	3.05
智利	1996	1.62	葡萄牙	1995	3.28
	2003	2.96		2000	3.08
中国	1995	1.05		2005	3.56
	2000	1.29	捷克斯洛伐克	1995	3.08
	2005	1.26		2000	3.21
捷克	2000	3.12		2005	2.73
	2005	4.05	斯洛文尼亚	2000	2.70
丹麦	1995	5.66		2005	2.54
	2000	4.46	南非	1993	4.66
	2005	4.41		2000	4.85

续表

国家	年份	消费建设比	国家	年份	消费建设比
爱沙尼亚	1997	3.12	西班牙	1995	3.46
	2000	3.29		2000	2.76
	2005	2.99		2005	2.69
芬兰	1995	3.89	瑞典	1995	4.96
	2000	3.40		2000	4.47
	2005	3.45		2005	4.67
法国	1995	4.41	土耳其	1996	1.74
	2000	4.10		1998	2.34
	2005	3.91		2002	3.57
德国	1995	3.62	英国	1995	5.26
	2000	3.80		2000	5.71
	2005	4.46		2005	6.63
匈牙利	1998	2.95	美国	1995	5.97
	2000	2.84		2000	4.43
	2005	3.39		2005	5.37
印度	1994	2.14	日本	1995	2.58
	1999	2.47		2000	3.19
印度尼西亚	1995	2.11		2005	3.33
	2000	2.59			

附录 8.2　国家全称与名称简码对应关系

序号	国家名称简码	国家全称	序号	国家名称简码	国家全称
1	aus	Australia	10	mex	Mexico
2	nzl	New Zealand	11	bra	Brazil
3	chn	China	12	chl	Chile
4	jpn	Japan	13	aut	Austria
5	kor	South Korea	14	bel	Belgium
6	idn	Indonesia	15	cze	Czech Republic
7	ind	India	16	dnk	Denmark
8	can	Canada	17	est	Estonia
9	usa	United States	18	fin	Finland

续表

序号	国家名称简码	国家全称	序号	国家名称简码	国家全称
19	fra	France	26	svn	Slovenia
20	deu	Germany	27	esp	Spain
21	hun	Hungary	28	swe	Sweden
22	irl	Ireland	29	gbr	United Kingdom
23	ita	Italy	30	tur	Turkey
24	nld	Netherlands	31	zaf	South Africa
25	prt	Portugal	32	svk	Slovakia